U0613145

新时代公共管理前沿问题研究丛书

本书为广州市人文社会科学重点研究基地——广州农村治理现代化研究基地研究成果、2023 年度教育部人文社会科学研究一般项目（23YJA630149）研究成果、广州市哲学社会科学发展"十四五"规划 2023 年度一般课题（2023GZYB39）研究成果

# 城乡居民基本养老保险制度的现状调查与路径优化研究

**徐 强 周 杨 著**

SPM
南方传媒

广东人民出版社

·广州·

图书在版编目（CIP）数据

城乡居民基本养老保险制度的现状调查与路径优化研究 / 徐强，周杨著. —广州：广东人民出版社，2024.6

（新时代公共管理前沿问题研究丛书）

ISBN 978-7-218-15541-8

Ⅰ. ①城…　Ⅱ. ①徐…　②周…　Ⅲ. ①养老保险制度—研究—中国　Ⅳ. ①F842.612

中国版本图书馆CIP数据核字（2021）第264642号

CHENGXIANG JUMIN JIBEN YANGLAO BAOXIAN ZHIDU DE XIANZHUANG DIAOCHA YU LUJING YOUHUA YANJIU

## 城乡居民基本养老保险制度的现状调查与路径优化研究

徐　强　周　杨　著

版权所有　翻印必究

出 版 人：肖风华

责任编辑：梁　茵　梅璧君
装帧设计：奔流文化
责任技编：吴彦斌

出版发行：广东人民出版社
地　　址：广州市越秀区大沙头四马路10号（邮政编码：510199）
电　　话：（020）85716809（总编室）
传　　真：（020）83289585
网　　址：http:// www. gdpph. com
印　　刷：广州小明数码印刷有限公司
开　　本：787mm×1092mm　1/16
印　　张：19.5　　字　　数：360千
版　　次：2024年6月第1版
印　　次：2024年6月第1次印刷
定　　价：69.00元

如发现印装质量问题，影响阅读，请与出版社（020-85716849）联系调换。
售书热线：（020）87716172

# 总 序

　　党的十八大以来，中国特色社会主义进入了新时代。随着科技的进步、全球化的推进以及社会结构的变迁，公共管理的理论、方法和实践都在经历着深刻的变革。在这个新时代背景下，我们迫切需要深入探讨公共管理领域的前沿问题，以推动理论与实践的双向发展，更好地服务于国家治理体系和治理能力现代化的总体目标。"新时代公共管理前沿问题研究丛书"的出版，正是基于这样的历史使命和时代要求。

　　华南农业大学是国家"双一流"建设高校，是一所以农业农村研究见长的综合性大学。华南农业大学公共管理学院拥有公共管理和社会学两个一级学科，公共管理学科是广东省优势重点学科。学院学科建设的原则是入主流、强特色、聚焦乡村、聚焦基层。现阶段学院正在扎实推进公共管理新文科建设，推进公共管理学科与学校新农科、新工科融合发展，力求形成以农村公共管理为鲜明学科特色，以城乡基层治理为特色方向的完备的学科体系，将学院建成华南地区研究农村公共管理的高地。近年来，学院教师深入乡村、基层开展调查研究，把论著写在祖国的大地上，产生了一批优秀的学术研究成果。学院将部分优秀成果结集出版，并命名为"新时代公共管理前沿问题研究丛书"。这套丛书的出版是我们在学科建设上的一次有益尝试，未来我们将继续选编出版学院教师撰写的优秀学术成果。

　　本套丛书由六部专著组成，包括史传林教授撰写的《社会治理中的政府与社会组织合作绩效研究》、陈玉生副教授撰写的《过渡社会的治理逻辑研究》、徐强副教授等撰写的《城乡居民基本养老保险制度的现状调查与路径优化研究》、郑浩生副教授撰写的《数字赋能政府建设与治理实践》、马华教授撰写的《岭南乡村振兴与治理探索》、潘军教授撰写的《数字治理视角下的农民在线教育》。本套丛书的内容广泛而深入，一方面，深入挖掘和分析了公共管理领域的前沿理论问题，提出了一些具有创新性和前瞻性的观点；另一方面，又紧密结合国内外公共管理的实践案例，对理论进行了生动的诠释和验证。这套丛书的出版，不仅为公共管理学科的发展注入了新的活力，也为广大读者提供了一份宝贵的学习资料。

　　本套丛书的出版离不开华南农业大学公共管理学院领导班子的重视和支持，离不开学院各学科团队的强力组织和参与。正是他们的努力，让这套丛书顺利完成。在此，我首先要对学院领导和各学科负责人表示衷心的感谢！其次，还要感谢所有参与撰写本套丛书的作者，他们的专业知识和丰富经验为本套丛书的质量提供了有力保障。最后，我要感谢为本套丛书的出版付出辛勤劳动的广东人民出版社的编辑们，他们专业负责的工作使本套丛书得以顺利出版。

　　作为丛书主编，我希望广大读者能够关注和支持这套丛书，共同推动公共管理学科的发展，为新时代的国家治理体系和治理能力现代化贡献智慧和力量。

史传林

2021年10月5日于广州五山

CONTENTS **目录**

# 1 引言

## 1.1 研究背景与意义

### 1.1.1 研究背景

#### 1.1.1.1 城乡居民基本养老保险制度的建立是实现养老保险制度整合的必经路径

长期以来，我国养老保险制度处于分割运行的状态。2014 年，国务院《关于建立统一的城乡居民基本养老保险制度的意见》（以下简称"国务院《意见》"）的颁布将农村居民和城镇居民的养老保险纳入统一的制度体系，两者实现养老保险参保权和待遇标准的统一。该《意见》的颁布打破了长期以来养老保险城乡分割的局面，为最终破除养老保险城乡二元结构，实现养老保险体系优化迈出关键一步。作为社会保障体系中重要的基础制度之一，城乡居民基本养老保险制度覆盖面广，参保群体规模大，对城乡老年居民生活保障具有举足轻重的作用，也是完善和促进"底线"——民生的重要体现。十九大报告明确提出要"完善城乡居民基本养老保险制度"。

长期以来，我国养老保险制度针对机关事业单位工作人员、城镇企业职工、城镇居民和农村居民分别单独制定不同的政策，造成制度处于分割运行的状态。

通过顶层设计，逐步推进养老保险从制度分割走向制度整合，需要改变城乡之间、地区之间、人群之间长期以来存在的制度碎片化现象。考虑到我国现存的城乡差距、地区差距及制度发展现状，城乡统筹的养老保险体系的建立需要一个长期的过程，这一目标的实现不仅需要科学合理的顶层设计，而且需要脚踏实地地逐步推行。城乡居民基本养老保险制度的建立，首先在一定程度上打破了城乡之间和人群之间的制度分割，走出了实现养老保险体系优化的关键一步。

可以看出，城乡居民基本养老保险制度的建立是养老保险制度整合的重要一步，符合国家养老保险从制度分割走向制度整合的顶层设计方案，是破除养老保险城乡二元结构，实现养老保险体系优化的关键一步。

### 1.1.1.2　当前城乡居民基本养老保险制度存在较多问题

养老金的发放提高了达到领取条件的退休者的收入水平，改善了他们的生活条件，提高了生活质量；普惠制养老金的发放在一定程度上减轻了城乡老人的生活负担，减少了贫困的发生；制度的实施在一定程度上缩小了城乡居民的收入差距，有利于实现城乡基本公共服务均等化。但在制度合并运行过程中仍然存在较多的问题：政策宣传不到位，基层经办人员配置不足，办事效率低下；城乡居民中的中青年群体参保意愿不强，参保率不够高；政府补贴方式对参保者缴费的激励作用有限，选择最低缴费档次的参保者比例较高，较低的参保缴费水平导致将来养老金的待遇水平难以满足老年养老所需；多缴多补的政策规定对低收入群体缺乏吸引力；农村社会养老保险与城镇职工养老保险待遇差距大，基金保值、增值困难等。

此外，也有学者基于特定地区的制度运行现状调查，发现制度运行中需要改进的问题：包括浙江宁波、陕西洛南、吉林白边、山东莱芜、河南郑州、安徽宣城，等等。

### 1.1.1.3　制度优化的各种路径不断被学者思考、发掘和提出

中国社会保障已全面进入到"制度优化"的新阶段，"制度优化"的目标确定为"更加公平、可持续"。在社会保障制度顶层设计中，"公平"应成为最核心的价值理念，"可持续"是制度追求的长期目标。从制度分割走向制度整合是一个较长的实现过程，需要逐步解决城乡之间、人群之间和地区之间存在的制度差距，逐步推进制度优化。针对制度实践中的问题，已有部分学者提出制度优化的政策建议。包括根据居民收入水平的增长适时调整缴费档次，特别是增设更高的缴费档次，或者改变目前的固定档次缴费制，试行基于城乡居民人均纯收入的固定比例缴费制；鼓励长缴多补，对于满足养老金领取条件（15年缴费年限）的缴费群体实施财政鼓励性补助；建立基础养老金合理的调整机制，完善个人账户

资金继承办法；扩大投资渠道，实现基金保值增值；加大城乡居民基本养老保险制度的宣传力度，树立良好的政府形象；明确各级政府的责任归属，合理优化各级财政的筹资比例；加快经办机构的信息化建设，健全信息反馈机制；提升经办人员专业素质，完善工作流程。

此外，还有学者从筹集模式选择、风险准备金制度建立及统筹城乡养老保险的衔接机制等方面提出制度优化的路径。

研究成果多是在定性研究的基础上提出较为宏观的政策建议，鲜少见到基于大规模问卷调研基础、通过实证研究找出关键变量，进而提出制度优化的路径。

### 1.1.1.4 基于现状调查的制度绩效评估可以更好地实现制度优化

政府绩效评估是西方发达在国家行政体制改革过程中逐渐形成和发展起来的，制度的绩效评估从性质上来看属于政府公共项目绩效评估的范畴。分为两类：一类是"非正式评估"。非正式评估没有客观的评价指标体系，通常是评价人根据掌握的相关资料信息对某一制度的内容和设计进行相关的评估。如樊小钢（2012）从政策宣传效果、政府财政投入、制度可持续性、制度激励效果等方面对浙江省城乡居民养老保险制度的评估；徐强（2015）从制度缩差效果、制度减负作用、公众满意度方面对我国社会保障制度的评估都属于非正式评估。二是学者通过设置一套完善客观的评价体系对制度进行"正式评估"。正式评估指标具体、流程标准。部分学者设置综合性的评估指标：例如杜智民（2015）从政策方案合理性、政策执行有力性、政策结果满意性三方面设置评估指标；刘冰（2015）从"全覆盖、保基本、有弹性、可持续"四方面设置评估指标。也有学者设置单一性的评估指标：穆怀中（2013）、黄丽（2015）分别对新农保和城乡居民基本养老保险制度的保障水平进行评估。近年来也有学者尝试从公众（居民）需求的视角入手，构建公众满意度模型。主要包括：新农保（周新发，2013）；城乡居民基本养老保险制度（许志龙，2013；张欣丽，2014）等。

可以看出，目前城乡居民养老保险制度的实施虽然已经取得一些成效，但仍然存在许多需要进一步完善的地方。因此，通过大规模的实证调研，我们可以更加清楚制度的实际运行现状，进一步更准确地运用实证方法，来厘清影响参保人满意度的关键影响因素，进而有针对性地提出政策建议，可以促进制度更好地发展。

## 1.1.2 研究意义

### 1.1.2.1 学术价值

第一，一线田野调查给出制度运行现状的第一手资料。为了深入了解城乡居民基本养老保险制度的运行情况，课题组于2018年在广东、广西、山东、黑龙江、内蒙古、湖南、贵州、四川8省进行了一线田野调查，调查采用经验分层和非严格随机抽样。本次调查由经过严格挑选培训的华南农业大学公共管理学院本科生和研究生担任调查员，进行入户问卷调查和深入访谈。本次调查共发放问卷1450份，回收有效问卷1371份。一线田野调查借助实地调研，掌握城乡居民的参保状况、政策认知及制度期望等方面的一手调查数据。

第二，实证分析结果给出影响参保人满意度的关键因素。从制度的总体评价、政策认知和实施效果三个层面考察城乡居民基本养老保险制度的建设绩效，并进一步利用Logistic回归模型进行实证分析，研究城乡居民基本养老保险制度满意度的关键影响因素。

### 1.1.2.2 应用价值

第一，本项目的相关研究成果将客观、正确地反映当下我国城乡居民基本养老保险制度的运行现状，为政府决策提供现实依据和理论基础。城乡统筹发展是我国社会主义现代化建设的重要战略目标之一，有利于逐渐破除城乡分割现状，实现城乡一体化发展。城乡居民养老保险制度的实施迈出了城乡统筹发展的重要一步，将新农保和城镇居民社会养老保险（以下简称"城居保"）合并实施，迈出了消除城乡二元结构的重要一步。城乡居民基本养老保险制度的运行打破了长期以来的城乡二元格局，较好地缓解了养老保险制度的"碎片化"问题，促进养老保险体系向着更加公平、可持续的方向发展。

第二，通过制度的绩效评估，找出影响参保人满意度的关键因素，进而把握现有政策或执行中的不足，并进行制度优化，可以较好提升制度的公众满意度，进而提升整体社会福利。公众满意度是从受众主观感知层面衡量制度建设绩效的重要评估指标，它可以很好地评估影响公众满意度的显著影响因素，不仅包括个体层面的年龄、性别、文化程度、婚姻状况等因素，社会层面的收入水平、居住地区、家庭储蓄、子女数量等因素，还包括政策认知层面的缴费、待遇、政策支持、经办服务因素，实施效果层面的减负作用、缩差效果、制度公平性、制度信任度等方面的因素，通过制度的绩效评估，可以找出影响参保人满意度的关键因素，进而把握现有政策或执行中的不足，并进行制度优化，可以较好改善制度的公众满意度。

第三，2014年，为促进城乡居民和城镇职工养老保险的转移接续，人力资源和社会保障部、财政部颁布《城乡养老保险制度衔接暂行办法》，为经办人员做好两个制度参保人群的转移接续提供了理论指导。然而，关于转移接续办法中缴费年限的折算以及个人账户基金转移接续的问题，仍然存在较多值得商榷的地方。因此，一线调研、不断完善《暂行办法》的实施细则，不仅有利于城乡居民基本养老保险制度的完善，还有利于最终破除养老保险城乡二元结构，实现养老保险体系优化。

## 1.2 研究目标与内容

### 1.2.1 研究目标

新农保和城居保的合并运行是实现我国养老保险制度整合的必经阶段，为养老保险体系的进一步优化完善奠定良好的基础。城乡居民基本养老保险制度的实行对实现基本公共服务均等化和建立更加公平的国民养老保险制度有重大意义，它所带来的养老金收入显著提高了参保老年人的收入水平、减少了贫困发生、增加了个人福利。但在制度合并运行过程中仍然存在较多的问题：政策宣传不到位，基层经办人员配置不足，办事效率低下；城乡居民中的中青年群体参保意愿不强，参保率不够高；政府补贴方式对贫困群体、低收入群体形成了一定的挤出效应；由于参保激励不健全，参保人员普遍选择低缴费档次，导致待遇水平偏低；与城镇职工养老保险待遇差距大，基金保值增值困难等。因此，通过大规模的实证调研，我们可以更加清楚制度的实际运行现状，进一步运用更准确地实证方法，来厘清影响参保人满意度的关键因素，进而有针对性地提出政策建议，可以促进制度更好地发展。具体而言，本书的研究目标包括以下七个方面：

第一，厘清城乡居民基本养老保险制度的演变历程。通过查阅文献资料，了解老农保模式的推进和终止的过程、新农保模式的试点和探索过程、新农保模式在全国试点推行的过程、城镇居民养老保险制度的发展过程、城乡居民养老保险制度的演变进程。

第二，明晰城乡居民养老保险制度的运行现状。从宏观和微观两个层面展开：宏观层面采用政策分析方法，对各地区颁布的政策文件进行从形式到内容的深入对比分析，探讨我国31个省级行政区城乡居民基本养老保险政策的地区差异，并以陕西省、北京市、广东省、广州市为例，进行典型案例剖析，从宏观上把握制度的建设现状。微观层面，通过全国8个省份的田野调查，明晰城乡居民基本养老保险制度的实施现状、居民参保现状、政策认知及制度期望，为制度绩效评估奠定基础。

第三，评估城乡居民养老保险制度的建设绩效。政策供给视角，基于公平性、有效性、可持续性三个层面评估城乡居民基本养老保险制度的建设绩效；公众需求视角，从公众满意度视角评估制度的实施绩效，并找出关键影响因素。

第四，评估城乡居民基本养老保险制度的福利效应。本研究从经济福利、社会福利和健康福利三个层面考察城乡居民基本养老保险制度的福利效应。从经济状况、社会心态、生命质量三个维度构建城乡居民福利效应的理论模型，将其具体操作为相对剥夺感、养老担忧度、身体健康度三个指标，进而利用全国8省1371份田野调查数据进行实证分析，旨在研究城乡居民基本养老保险制度的建立和发展对居民经济状况、社会心态和生命质量的影响效应。

第五，研究城乡居民养老保险与家庭养老的互动机制。自2009年新农保试点直到2014年城乡居民养老保险制度的建立，社会养老嵌入家庭养老的社会情境并产生互动机制，厘清家庭养老和社会养老的互动机制有助于实现"老有所养"和"老有所乐"的养老目标。基于全国8个省份1371份调查数据，运用Logistic回归模型探讨社会养老参保行为对公众养老担忧度和家庭养老地位的影响，进而探讨两者之间的"协同效应"和"替代效应"。

第六，剖析目前城乡居民养老保险制度存在的核心问题。尽管城乡居民基本养老保险制度发展取得了显著的成效，得到参保居民较高的满意度评价。但是，在老龄化、高龄化和经济新常态等因素的叠加影响下，城乡居民基本养老保险制度发展面临诸多问题与挑战。从待遇水平、覆盖范围、基金运营、制度衔接运行及业务经办等四个层面剖析目前城乡居民养老保险制度存在的核心问题。

第七，探讨城乡居民养老保险制度的优化路径。从理论角度看，一个社会保险制度要实现有效运行、财务平衡和可持续发展，它受到筹资渠道与规模、待遇计发与调整机制、运营管理与经办服务以及制度间合理关系四个要素的制约，基于此逻辑框架和前述问题，本文聚焦筹资、待遇、经办管理与服务、制度间关系四个方面提出了相应的政策建议。

## 1.2.2 研究内容

本书研究的核心内容是城乡居民基本养老保险制度的运行现状、建设绩效、福利效应及优化路径。本书共分为十章，围绕上述核心问题进行集中阐述和分析。

第一章是引言。阐述本书的研究背景和意义，研究目标和内容，介绍本书的研究方法和研究思路，并对研究中的相关概念进行界定。

第二章是分析的理论起点，即研究述评。主要从五个方面对相关学者的研究成果进行归纳总结：一是实现养老保险制度整合需要健全城乡居民养老保险制度；二是当前城乡居民养老保险制度运行问题较多；三是制度优化的各种路径不断被学者思考、发掘和提出；四是基于现状调查的制度绩效评估可以更好地实现制度优化；五是对已有的研究成果进行分析和评估。

第三章梳理城乡居民基本养老保险制度的演变历程。20世纪80年代农村社会养老保险开始在部分地区试点，1991年《县级农村社会养老保险基本方案（试行）》由民政部颁布，农村地区社会养老保险正式展开。2009年，《关于开展新型农村社会养老保险试点的指导意见》由国务院颁布，新农保开始全面展开。2011年，《关于开展城镇居民养老保险试点的指导意见》由国务院颁布，城镇居民养老保险试点在全国快速展开。2014年，新农保和城居保的合并运行将农村和城镇的养老保险制度进行整合，迈出了养老保险城乡统筹的重要一步。制度合并实施提高了养老保险的抗风险能力，有利于城乡统筹的养老保险制度的建立，符合社会保障制度公平、正义、共享的核心价值理念。

第四章是城乡居民基本养老保险制度的运行现状调查。从宏观和微观两个层面展开：宏观层面上，采用政策分析方法，从政策文本形式（政策文本体例、结构、颁布时间、制定与颁布机构等）和政策内容规范（政策目标、政策任务、政策措施等）两方面探讨我国31个省级行政区城乡居民基本养老保险政策的地区差异，并以陕西省、北京市、广东省、广州市为例，进行典型案例剖析，从宏观上把握制度的建设现状。微观层面上，通过全国8个省份的田野调查，明晰城乡居民基本养老保险制度的实施现状、居民参保现状、政策认知及制度期望，为制度绩效评估奠定基础。

第五章是城乡居民基本养老保险制度的建设绩效评估。从政策供给视角和公众需求视角两个层面展开。基于政策供给视角，本文基于公平性、有效性和可持续性的三维制度评估框架对城乡居民基本养老保险制度进行全面评估，评估发现：一、公平性总体较高：即公平理念得到贯彻，参保比率逐年上升，待遇水平尚需提高。二、有效性总体一般：即制度运行规范性高，缴费档次设置基本适合城乡居民缴费能力，待遇水平总体偏低，基金运行相对平稳，但保值增值能力有限，行政运行效率较高，群众满意度高。三、可持续性总体平稳：基金运行比较平稳，财务可靠性较高，与其他相关制度衔接留有接口，制度发展性较强。基于公众需求视角，城乡居民基本养老保险制度的建设绩效得到被调查对象的普遍认可，总体满意度较高，公众对制度持满意态度的比例为78.3%。被调查对象对制度实施效果四个层面的评估存在差异。制度信任度较高，89.7%的被调查对象表示愿意继续参保。养老担忧度较高，仅有25.8%的被调查对象表示"不太担心"和"完全不担心"。制度减负作用和缩差效果距离公众预期尚存在一定差距。被调查对象对制度政策认知四个层面的评估存在差异。缴费层面的满意度评估相对较高，政策支持、经办服务的满意度评估相对较低，待遇层面的满意度评估最低。

第六章是城乡居民基本养老保险制度的福利效应评估。从经济福利、社会福利和健康福利三个层面构建城乡居民福利状况的理论模型，将其具体分为相对剥夺感、养老担忧度、身体健康度三个指标，考察城乡居民基本养老保险制度的福利效应。研究结果显示，城乡居民基本养老保险制度显著提高城乡居民的福利效应。从影响效应来看，参保群体的相对剥夺感更弱，养老担忧度更低，身体健康度更高，因而生活质量更高，社会养老保险参保行为显著提升城乡居民福利效应。社会养老的参保行为意味着加入制度化的保障机制，意味着居民的养老风险将通过社会化的风险分散机制予以化解，财政支持的基础养老金发放机制和稳定的安全预期增强了他们的社会信任感和政治参与度，养老金的发放提高了老年居民的收入水平，改善了其经济状况和健康状况，从而带来福利效应的提升。

第七章是城乡居民基本养老保险制度与家庭养老的互动机制探讨。自2009年新型农村社会养老保险（以下简称"新农保"）试点以来，社会养老嵌入家庭养老的社会情境并产生互动机制，厘清家庭养老和社会养老的互动机制有助于实现"老有所养"和"老有所乐"的养老目标。本章通过社会养老保险参保行为对公众养老担忧度和家庭养老地位的影响来探讨城乡居民养老保险制度和家庭养老的互动机制。研究发现，公众的养老担忧较为普遍，74.2%的被调查对象担心自己的养老问题。随着年龄的增长，公众的养老担忧度逐步下降；健康状况越差的对象，其养老担忧度越高。社会养老参保行为显著降低养老担忧度，与家庭养老产生"协同效应"。家庭养老地位的社会认知度高，87.3%的被调查对象认为家庭养老发挥重要作用。年龄和文化程度较低者、子女和家庭储蓄较多者更加注重传统的家庭养老；社会养老保险参保行为通过稳定的养老金发放机制有效缓解城乡居民的养老经济风险，弱化对家庭养老功能的预期，对家庭养老产生一定的"替代效应"。

第八章是城乡居民基本养老保险制度发展存在的主要问题。尽管城乡居民基本养老保险制度发展取得了显著的成效，得到参保居民较高的满意度评价，但是，在老龄化、高龄化和经济新常态等因素的叠加影响下，城乡居民基本养老保险制度发展面临诸多问题与挑战，主要是：一、养老金水平总体偏低。二、参保扩面面临挑战，年轻群体参保积极性有待提高。同时，参保人数递减和享受人数递增之间的矛盾可能引发支付风险。三、基金保值增值压力大，制度可持续性面临挑战。四、城乡居保制度与城镇职工养老保险制度、城乡最低生活保障制度的衔接安排尚需更加合理地安排。同时，经办服务能力有待提高。

第九章是城乡居民基本养老保险制度的优化路径探讨。从理论角度看，一个社会保险制度要实现有效运行、财务平衡和可持续发展，它受到筹资渠道与规模、待遇计发与调整机制、运营管理与经办服务以及制度间合理关系四个要素的制约。基于此逻辑框架和前述问题，本章聚焦筹资、待遇、经办管理与服务、制度间关系四个方面提出了相应的政策建议：一、夯实多元筹资结构与渠道，增强城乡居保制度抗风险和可持续发展能力。二、构建科学的养老金待遇调整机制，保持可预期、可接受的养老金平均替代率水平，合理引导预期。三、坚持精算平衡，加强基金运营管理，优化经办服务，构建一个便利、可及的城乡居保制度，增强制度吸引力。四、优化制度间的协同与衔接，充分保障参保者福利权益。

第十章是结论与建议。通过对本书尝试解决的七个问题进行理论分析、全面解答和系统总结，提出进一步研究的政策建议。

## 1.3  研究方法与研究思路

### 1.3.1  研究方法

#### 1.3.1.1  文献研究

文献研究是人文社会科学领域一种基本的和常用的研究方法。本书通过文献阅读、文献梳理，归纳已有研究成果，提炼核心研究结论，丰富理论论证。通过研究论文和调研报告的挖掘积累，掌握我国城乡居民基本养老保险制度的建立历程，明晰城乡居民基本养老保险制度的运行现状；通过省际地区政策的比较分析，掌握地区政策的异同点，为后续研究奠定理论基础。

#### 1.3.1.2  调查研究

通过问卷调查、个案访谈、座谈会等方式，了解制度运行的进程和现状，了解城乡居民对制度的认知和期望。问卷调查根据典型性、可行性、科学性原则采取经验分层和非严格随机抽样的方法，选择东部广东、广西、山东三省，中部黑龙江、内蒙古、湖南三省，西部贵州、四川两省。调查之前，首先对经过严格挑选的华南农业大学调研员进行系统培训。随后由调研员带着问卷进行入户调查，本次调查共发放问卷1450份，回收有效问卷1371份，有效回收率94.6%。

#### 1.3.1.3  实证研究

基于全国8个省份1371份田野调查数据，运用Logistic回归模型实证分析城乡居民基本养老保险制度的公众满意度现状及影响因素，从经济福利、社会福利和健康福利三个层面考察城乡居民基本养老保险制度的福利效应，探讨社会养老参保行为对公众养老担忧度和家庭养老地位的影响，进而探讨两者之间的"协同效应"和"替代效应"。

#### 1.3.1.4  比较研究

2014年，《关于建立统一的城乡居民基本养老保险制度的意见》由国务院发布后，全国31个省级行政区（不包括香港、澳门和台湾）都颁布了本地区方案。31个省级行政区颁布的地区政策虽有很多相同之处，但也存在一些不同点。因此，本书通过采用政策分析方法，对各地区颁布的政策文件进行从形式到内容的深入对比分析，探讨我国31个省级行政区城乡居民基本养老保险政策的地区差异，并以陕西省、北京市、广东省及广州市为例，进行典型案例剖析，从宏观上把握制度的建设现状。

## 1.3.2　研究框架

本文的基本研究思路遵循"理论研究—调查研究—实证研究"展开（如图1-1所示）：

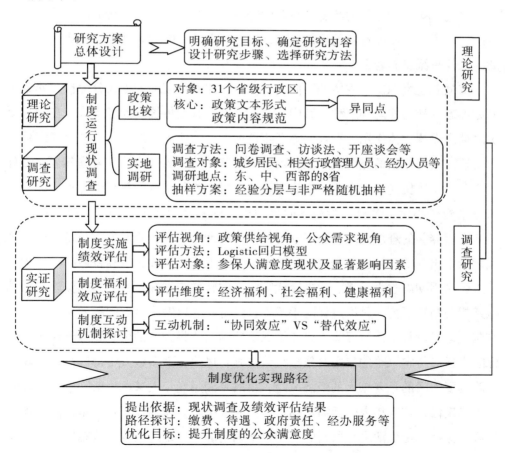

**图1-1　研究思路图**

## 1.4 概念界定与理论分析

### 1.4.1 相关概念界定

#### 1.4.1.1 养老及养老保险

"养老"是"养"和"老"的综合。"养"的含义包括经济支持、生活照顾及精神慰藉三个层面，本文主要基于经济支持的层面去研究养老问题，至于生活照顾和精神慰藉在更大程度上是社会学和伦理学研究的范畴。"老"通常是与"年轻"相对应的概念，强调的是人的一种生理状态，不同的历史时期，人们对"老"的界定是不一样的。原始社会，由于生产生活条件的恶劣，人均寿命较短，三四十岁即进入丧失劳动能力的"老"的状态。今天，社会普遍将60岁及以上人口视为进入"老"的状态。目前的养老保险制度将"老"与退休年龄结合在一起，作为制度供养对象的界定标准，将达到退休年龄的人视为"老年人"，以此为条件来派发养老金。

依据养老资源供给主体的不同，可以将解决养老问题的方式分为自我养老、家庭养老及社会养老等三种。其中，家庭养老是我国传统的养老方式，在较长历史时期内发挥主体作用，有效保障老年群体的生活所需。然而随着社会经济结构的变迁，家庭养老的脆弱性逐步呈现。家庭养老的脆弱性指的是家庭养老在面对"内"（身体机能衰退老化、疾病风险冲击）"外"（青壮年劳动力外出务工、家庭结构核心化）多重风险波动时呈现出来的不稳定状态，即"老有所依"和"老有所养"的理想养老状态面临时代变革的冲击。社会养老方式正是在这一时代背景下出现的。社会养老保险属于社会养老方式，比较有效和普遍，可以实现个人生命周期内收入平滑、代内及代际收入的转移与平衡。社会养老保险强调风险共担与精算平衡，是通过保险手段提供经济收入以解决养老问题的制度安排。在制度运行过程中，被保险人以缴纳保险费的方式将约定的风险转移给保险人，保险人通过特定风险的集中并依据大数法则将风险在大多数人中得以分散。养老保险制度保障的是老年人的经济风险，目的是满足老年人基本生活需求。风险源于不确定性，"老年人生活需求满足"是一种风险，原因在于：一是进入老年状态后，保持一定生活水平所需的费用是不确定的；二是进入老年状态后，还能存活多长时间是不确定的。

#### 1.4.1.2 社会养老保险

社会养老保险是将养老风险进行社会化分担，是一种社会化的稳定的保障老年生活所需的养老方式。社会养老保险通过参保者缴费，同时辅之以政府必要的财政补贴，形成一个统筹基金，在全体被保险人之间统一调剂使用，实现养老风险的有效化解，保障老年人退休后的基本生活所需。社会养老保险是目前世界各国普遍实行的养老保险制度，通过参保缴费的形式为劳动者提供退休后的基本生活保障。

我国目前的养老保险制度已经在制度层面实现了全覆盖，包括三大部分：城镇职工养老保险、公职人员养老金制度、城乡居民养老保险。本书探讨的"社会养老保险"指的是第三部分，即面向城乡居民的养老保险，该制度诞生于20世纪80年代我国部分经济发达的地区。

20世纪80年代，一些经济发达地区的地方政府开始进行农村社会养老保险试点，1991年随着民政部政策方案的颁布，农村社会养老保险进入制度初建时期。2009年，农村新型社会养老保险全面展开。2011年，城镇居民社会养老保险试点快速展开。2014年，农村居民和城镇居民的养老保险纳入统一的制度体系。制度合并实施提高养老保险的抗风险能力，有利于城乡统筹的养老保险制度的建立，符合社会保障制度公平、正义、共享的核心价值理念。

### 1.4.2 养老问题的理论分析

#### 1.4.2.1 养老问题产生的条件

养老问题属于历史范畴，是历史演变的结果。在人类社会发展的早期阶段，养老问题只是个别的、非社会性的现象，甚至在早期阶段可能不存在养老问题。原因可能有以下几个方面：首先，在人类历史发展的早期阶段，由于生产生活条件极其恶劣，人类面临的风险种类非常多，虽然有老年风险的存在，但人们对其关注较少；其次，当时生产方式极其低下，社会产品极其匮乏，劳动者满足自己日常生活所需尚存在较大问题，因此很难拿出多余社会产品关注老弱病残等社会上的弱势群体；再次，从个人的生命发展历程来看，由于自然条件、生活条件极其恶劣艰苦，人均寿命普遍较短，大多数成员都是遵循"活到老、干到老"的生命轨迹，个人整个生命周期都与劳动过程密不可分，因此不存在养老问题。随着生产力水平的提高、剩余产品的出现、风险防范意识的增强及人类文明程度的提升，人类的养老行为逐渐由早期的个体行为和现象演变为一种普遍性的社会行为和现象。

养老问题的产生依赖三个条件：老年经济风险的存在、剩余产品的出现及私人产权的形成[①]。首先，养老问题产生的自然基础是老年经济风险的存在。风险指特定环境下、特定时间段内某种损失发生的可能性，即不确定性。老年经济风险是指人进入老年阶段后，由于劳动能力减弱或丧失劳动能力而退出劳动力市场后，可能会导致由于收入中断或减少进而无法维持基本生活需求的状态。虽然对于每一个人来讲，年老是一个必然的过程，但是进入老年状态后能否维持正常的基本生活需求，面临不确定性，因此，我们认为老年存在经济风险，即"老年人生活需求满足"是一种风险，原因在于：一是进入老年状态后，未来生存期间保持一定生活水平所需的费用是不确定的，这主要是由于随着社会经济的发展变化，工资水平和物价水平都在不断变化，因而很难对较长一段时间内的生活需求总量进行估计。在没有正式的社会养老保险制度安排下，依靠个人储蓄养老以及商业养老保险通常很难应对通货膨胀的侵袭。二是进入老年状态后，个体还能存活多长时间是不确定的。对个体成员来讲，进入老年状态后还能继续生存的时间是不确定的。其次，养老问题产生的经济前提是剩余产品的出现，即在经济上社会具备供养老年人所需的物质基础。早期原始社会，由于自然环境恶劣，生产力水平极其低下，人们面临较大生存威胁，所有人共同劳动尚且只能维持最低生活需求，因此不可能对丧失劳动能力的年长者进行赡养，在突发事件发生时，群体成员各自逃散，年老体弱者自然就被遗弃和淘汰[②]。只有当社会生产力发展到一定阶段，整个社会生产的物质资源极大丰富，出现剩余产品的时候，才有可能对社会资源的配置方式进行调整，对丧失或部分丧失劳动能力的老年人进行特殊照顾。因此，社会经济的发展是养老制度发展及养老问题解决的推动力和原动力。再次，养老问题产生的现实条件是私有产权的形成。随着原始社会解体及奴隶社

① 段家喜.养老保险制度中的政府行为[M].北京.社会科学文献出版社,2007.
② 陈功.我国养老方式研究[M].北京.北京大学出版社,2003.

会形成，剩余产品及私有产权形成。私有产权形成后，社会资源不再均衡分配，于是出现贫富差距、社会阶层。社会成员开始考虑自己的养老问题，依靠自我的储蓄积累及家庭成员的代际支持来保证老年生活所需。农业社会，土地作为重要的养老资源在自我和家庭养老中扮演重要角色。进入工业社会，随着劳动者与生产资料的分离，劳动收入成为维持生活的重要来源。一旦出现大规模经济危机，失业者增多，不仅劳动者生活面临困难，也会对整个社会稳定带来影响，于是社会化的化解养老风险的养老保险制度逐渐形成。

### 1.4.2.2　养老问题的解决方式

养老制度是指通过一定的方式组织动员养老资源以解决老年人基本生活需求的方式和途径，包括传统的解决养老问题的习俗惯例等非正规制度，也包括国家法律法规确定的正式制度。本文依据经济收入来源的不同将养老制度分为自我养老、家庭养老和社会养老三种模式。

自我养老和家庭养老曾经在较长的历史时期内发挥着积极的作用。随着生产的社会化，市场化程度的提高，自我养老的脆弱性及家庭养老的不稳定性逐渐显现，这种非正规的养老制度必然要向更规范的社会化养老方式转变。社会养老即社会养老保险，指的是国家或政府主办的具有经济福利性的、社会化的保障老年人生活的一种社会保险制度。社会养老在一定程度上通过风险分摊、责任共担的原理对个人、家庭、社会承担的养老责任进行合理分配，运用代际平衡和代内平衡的机理，对养老资源在社会范围内进行合理统筹和再分配，解决老年人的基本生活需求并使其分享经济社会发展成果。我国目前的养老保险制度已经在制度层面实现了全覆盖，包括三大部分：城镇职工养老保险、公职人员养老金制度、城乡居民养老保险。

自我养老、家庭养老、社会养老三种养老方式虽然发挥不同的作用，但彼此之间互相补充和配合，共同构筑起传统保障和现代保障的双重保障网。三种养老制度的异同点如表3-1所示。

表3-1 三种养老制度的异同点

|  | 自我养老 | 家庭养老 | 社会养老 |
|---|---|---|---|
| 养老内容 | 经济支持、生活照顾、精神慰藉 | | |
| 提供者 | 自己 | 家庭 | 国家 |
| 收入来源 | 储蓄积累 | 代际、代内转移 | 公共投入、雇主、个人缴费等 |
| 目的 | 个人效用最大化 | 家庭效用最大化 | 社会福利最大化 |
| 风险分担范围 | 很小（个人） | 较小（家庭） | 很大（社会） |
| 政府的作用 | 较弱 | 适中 | 较强 |
| 对老年风险的抵抗力 | 较弱 | 适中 | 较强 |
| 体现的原则 | 个人收入平衡 | 家庭互助互惠 | 社会互助共济 |

### 1.4.2.3 养老制度的责任主体

养老制度是人类对养老行为进行规范和选择的产物。从责任的视角来看，养老制度需要相应的供给养老资源的责任主体。不同的责任主体对应不同的养老风险分担单位。早期，养老风险主要是劳动者自己承担或者由家庭成员之间部分分担，家庭在早期养老功能的发挥上起到重要作用。随着经济社会的快速发展，工业化和城镇化的推进，家庭作为风险分担单位的脆弱性不断呈现，社会养老开始登上历史舞台并不断发挥越来越重要的作用。随着社会的发展，不同供给主体的养老责任在不断变化。在市场经济条件下，对供给主体的责任结构进行分析，界定不同供给主体的养老责任，对于养老问题的研究具有重要的参考价值。

根据政府是否承担养老责任，养老制度可以划分为非正式和正式两种。依靠自己和家庭的传统养老方式属于非正式养老制度。其中，个人养老将养老责任归于劳动者自己，认为个人是自己养老责任的主要承担着，养老是理性人的一种自发行为，个人由于年老退出劳动力市场后会出现收入中断或减少，因此通过储蓄的方式可以解决由此而带来的福利水平的下降。自我养老以生命周期理论作为理论基础，劳动者将自己生命周期内的收入进行合理的分配，劳动年龄阶段的收入除了进行劳动期间的支出外，还要进行适当的储备以保证退休之后没有收入时期的消费支出。家庭养老将养老风险的分担范围延展到家庭成员内部，借助劳动者个人纵向的生命周期积累及家庭内部代际横向的转移支付来化解家庭成员之间的养老风险，代际养老责任事实上是以血缘为基础的养老承诺，是一种隐形的养老契约。正式的养老制度即社会养老保险，它的责任主体主要包括三部分，即个人、雇主和政府。根据延期支付理论的内容，体现雇主责任并由雇主缴纳的养老保险费实质上是属于劳动者劳动收益的"延期支付"，它仍属于个人责任的内涵；来自雇主的以税收方式形成的养老资源成为政府养老责任的物质基础，政府以公共投入的方式支持养老保险制度的发展，体现了政府的责任。

社会养老保险内部是一种责任分担机制，合理划分政府和个人的养老责任就显得非常重要。在社会养老保险的典型模式中，以英国、瑞典为代表的福利国家模式更加强调政府的责任，认为政府通过宏观调控可以有效地保障劳动者的养老生活所需，促进经济发展和社会进步。以智利为代表的强制储蓄积累型更加强调个人责任，认为个人是自己养老问题的核心承担者，政府只发挥最后担保人的作用。因此，养老保险中的政府责任与个人责任的研究，核心内容是探讨两者之间权责如何配置，即责任分担机制的构建，而不是探讨个人责任或者政府责任谁去谁留问题，最终以实现养老制度的完善和社会福利的改进。

从理论上讲，个人为其老年生活负责是一种个人理性和个人责任的体现，养老保险首先应该是一个自我保险的体系，相比较而言，它所具有的互助共济和再分配职能都是制度外生的。养老保险制度中个人责任的实现需要一定的外部环境和条件，在理论上属于"应然"，即个人应该为其老年生活负责。个人的能力是个人要实现养老责任的首要条件，至少包括两个方面的重要内容：一是可以创造或者自身拥有足够的用于满足老年生活需求的剩余产品的能力，因为养老权益的实现首先需要足够的养老资源；二是拥有足够的可以合理支配剩余产品的知识和技能。随着强调自由竞争的市场经济的快速发展，社会物质财富以较快的速度增长，个人获取知识及资源以保证老年生活的能力不断提升，使得实现个人养老责任的条件不断满足。尤其是在欧美国家，市场经济发展比较成熟，实现个人养老所需的经济政治体制已经趋于成熟：政治上宣扬自由竞争，强调通过自我努力奋斗实现人生价值，主张政府削减对福利制度的财政支出；经济上，因工资收入水平相对较高，人们可以通过工作期间的储蓄积累来实现整个生命周期内消费的平滑。除了个人能力，个人养老责任的实现还需要一定的外部环境及条件，即政府的监管体系及相对成熟的外部市场，以保证养老制度的顺利运行。一是私有产权：即个人养老权益应该归属私人所有，个人账户中储存积累的养老金资源应明确归个人所有；二是激励机制：即个人缴费多少应该与获得的养老金权益呈正相关关系，缴费越多，获得的养老金也应该越多，体现出对缴费应有的激励作用。个人是养老问题中首要的责任承担者，应该强化个人在养老中的责任承担，这是制度发展的内在要求，也是目前全球范围内的发展趋势[1]。

虽然从理论上讲，养老保险应该是一个自我保障的体系，但是随着社会形势的发展变化及人类认识水平的不断提升，政府介入养老保险领域并承担适度的责任成为历史发展的必然趋势。第一，养老保险的产品属性。养老保险制度属于准公共产品，通过稳定的老年生活预期的提供，可以有效地拉动居民消费，维护社会稳定，体现出制度的正外部性。如果完全由市场和个人负责，极易出现市场失灵，导致养老资源供给出现低效甚至无效现象的出现。第二，从风险管理的视角来看，个人生产生活中面临的不确定性及风险不仅仅是个人原因所致，更多表现为制度性或社会性风险，养老保险领域也是如此，因此，单纯依靠个人已经很难对此类风险进行有效化解。第三，政府是社会"公共力量的代理人"，社会保障权是现代社会公民的一项基本权利，"公正"是社会制度的首要目标，政府理应合法运用公共权利维护社会公平并维护社会成员的基本社会保障权[2]。第四，福利国家理论的产生。该理论将社会福利作为不可侵犯和不可剥夺的一项公民社会权利，认为政府应发挥宏观调控职能，调节收入的不均衡状态。在养老领域，国家应该制定公共养老计划，保障公民的基本养老权利，分担社会成员的养老风险。政府责任的履行主要包括四个方面：一是制度投入，即建立公共的养老保险制度；二是组织投入，即制度运行的监督管理；三是资金投入，即对养老制度提供适度的财政支持；四是培育市场，即为个人承担养老责任创造一定的条件及环境。

综上所述，政府责任与个人责任在养老保险制度中的运作机理、实现方式

① Sanchez-Marcos, V., Sanchez-Martin, A. R. Can social security be welfare improving when there is demographic uncertainty?. Journal of Economic Dynamics and Control, 2006, 30(9): 1615-1646.

② 席恒. 公共政策制定中的利益均衡——基于合作收益的分析[J]. 上海行政学院学报, 2009(06): 39-45.

等方面存在较大差异。政府责任在提供公共养老计划，实现社会公平、正义、共享，促进合理的收入再分配以及分担更大范围的社会风险等方面具有优势；个人责任在养老资源的优化配置、凸显激励机制及实现个性化养老等方面存在优势。因此，要保障老年人养老权益，实现养老制度的高效运行，需要合理界定政府责任及个人责任，并对责任边界进行明确划分。

# 2 相关研究述评

## 2.1 相关研究综述

### 2.1.1 实现养老保险制度整合需要健全城乡居民基本养老保险制度

随着经济的快速发展和社会的不断进步，城乡居民的养老问题越来越成为人们关注的焦点。我国城乡居民养老保险制度应"需"而建，逐步从"分类实施，独立发展"朝着"制度完善，待遇统一"的方向不断靠近。养老保险制度改革致力于打破城乡"碎片化"的局面，尽快实现制度体系优化整合。新农保和城居保的合并运行是实现我国养老保险制度整合的必经阶段，为养老保险体系的进一步优化完善奠定良好的基础。

目前，我国养老保险制度针对机关事业单位工作人员、城镇企业职工、城镇和农村居民分别制定、实行的养老保险政策，已经明显不适应养老保险体系整合的大趋势，而城乡统一的养老保险制度又不能立即建立起来，因此大部分学者赞同通过分步整合、逐步推进的策略来实现制度整合（郑功成，2011；米红，2008）。通过顶层设计，逐步推进养老保险从制度分割走向制度整合，需要改变城乡之间、地区之间、人群之间长期以来存在的制度碎片化现象。考虑到我国现存的城乡差距、地区差距及制度发展现状，城乡统筹的养老保险体系的建立需要一个长期的过程，这一目标的实现不仅需要科学合理的顶层设计，而且需要脚踏实地地逐步推行。城乡居民养老保险制度的建立，首先在一定程度上打破了城乡之间和人群之间的制度分割，走出了实现养老保险体系优化的关键一步。景天魁

（2013）提出我国社会保障制度分步建立的过程是产生制度碎片化的原因，制度碎片化会产生制度不公平现象，会产生制度分割，会限制制度的转移和接续，影响制度的可持续性。制度整合是逐渐实现制度结构的完善和制度体系的提升，制度整合是打破制度碎片化，去除身份制与地域制的途径，需要坚持底线公平的原则，在底线公平原则的指导下去推动制度整合，逐步缩小城乡之间、地区之间、人群之间的差距。制度整合的目的不是建立制度内部没有任何差别的统一制度，而是建立制度内部存在合理差别，底线部分和非底线部分有机结合的制度①。毕天云（2012）提出我国现行社会福利制度的设计是以部门之间事务分工为中心的，而不是从民众的福利需求作为出发点，在现实运行中就出现各种问题。我国社会福利制度的"分割"表现在三个方面：一是满足相同福利需求的制度被分割在不同部门。例如医疗需求，医疗救助归属民政部、职工医保归属人力资源与社会保障部，新农合归属卫生部。二是相同内容的制度以身份分隔来设置子制度，例如养老保险，分为城镇职工养老保险、机关事业单位养老金制度、城乡居民基本养老保险三个部分。三是相同身份的群体被纳入不同的制度体系，例如农村居民，分为失地农民和有地农民、留守农民和流动农民等。他认为制度整合，不仅同一制度内要实现整合，不同内容制度建设也要整合。推动制度整合和体系整合是一项复杂、长期、艰巨的社会系统工程，需要对制度整合的实现路径、实施步骤、具体措施进行深入的研究②。丁建定（2012）提出中国的社会保障从制度内容来看发展不均衡，从制度结构来讲是分裂的，从制度水平来讲差别悬殊，这种状况不仅不符合社会公平的价值理念，而且不符合制度可持续发展的要求，需要通过制度整合来实现制度体系的完善。社会保障制度整合与体系完善是世界社会保障发展的一般规律，也是符合我国经济、政治、社会和文化环境的政策选择。可持续发展理论、基本公共服务均等化理论、社会公平正义理论、适度普惠性社会福利理论是制度整合的理论依据，公平效率兼顾论、可持续发展理论、以人为本论等是制度整合的基本理念。通过部分制度的局部调整实现制度内容体系的优化，通过相关制度的逐步整合实现制度结构体系的优化，通过制度主体责任的合

---

① 景天魁. 社会福利发展路径：从制度覆盖到体系整合[J]. 探索与争鸣，2013(02): 32–39.
② 毕天云. 论大福利视阈下我国社会福利体系的整合[J]. 学习与实践，2012(02): 87–96.

理实现制度层次架构的提升，通过制度内涵的适当延伸实现社会保险与社会服务的有机协调[①]。社会保险制度整合，不仅同类群体之间应该建立统一的制度，不同群体制度之间也要建立有效的制度衔接[②]（卢驰文，2008）。可以看出，城乡居民养老保险制度是实现我国养老保险制度整合的必经阶段，为养老保险体系的进一步优化完善奠定良好的基础。首先，通过新农保和城居保的合并实施迈出制度整合的重要一步。其次，探讨将机关事业单位养老金制度和城镇职工养老保险制度进行逐步整合，消除长期以来两者待遇差距悬殊的双轨制问题，最后一步进行统筹合并，全面实现养老保险制度的城乡统筹。

### 2.1.2　当前城乡居民基本养老保险制度的运行中存在较多问题

城乡居民基本养老保险制度通过养老金的发放提高了达到领取条件的退休者的收入水平，改善了他们的生活条件，提高了生活质量；普惠制养老金的发放在一定程度上减轻了城乡老人的生活负担，减少了贫困的发生；制度的实施在一定程度上缩小了城乡居民的收入差距，有利于实现城乡基本公共服务均等化（薛惠元，2014；邓大松，2015；张川川，2014）。但在制度合并运行过程中仍然存在较多的问题：政策宣传不到位，基层经办人员配置不足，办事效率低下；城乡居民中的中青年群体参保意愿不强，参保率不够高；政府补贴方式对参保者缴费的激励作用有限，选择最低缴费档次的参保者比例较高，较低的参保缴费水平导致将来养老金的待遇水平难以满足老年养老所需；多缴多补的政策规定对低收入群体缺乏吸引力；与城镇职工养老保险待遇差大，基金保值增值困难等。这些问题对城乡居民基本养老保险制度的可持续发展形成阻滞，需要重点关注和研究。

养老保险统筹层次是衡量一个地区养老保险发展水平的重要指标。一般来讲，一个地区的统筹层次越高，养老保险风险分担范围越大，制度的稳定性和均等性越好，因此较高的统筹层次可以提高城乡居民的参保积极性。统筹层次在一定程度上决定着一个地区养老保险的发展高度。邓大松（2015）认为，作为覆盖

---

① 丁建定. 中国社会保障制度整合与体系完善纵论[J]. 学习与实践, 2012(08): 97–102.

② 卢驰文. 基于统筹规划的城乡社会保险制度建设研究[J]. 经济经纬, 2008(01): 79–81+85.

全民的养老保险制度，城乡居民养老保险在制度建设过程中要注重与社会救助制度和其他养老保险制度的配套协调。钟玉英（2016）认为，应该充分发挥政府的宏观调节功能，推动养老保险制度改革优化，立足中国实际，坚持改革创新，使城乡居民养老保险制度切实保障老年居民养老所需。

养老保险转移接续问题是影响养老保险顺畅发展的关键因素。在城乡居民养老保险制度建设过程中应该妥善处理不同养老保险制度之间的转移接续，以免影响不同地区之间劳动力的顺畅转移。郑功成（2010）提出，城乡居民养老保险制度建设一方面要加快扩面，通过制度设计吸引那些未参保群体尽快加入到制度体系中来，逐步实现制度全覆盖向人群全覆盖发展；另一方面要处理好养老保险转移接续问题，促进不同地区之间劳动力的顺畅转移。张园（2013）提出借鉴欧美经验，通过"养老权益累加，待遇加权计发"的方式来实现不同的养老保险制度之间的转续衔接。该办法可以较好地保障地区之间流动的参保者合理的养老保险权益，避免由于地域的流动而出现参保者养老金无法领取的现象发生。

养老保险制度覆盖面的大小是关系到制度稳定及制度公平性的重要问题。扩大社会养老保险覆盖面一直是相关部门长期大力推行的工作。申曙光（2009）提出，在坚持公平理念的基础上来实现社会保障覆盖面的扩大，可以较好地抑制我国当前贫富差距较大的问题。传统观点认为，当社会保险覆盖面较小时，保险质量较好，而当覆盖面扩大时，保险水平和保险质量通常会随之下降，这种观点并非完全正确。"全覆盖"是我国养老保险制度的建设目标，通过近年来政府积极的制度建设，以机关事业单位养老金制度、城镇职工养老保险、城乡居民养老保险三大核心制度为主的养老保险制度体系已经基本建立，制度全覆盖的目标已经实现。随着覆盖面的扩大、参保人群的增加，养老保险资金规模进一步增大，通过加强经办管理和基金运营，可以逐步增强养老保障体系的保障质量和保障水平。关信平（2011）认为，不同制度之间要建立连接协调机制，同类制度之间应建立转移接续机制。首先，应该承认不同制度之间的差异，例如社会救助的兜底保障功能、社会保险的基本保障职能、社会福利的特殊保障职能，这些制度共同构建一个完善的安全网。我们既要防止制度重复建设，也要预防制度功能缺位。其次，同类制度之间转移接续机制非常必要，例如城镇职工养老保险、机关事业单位养老金制度、城乡居民养老保险三大核心养老制度之间应该建立顺畅的转移接续机制，以适应劳动力部门流动的需要，地区之间、同类制度之间应该建立转移接续制度，以适应劳动力地区流动的需要。

随着经济社会的发展、物价水平的提升、人民消费水平的提高，社会各界日益关注养老保险基金的管理运营问题。褚福灵（2016）关注基金管理问题，提出如果将城镇和农村社保基金统账运营，可以较好地改善农村社保基金运营难题，同时促进城乡社会保障统筹发展，在一定程度上破解城乡二元体制。Blommestein（2001）关注基金保值增值问题，认为投资资本市场可以较好地解决基金保值增值问题，而且可以促进基金运营专业人才培养，促进资本市场完善。Timothy and Prat（2002）关注基金运营具体模式，分析了委托代理制的各种优点，认为该模式符合激励相容原则，实现基金代理人的利益与基金运行效率紧密结合，促进基金保值增值。Hess and Imparido（2004）和李琼（2015）则分析委托代理机制的一些不足及解决途径。例如针对政府作为养老保险基金代理人的道德风险，建议通过专业的基金运营机构来进行运营管理，以此来保证运营和监管的分离，实现权力的相互制衡，保证基金的安全。

城乡居民基本养老保险制度是新农保和城居保的合并实施，在制度合并运行过程中仍然存在较多的问题：一是城乡居民中的中青年群体参保意愿不强，参保率不够高，44岁以下的中青年群体参保缴费比率远远低于45岁以上的中老年群体，究其原因主要是中青年群体处于人生黄金阶段，身体健康状况较好，缺乏足够的参保意愿和养老意识，再加上较低的缴费补贴水平对中青年群体吸引力较弱，所以参保积极性不高；多缴多补的政策规定对低收入群体缺乏吸引力（赵海平，2013）。二是政府补贴方式对参保者缴费的激励作用有限，选择最低缴费档次的参保者比例较高，较低的参保缴费水平导致将来养老金的待遇水平难以满足老年养老所需（向运华，2016），基础养老金具有普惠性质，对保障退休人员老年生活起到重要作用，但是自2009年新农保建立基础养老金以来，发放标准缺乏正常的调整机制。2015年，基础养老金出现首次调整，由55元每月提高到70元每月，但这种政策调整随机性较强，不具有稳定的可持续机制。随着物价水平和人们消费水平的提升，很难达到保障老年居民养老所需的制度目标[①]。三是与城镇职工养老保险待遇差距大。我国城镇职工和城乡居民养老保险制度的制度设计不一样，城镇职工比城乡居民养老保险多了一部分社会统筹基金。用人单位缴纳工资总额的20%进入社会统筹基金，用于代际养老金的转移支付，体现年轻一代和年长一代之间的代际责任。而城乡居民由于没有固定的用人单位，因此制度设计没有社会统筹基金部分。由于制度设计不同，所以两者之间待遇差距悬殊。以安徽省为例，2012年城镇职工每月最低领取1280元养老金，而城乡居民每月最高领取350元养老金[②]。四是基金保值增值困难。城乡居民养老保险基金是保障老年居民晚年生活所需的重要资金来源，是家庭养老的重要补充。国务院《意见》提出逐步推进基金的省级统筹，实际运行过程中大部分地区仍然是县级统筹，统筹层次偏低。国务院《意见》规定基金可以按照国家要求进行投资运营，但缺乏具体的投资运营细则，地方政府在实际运行中出于基金安全性的考虑，选择购买国债或者存入银行，导致基金收益率较低，如果基金的收益率低于通货膨胀率，那么基金实际处于一种贬值的状态，很难实现保值增值。

此外，也有学者基于特定地区的制度运行现状调查，发现制度运行中需要改进的问题：包括浙江宁波（赵海平，2013）、陕西洛南（张欣丽，2014）、吉林白边（郝欣，2015）、山东莱芜（郝晓娟，2013）、河南郑州（李伟，2011）、安徽宣城（吴芳，2014），等等。

### 2.1.3　制度优化的各种路径不断被学者思考、发掘和提出

中国社会保障已全面进入到"制度优化"的新阶段，"制度优化"的目标确定为"更加公平可持续"。在社会保障制度顶层设计中，"公平"应成为最核心的价值理念，"可持续"是制度追求的长期目标。从制度分割走向制度整合是一个较长的实现过程，需要逐步缩小城乡之间、人群之间和地区之间存在的制度差距，逐步推进制度优化，当前国务院《意见》的颁布打破了长期以来养老保险

---

① 邓大松，仙蜜花. 新的城乡居民基本养老保险制度实施面临的问题及对策[J]. 经济纵横，2015(09)：8–12.

② 吴芳. 关于整合城乡居民社会养老保险制度的调查与思考[J]. 内蒙古农业大学学报(社会科学版)，2014，16(04)：55–59.

城乡分割的局面，为最终破除养老保险城乡二元结构，实现养老保险体系优化迈出关键一步。中国社会保障制度优化应该以国民待遇为理念，实现保障项目的整合，以社会服务为基础，促进保障体系的升级。林闽钢（2014）从"目标——路径"这一整体性分析视角出发，对社会保障项目、体系、筹资、管理提出了"四位一体"的优化路径①。建立健全城乡居民基本养老保险制度是我国养老保险制度整合完善的重要内容，针对制度实践中的问题，已有部分学者提出制度优化的政策建议。一是建立养老金动态调整机制以适应物价上涨和通货膨胀，切实保障退休者能够分享经济发展成果。作为基本的养老保障制度，养老金的发放标准应该实现"保基本"的制度目标，即保障"衣、食、住"等基本生存需求。可以借鉴最低生活保障制度的做法，建立指数化的调整机制，对基础养老金的发放标准和个人账户养老金水平进行随物价波动和经济增长的动态调整，从而保证老年居民领取的养老金的实际购买水平不下降，进而改变参保者的制度预期，提高制度满意度②。根据不同地区的实际情况，适时调整城乡居民养老保险的缴费档次，对特殊困难群众无力负担最低缴费档次的情况，可发挥公共财政的兜底作用。通过建立更合理的缴费激励机制，例如对缴费超过15年的长期参保群体，个人缴费每延长1年，加发国家基础养老金的1%，以此来激发参保者的缴费潜力，鼓励参保者尽早参保，长期参保。目前制约城乡居民参保的瓶颈是收入水平偏低，收入渠道较少，收入水平不稳定，因此应该采取措施加快农村经济发展，促进农民收入水平的提升，带来缴费能力的提升③。二是建立正常的基础养老金调整机制可以保证城乡居民更好地分享经济社会发展的成果，保证养老金的实际购买力。养老金的调整需要考虑诸多因素，是一个系统的工程，调整时机的把握、调整幅度的掌控都非常重要，要综合考虑财政的实际承受能力以及制度的保障水平。养老金调整的方向应该是在不损失经济效益，不影响经济发展前提下为城乡居民提供保障水平较高的养老金水平，以保证退休后的基本生活需求。有两种方案可供选

---

① 林闽钢. 中国社会保障制度优化路径的选择[J]. 中国行政管理, 2014(07): 11–15.

② 胡芳肖，张美丽，李蒙娜. 新型农村社会养老保险制度满意度影响因素实证[J]. 公共管理学报, 2014, 11(04): 95–104+143.

③ 何晖. 城乡居民基本养老保险农民个人缴费能力风险评估——以湖南省43个县(市、区)为考察样本[J]. 湘潭大学学报(哲学社会科学版), 2014, 38(05): 48–53.

择：一种是按照与经济增长同步进行调整的思路，另一种是按照物价增长率加上经济增长率乘以40%的思路展开，按照这两种思路进行基础养老金调整，一定程度上保证城乡居民年老后的基本生活水平，又不会给政府财政带来过重的负担。应该逐步提高制度的统筹层次。目前来看绝大多数的试点地区仍然采取县级统筹为主，尽快推进省级统筹进而实现全国统筹是城乡居民基本养老保险制度的必然发展趋势，也是我国养老保险必然走向。试点地区应该加快研究推进由县级统筹向市级统筹过渡，为走向省级统筹打下基础，不断发现和解决统筹层次提高带来的各种问题，进而实现省级统筹，最终走向基本养老保险基金全国统筹。积极鼓励引导中青年群体参保缴费。调查显示城乡居民中16—44岁中青年群体参保率偏低，应该加大鼓励引导力度。一方面加强政策宣传力度，普及社会保险知识，使中青年群体意识到参保缴费的重要性，认识到政府对城乡居民基本养老保险制度基础养老金的补贴力度，对选择不同缴费档次的政府补贴力度，使他们对未来的养老保障形成清晰的认知。同时加强经办机构服务意识、服务水平和服务能力建设，简化参保缴费和待遇领取流程。另一方面通过多缴多补、长缴多补政策的政策激励，增强制度吸引力[①]。三是加大制度宣传，增加城乡居民的政策认知，使他们对政策的预期能够符合目前制度推行的客观效果，从而可以提升主观制度满意度，增强制度信任。养老保险知识和政府形象的积极宣传，可以提升城乡居民对养老保险制度的了解和把握，对制度设计理念、基金筹集原则和筹集水平、待遇发放机制和待遇发放水平、经办服务手续和流程等有更加清晰的制度认知，从而对制度保持理性的预期，从而避免因实际预期过高而对制度运行现状产生不满的情绪，影响城乡居民制度满意度[②]。明确各级政府的责任归属，合理优化各级财政的筹资比例。一方面对各级政府的财政投入比例科学规划，另一方面适当增强省级财政的转移支付力度。对于部分贫困县以及财政收入水平较低的困难县，减少县级财政的承担比例，省、县财政按照1∶1的比例来进行分担。财政收入较多的富裕县，县级财政可以适当承担较多的比例，可以考虑按照1∶2或者1∶3的

---

① 邓大松, 仙蜜花. 新的城乡居民基本养老保险制度实施面临的问题及对策[J]. 经济纵横, 2015(09): 8–12.

② 张欣丽, 睢党臣, 董莉. 城乡居民养老保险制度的满意度分析——以陕西省洛南县为例[J]. 西北人口, 2014, 35(06): 83–87+93.

比例来进行分担①。四是加快改进相关部门的业务经办模式，扩充经办管理人员队伍。在城乡居民基本养老保险经办业务的过程中，较多问题在地方社保机构出现，导致工作效率不高。城乡居民基本养老保险制度的信息系统软硬件不健全，业务操作系统不太稳定，养老保险从缴费到养老金发放的中间环节较多，影响运行效率和基金的安全性，也延长了待遇的发放周期。业务经办队伍薄弱，尤其是村一级经费投入和人员队伍明显不足，部门之间的协调配合欠佳，城乡居民基本养老保险的信息系统还未实现与公安部门的户籍资料信息资源共享，与民政部门、残联等部门信息的资源共享也远未实现，极大地影响城乡居民基本养老保险制度的运行效率②。因此，应该加快经办机构的信息化建设，健全信息反馈机制，积极听取参保的城乡居民的意见反馈，以此来提升参保居民的参保信心。信息反馈机制的建立应确保由专门的工作人员来听取和处理城乡居民的抱怨意见，并及时向上级部门反馈，从而为制度调整和完善提供参考。需要提升经办人员工作素质和专业能力，使得经办工作规范化、制度化，同时严谨工作流程③。此外，还有学者从筹集模式选择、风险准备金制度建立及统筹城乡养老保险的衔接机制等方面提出制度优化的路径。

从研究成果来看，多是在定性研究的基础上提出较为宏观的政策建议，鲜少见到基于大规模问卷调研，通过实证研究找出关键变量，进而提出制度优化的路径。

## 2.2 简要评论

作为社会保障体系中重要的基础制度之一，城乡居民基本养老保险制度覆盖面广，参保群体规模大，对城乡老年居民生活保障具有举足轻重的作用，也是完

---

① 向运华，袁璐雯. 浙江省城乡居民基本养老保险制度改革研究[J]. 合作经济与科技，2016(02): 190–192.

② 赵海平. 城乡一体化社会养老保险制度模式及成效评估——以宁波市城乡居民社会养老保险制度为例[J]. 经济研究参考，2013(01): 41–47.

③ 张欣丽，睢党臣，董莉. 城乡居民养老保险制度的满意度分析——以陕西省洛南县为例[J]. 西北人口，2014, 35(06): 83–87+93.

善和促进"底线"民生的重要体现。目前学术界关于城乡居民基本养老保险制度的研究出现了较多的研究成果，本文遵循以下的研究思路展开：一是实现养老保险制度整合需要建立健全城乡居民基本养老保险制度；二是当前城乡居民基本养老保险制度的运行中存在较多问题；三是制度优化的各种路径不断被学者思考、发掘和提出；四是基于现状调查的制度绩效评估可以更好地实现制度优化。

第一，实现养老保险制度整合需要建立健全城乡居民基本养老保险制度。目前，我国养老保险制度针对机关事业单位工作人员、城镇企业职工、城镇和农村居民分别实行制定不同的养老保险政策，已经明显不适应养老保险体系整合的大趋势，而城乡统一的养老保险制度又不能立即建立起来，因此大部分学者赞同通过分步整合、逐步推进的策略来实现制度整合。制度整合是逐渐实现制度结构的完善和制度体系的提升，是打破制度碎片化，去除身份制与地域制的途径。养老保险的制度整合，不仅同一制度内要实现整合，不同内容制度建设也要整合。有步骤地推进社会保障的制度整合是增强公平性、适应流动性、保障可持续性的关键手段。实现制度整合比完成制度全覆盖的任务要更加艰巨，需要科学的顶层设计、完善的制度方案、可行的实施路线。制度整合是逐渐实现制度结构的完善和制度体系的提升，制度整合是打破制度碎片化，去除身份制与地域制的途径，需要坚持底线公平的原则，在底线公平原则的指导下去推动制度整合，逐步缩小城乡之间、地区之间、人群之间的差距。制度整合的目的不是建立制度内部没有任何差别的统一制度，而是建立制度内部存在合理差别，底线部分和非底线部分有机结合的制度。

第二，当前城乡居民基本养老保险制度的运行中存在较多问题。城乡居民基本养老保险制度的实行对实现基本公共服务均等化和建立更加公平的国民养老保险制度有重大意义，它所带来的养老金收入显著提高了参保老年人的收入水平、减少了贫困发生、提高了主观福利。但在制度合并运行过程中仍然存在较多的问题：政策宣传不到位，基层经办人员配置不足、办事效率低下；城乡居民中的中青年群体参保意愿不强，参保率不够高；政府补贴方式对贫困群体、低收入群体形成了一定的挤出效应；由于参保激励不健全，参保人员普遍选择低缴费档次，导致待遇水平偏低；与城镇职工养老保险待遇差距大，基金保值增值困难等。

第三，制度优化的各种路径不断被学者思考、发掘和提出。中国社会保障已全面进入到"制度优化"的新阶段，"制度优化"的目标确定为"更加公平可持续"。在社会保障制度顶层设计中，"公平"应成为最核心的价值理念，"可持续"是制度追求的长期目标。从制度分割走向制度整合是一个较长的实现过程，需要逐步解决城乡之间、人群之间和地区之间存在的制度差距，逐步推进制度优化。针对制度实践中的问题，已有部分学者提出制度优化的政策建议。如根据居民收入水平的增长适时调整缴费档次，特别是增设更高档次的缴费档次，或者改变目前的固定档次缴费制，试行基于城乡居民人均纯收入的固定比例缴费制；鼓励长缴多补，对于满足养老金领取条件的缴费年限后继续缴费群体实施财政鼓励性补助；建立基础养老金合理的调整机制，完善个人账户资金继承办法；扩大投资渠道，实现基金保值增值；加大城乡居民基本养老保险制度的宣传力度，树立良好的政府形象；明确各级政府的责任归属，合理优化各级财政的筹资比例；加快经办机构的信息化建设，健全信息反馈机制；提升经办人员专业素质，严谨工作流程。此外，还有学者从筹集模式选择、风险准备金制度建立及统筹城乡养老保险的衔接机制等方面提出制度优化的路径。

第四，基于现状调查的制度绩效评估可以更好地实现制度优化。

综上所述，上述成果构成了本课题的研究基础，对课题研究思路的形成具有一定的指导意义。但本研究认为，要提出有效的制度优化路径，需要借助大规模的实证调研，清楚制度的运行现状，运用更准确地实证方法，明晰参保人满意度所受关键影响因素，有的放矢方才奏效。然而，现有国内外文献均没有对上述问题引起足够的重视或鲜有深入，本研究将着力予以解决。

具体而言，本书集中探讨以下七方面的问题：第一，城乡居民养老保险制度的演变历程。梳理从老农保、新农保、城居保到城乡居民养老保险制度的发展历程；第二，城乡居民养老保险制度的运行现状。宏观视角采用政策分析方法，从政策文本形式和政策内容规范两方面探讨我国省际城乡居民基本养老保险政策的地区差异。微观视角采用一线田野调查，实证分析城乡居民的参保现状、政策认知及制度期望。第三，城乡居民养老保险制度的建设绩效。政策供给视角，基于公平性、有效性、可持续性三个层面评估制度的建设绩效；公众需求视角，从公众满意度视角评估制度的实施绩效，并找出关键影响因素。第四，城乡居民养老保险制度的福利效应。从经济福利、社会福利和健康福利三个层面具体操作为相对剥夺感、养老担忧度、身体健康度三个指标进行实证分析。第五，城乡居民养老保险与家庭养老的互动机制。探讨社会养老参保行为对公众养老担忧度和家庭养老地位的影响，进而探讨两者之间的"协同效应"和"替代效应"。第六，城乡居民养老保险制度发展的问题剖析。从待遇水平、覆盖范围、基金运营、制度衔接运行及业务经办等方面探讨城乡居民养老保险制度的主要问题。第七，城乡居民养老保险制度的优化路径。从制度筹资、运营管理与经办服务、待遇计发与调整机制、制度间协同衔接等方面提出制度的优化路径。

# 3 城乡居民基本养老保险制度的演变历程

在中国传统的"养儿防老"观念影响下，家庭养老、土地养老一直以来在农村社会占据主导地位，快速的城镇化、工业化历程不断对中国农村传统的养老方式产生冲击。青壮年劳动力城乡之间的快速流动使得家庭养老的主体功能不断弱化，传统养儿防老依赖的养老主体即子女资源由于快速流动其稳定性受到冲击，我国传统的孝悌文化在快速的社会转型过程中也呈现弱化的趋势，家庭养老的文化基础受到冲击，计划生育政策的实施使得出生人口数量减少，传统大家庭的互助保障功能出现弱化趋势，"四二一"家庭的大量涌现使得家庭养老的负担不断增加，核心家庭的增加也在一定程度上使得家庭养老的功能走向弱化。在人口老龄化进程不断加速的情况下，农村的家庭养老随着经济社会形式的变化呈现弱化趋势，农村居民的养老问题变得日益重要。社会养老由于其较大的风险分散单位及其稳定的养老预期逐渐被提上日程。20世纪80年代，社会养老方式在我国部分经济发达的地区开始出现，在经历了近20年的发展历程后最终以失败告终。2009年，新农保试点开始推行，这种增加了政府财政支持的具有较强福利特色的社会养老方式在农村地区快速展开。2011年城镇居民养老保险试点在全国展开，制度运行框架与新农保非常类似。2014年，城乡居民养老保险制度运行，它是新农保和城居保两种制度的叠加运行，制度框架沿袭两个制度的典型特色，实行基础养老金和个人账户相结合的制度模式，基础养老金来自政府财政支持，具有典型的普惠性质。本章在对城乡居民基本养老保险制度的演变历程进行梳理的基础上，厘清制度发展的历史脉络，分析不同阶段制度的主要内容，一步一步地明晰制度的发展过程，探讨城乡居民基本养老保险制度未来的发展方向。

## 3.1 农村社会养老保险制度

### 3.1.1 老农保模式的推进和终止

20世纪80年代，部分经济发达的农村地区开始探索社会养老保险来作为家庭养老的补充。试点实施初期制度以乡、镇、村作为统筹单位，后来逐渐将统筹单位扩大到县级，提高了养老风险的责任分担范围。农村社会养老保险制度坚持自我保障为主的方针，资金来源主要是个人和集体，以个人缴费为主。农村社会养老保险制度正式诞生的标志是1992年1月《县级农村社会养老保险基本方案》（以下简称"《基本方案》"）的正式下发。

《基本方案》确定以县为单位展开工作，政府发挥组织引导作用，农民参保采取自愿原则。资金筹集坚持个人缴纳为主，凸显个人责任，集体经济适当补助，政府主要提供政策支持，同时坚持家庭养老和社会养老有机结合。制度的参保对象是非城镇户籍的农村居民。参保缴费年龄为20周岁至60周岁，待遇领取年龄为年满60周岁。参保对象缴费设置10个档次，每月最低缴费2元，最高20元。不同从业人员缴费档次可以有所区别，县（市）政府选择缴费的标准范围以及缴费方式（按月缴纳还是按年缴纳）。养老保险缴费允许补缴，但补缴后缴费年数不超过40年，养老保险缴费允许预缴，预缴年份不超过3年。养老保险基金以县为统筹单位，基金主要通过存入银行和购买债券进行保值增值。

《基本方案》下发后，各地以《基本方案》为指导迅速开展农村社会养老保险的推进工作。自1992年到1998年，制度呈现稳步推进，快速发展阶段（表3-1）。开展制度工作的县（市、区）从1000个扩大到2123个，参保人数由3500万人增加到8025万人，待遇领取人数由17.2万人增到61.4万人，基金收入由6亿多元增加到31.4亿元，基金支出由2875万元增加到5.4亿元，基金累计金额由14.79亿元增加到166.2亿元。

表3-1 农村社会养老保险的发展情况（1992—1998年）

| 年份 | 开展工作的县（市、区）（个） | 参保人数（万） | 待遇领取人数（万） | 年均保费缴纳额（元） | 基金收入（亿元） | 基金支出（万元） | 基金累计金额（亿元） |
|---|---|---|---|---|---|---|---|
| 1992[1] | 1000 | 3500 | — | — | — | — | — |
| 1993[2] | 1100 | — | — | — | 6.64 | 2875 | 14.79 |
| 1994[3] | — | — | 17.2 | 48.3 | 16.7 | 4790 | 27 |
| 1995[4] | — | 5142.8 | — | 71.4 | 36.7 | 9889.2 | 59.5 |
| 1996[5] | — | 6594 | 31.6 | — | 44.1 | 18197.2 | 99.5 |
| 1997[6] | — | 7452 | 61.4 | — | 42.2 | 33368 | 139.2 |
| 1998[7] | 2123 | 8025 | — | — | 31.4 | 54000 | 166.2 |

　　这一阶段，虽然农村社会养老保险制度快速发展，但许多问题也在不断出现。一是农村社会养老保险制度的社会性和福利性不足。制度确立的保险基金筹集以个人缴纳为主，凸显个人责任，集体经济组织适当补助，政府不承担财政责任，给予适当政策扶持。这一政策规定使得农村社会养老保险的互助共济功能消失，缺乏社会性和福利性，制度运行变为农民个人缴费的储蓄积累制，而基金运营主要是购买国债和银行存款，导致基金保值增值压力巨大，因此依靠该制度来保障农村老年人的基本养老所需难度较大。待遇水平偏低。《基本方案》规定的参保对象缴费档次共10个档次，最低每月缴费2元，最高每月缴费20元。参保人可以根据自身经济状况灵活选择，但是由于农村经济发展水平总体偏低，农民收入水平不高，所以在缴费档次选择上绝大多数农民选择较低的缴费档次。社会养老保险的建立是为了给参保者提供稳定的养老预期，保障稳定的老年生活，而农

① 数据来源：《1992年民政事业发展统计报告》。
② 数据来源：《1993年民政事业发展统计报告》。
③ 数据来源：《1994年民政事业发展统计报告》。
④ 数据来源：《1995年民政事业发展统计报告》。
⑤ 数据来源：《1996年民政事业发展统计报告》。
⑥ 数据来源：《1997年民政事业发展统计报告》。
⑦ 数据来源：《1998年劳动与社会保障事业发展年度统计公报》。

村社会养老保险的制度设计以及较低的缴费水平很难实现保证农民老年基本生活的目标。二是基金的管理层面存在管理人员不足和管理经费紧张的情况。农村社会养老保险的工作主要是县级以下部门负责，基层工作任务较重，而专门工作人员不足。工作经费方面，基层农村社会养老保险机构工作人员属于自收自支的事业编制，工作经费完全来源于从征收的社会保险基金中提取的3%的管理费。部分地区由于参保人数有限，可提取的管理费难以满足实际工作的需要，因此基层部分农村社会养老保险经费不足，宣传、管理工作难以顺利开展，农保工作进展缓慢。三是农村社会养老保险制度的稳定性较差。农村社会养老保险的试点工作以县为单位展开，《基本方案》未做出更加详细的制度规定，因此地方政府出台的具体实施办法存在较大的地区差异，且都未上升到法律规范的层面，属于地方规章制度，缺乏法律效力。因此地方政府相关政策的建立、取消，保险基金的筹集、支付以及运营管理都由县级政府来决定，政策随意性太大，政府与农村居民之间没有形成一种稳定的契约关系，这在一定程度上会影响农民的参保积极性以及对政府的信任度。因此，1999年，国务院决定对农村社会养老保险进行清理整顿，农村社会养老保险已经开展的业务陷入停滞阶段，不再开展新的业务。农村社会养老保险的快速发展势头戛然而止。因此，从1999年开始，农村社会养老保险的参保人数开始出现下降的趋势（表3-2）。

表3-2  农村社会养老保险的发展情况（1999—2007年）

| 年份 | 参保人数<br>（万） | 待遇领取人数<br>（万） | 基金支出<br>（万元） | 基金累计金额<br>（亿元） |
|---|---|---|---|---|
| 1999[①] | 8000 | — | — | — |
| 2000[②] | 6172 | — | — | 195.5 |
| 2001[③] | 5995.1 | — | — | 216.1 |
| 2002[④] | 5462 | | | |
| 2003[⑤] | 5428 | 198 | 150000 | 259.3 |
| 2004[⑥] | 5378 | 205 | — | 285 |
| 2005[⑦] | 5442 | 302 | 210000 | 310 |

（续上表）

| 年份 | 参保人数<br>（万） | 待遇领取人数<br>（万） | 基金支出<br>（万元） | 基金累计金额<br>（亿元） |
|---|---|---|---|---|
| 2006[⑧] | 5374 | 355 | 300000 | 354 |
| 2007[⑨] | 5171 | 392 | 400000 | 412 |

可以看出，自1999年到2007年，制度参保人数从8000万人减少到5171万人，减少人数接近3000万。由于达到退休年龄人数的不断增长，待遇领取人数从2003年的198万人增加到2007年的392万人，养老保险基金支出总额从15亿元增加到40亿元，基金积累额不断增加。2007年，养老保险基金总积累额达到412亿元。

农村社会养老保险制度自1992年全面试点推行到1999年国务院发文进行清理整顿，历时8年时间。在这8年时间里，虽然制度发展较为迅速，参保人数不断增加，基金积累额不断增长，但是制度设计和实际运行中仍然存在较多的问题。主要表现在以下几个方面：

一是农村社会养老保险制度的社会性和福利性不足。制度确立的保险基金筹集以个人缴纳为主，凸显个人责任，集体经济组织适当补助，政府不承担财政责任，给予适当政策扶持。但在实际运行过程中，绝大多数的集体经济组织由于经济发展水平和经济承受能力原因无力承担补助责任，甚至有些集体经济组织不愿意承担补助责任，而政府的政策支持主要体现在对集体补助部分的税前列支，由于绝大多数集体经济无力或者不愿进行个人缴费补助，所以国家政策扶持发挥的作用较小，基金筹集来源主要是个人，而农村社会养老保险管理机构的管理费还

---

① 数据来源：《1999年劳动与社会保障事业发展年度统计公报》。
② 数据来源：《2000年劳动与社会保障事业发展年度统计公报》。
③ 数据来源：《2001年劳动与社会保障事业发展年度统计公报》。
④ 数据来源：《2002年劳动与社会保障事业发展年度统计公报》。
⑤ 数据来源：《2003年劳动与社会保障事业发展年度统计公报》。
⑥ 数据来源：《2004年劳动与社会保障事业发展年度统计公报》。
⑦ 数据来源：《2005年劳动与社会保障事业发展年度统计公报》。
⑧ 数据来源：《2006年劳动与社会保障事业发展年度统计公报》。
⑨ 数据来源：《2007年劳动与社会保障事业发展年度统计公报》。

要从农民个人缴纳的保费中进行提取。这一政策规定使得农村社会养老保险的互助共济功能消失，缺乏社会性和福利性，制度运行变为农民个人缴费的储蓄积累制，而基金运营主要是购买国债和银行存款，导致基金保值增值压力巨大，因此依靠该制度来保障农村老年人的基本养老所需难度较大。

二是待遇水平偏低。《基本方案》规定的参保对象缴费档次共10个档次，最低每月缴费2元，最高每月缴费20元。参保人可以根据自身经济状况灵活选择，但是由于农村经济发展水平总体偏低，农民收入水平不高，所以在缴费档次选择上绝大多数农民选择较低的缴费档次，即每月缴费2元或者4元。由于大多数地区农村集体经济发展水平不高，所以很多没有能力对参保农民缴费进行补贴，政府对农村社会养老保险只是提供政策支持，而没有相关的财政投入，所以较低的缴费水平带来的是较低的待遇水平。根据测算，参保者如果选择最低的缴费档次，即使坚持长期缴费，缴费年限达到15年后每月的养老金领取额尚不足10元。因此通过参加养老保险，依靠养老金的支付来实现养老保障很难满足老年人的养老需求。如果把农村社会养老保险的管理费计算在内则实际待遇领取额将会更少。再加上通货膨胀以及银行利率波动的影响，参保农民年老时领取的养老金的保障能力将会更加弱。社会养老保险的建立是为了给参保者提供稳定的养老预期，保障稳定的老年生活，而农村社会养老保险的制度设计以及较低的缴费水平很难实现保证农民老年基本生活的目标。

三是基金管理规范性较差。地方民政部门既是运动员又是裁判员，从基金的征缴、支付到基金的投资运营全权负责，没有形成监督制衡机制。地方民政部门在地方政府直接管理之下，所以基金的侵占、挪用甚至滥用情况频繁发生，出现很多地方政府批个条子就可以使用养老保险基金的情况，导致基金的安全性没有保障，农民的养老钱受到较大风险冲击。《基本方案》对基金的投资运营进行严格限制，地方政府为稳妥考虑，一般采取存入银行的保值增值方式，在物价上涨和银行利率下调的影响下，基金遭遇较大的贬值风险，很难实现保值，更难以实现制度实施初期对农村居民承诺的12.9%的基金增值率以及按照这一增值率测算的养老保险的待遇水平。基金的管理层面存在管理人员不足和管理经费紧张的情况。农村社会养老保险的工作主要是县级以下部门负责，基层工作任务较重，而专门工作人员不足。工作经费方面，基层农村社会养老保险机构工作人员属于自收自支的事业编制，工作经费完全来源于从征收的社会保险基金中提取的3%的管理费。部分地区由于参保人数有限，可提取的管理费难以满足实际工作的需要，因此基层部分农村社会养老保险经费不足，宣传、管理工作难以顺利开展，农保工作进展缓慢。

四是农村社会养老保险制度的稳定性较差。农村社会养老保险的试点工作以县为单位展开，《基本方案》未做出更加详细的制度规定，因此地方政府出台的具体实施办法存在较大的地区差异，且尚未上升到法律规范的层面，属于地方规章制度，缺乏法律效力。因此地方政府相关政策的建立、取消，保险基金的筹集、支付以及运营管理都由县级政府来决定，政策随意性太大，政府与农村居民之间没有形成一种稳定的契约关系，这在一定程度上会影响农民的参保积极性以及对政府的信任度。

农村社会养老保险自1992年试点开始到1999年清理整顿，历时8年，虽然制度的实施过程中出现了较大的问题，但学术界和政府也对其实施运行给予了充分的肯定。史佰年（1999）认为，农村社会养老保险制度从试点运行到在全国全面展开，是中国农村社会养老保险制度从无到有的过程[①]。农村社会养老保险制度嵌入到家庭养老的社会情境，从此开始社会养老和家庭养老并存发展的过程，在农村发展历史上具有划时代的意义。农村社会养老保险制度的试点探索和推广过程，积累了大量宝贵的经验和教训，为新型农村社会养老保险制度的建立和开展提供了宝贵的经验借鉴。农村社会养老保险制度的实施运行提高了农村居民对养老保险的认识，提高了各级领导干部、各级政府部门对社会养老的认识。农民通过社会养老保险的实施，认识到除了家庭养老、土地养老之外，还有一种社会化的养老方式，通过参保缴费来筹集养老基金，为老年生活提供一定的养老经济保障，强化了自己的养老意识，各级领导干部、各级政府部门也逐渐意识到社会养老保险不仅仅是城镇职工所独有的一种制度化养老保障，逐渐意识到传统家庭养老和土地养老在时代的冲击下具有一定的脆弱性，需要社会化的养老保险体系来为农村居民提供更加稳定的养老预期。2001年，亚洲开发银行对农村社会养老保险制度的评价是，尽管农村社会养老保险制度的试点是一个类似于储蓄积累型的

---

① 史佰年. 中国社会养老保险制度研究[M]. 北京: 经济管理出版社, 1999.

保障制度，是一个有局限性的设计，但它在当时的历史条件下是一个可行的方案，很少有确凿的证据来支持对民政部出台方案的批评意见[①]。

### 3.1.2 新农保模式的探索和发展

21世纪以来，广东、北京、江苏、浙江等地开始启动新型农村社会养老保险制度改革，逐步形成了"个人、集体、政府"三方责任分担的制度模式，多数地区的制度模式主要针对城镇化过程中的失地农民，部分地区将保障对象扩展到全体农民。

#### 3.1.2.1 失地农民养老保险制度

失地农民养老保险制度主要针对城镇化过程中失去土地的农村居民，主要分为三种模式：

一是纳入城镇职工养老保险。以成都市为例，该模式直接将失地农民纳入城镇职工养老保险制度，按照职工养老保险的缴费标准进行参保缴费，并享受职工养老保险待遇。《成都市征地农转非人员社会保险办法》针对不同年龄阶段的失地农民，由政府按照不同的标准为他们缴纳一定期限的基本养老保险费，纳入城镇职工养老保险体系。该办法有利于我国城市化进程的推进，促进城乡协调发展。但被征地农民在转为非农人员的过程中，虽然征地单位给予一次性的缴费，但在职工养老保险体系资金平衡本身面临较大危机的情况下，将失地农民直接纳入制度体系，会加大将来统筹基金的支付压力。

二是建立专门的失地农民养老保险。以天津市为例，利用征地补偿费和政府补贴，建立被征地农民养老保险制度。缴费基数按照当地上一年度职工月平均工资的60%，缴费比例按照13%或者17%实行一次性全额缴纳15年的参保费用，统筹单位实行市级统筹，在满足社会养老保险的待遇领取条件时，按照当地上年度职工月平均工资的16%或者20%的标准来发放养老保险金。对于不满16周岁的未成年人，征地安置补助费标准不低于1万元。该模式虽单独为失地农民建立起社会养老保险制度，但待遇领取水平偏低，很难有效保障失地农民基本养老需求。

---

① 亚洲开发银行小型技术援助项目. 中国农村老年保障: 从土改中的土地到全球化时代的养老金, 2001.

三是采取商业保险的做法。以重庆市为例，自2000年开始，将每亩地发放的2.1万土地补偿费全部转入商业保险公司，男性在满50周岁、女性在满40周岁时，即可每月从商业保险公司领取175元的生活补助费。转入商业保险公司的土地补偿费以年利率10%进行计算，但保险公司只按银行利率来进行计算，利率差额部分由重庆市财政兜底。该模式类似于强制性的储蓄积累制，将被征地农民的土地补偿款通过强制储蓄的方式来进行滚存积累，而且由财政兜底来保证10%的年收益率，可以预知未来的保障水平。该模式凸显了政府的作用，对失地农民提供了一定程度的生活保障，但总体保障水平偏低。

### 3.1.2.2 覆盖全部农村居民的社会养老保险制度

覆盖全部农村居民的社会养老保险制度以广东省中山市和北京市最具代表性。

中山模式：2004年3月，《中山市农村基本养老保险暂行办法》（以下简称"《暂行办法》"）颁布，将全体农村居民作为参保对象，制度设计思路参照城镇职工养老保险，实行"社会统筹+个人账户"模式，只是缴费基数和待遇给付水平有所差异。中山市农村养老保险的月缴费基数在第一年分为两个标准：500元或者300元，缴费比例为16%，参保人和单位各自承担8%，而且同一参保单位只能选择一个缴费基数。养老保险待遇分为三部分：基础养老金、个人账户养老金和调节金。基础养老金月发放标准为上一年度缴费基数的20%，个人账户月发放标准为个人账户积累额除以120，调节金月发放标准为月缴费基数的20%。中山模式的各类补贴包括四个方面：一是基础养老金补贴，中山市财政每年1000万的农村基本养老保险基金补贴；二是调节金补贴，中山市财政每年5亿元转入农村基本养老保险统筹基金；三是参保个人补贴，镇（区）财政每人每月5元补贴，其中一半进入统筹基金，一半进入个人账户；四是集体经济补助。由于中山市集体经济比较发达，个人缴费部分大部分由村集体来承担，因此个人缴费很少，很多地区个人甚至不用缴费，全部由村集体来承担。中山模式采取社会统筹和个人账户相结合的制度模式，政府采取双账户补贴的形式，不仅补贴社会统筹账户，而且补贴个人缴费的个人账户，该模式对乡村集体经济实力要求较高，不具备全国推广的意义。

北京模式：北京市从2006年开始改革之前的老农保筹资模式。将之前凸显个人责任的以个人缴费为主的模式改为"个人缴费、集体经济补助、政府财政补贴"的三方责任共担机制，并且明确规定市、区两级财政应该对参保农民参缴缴费进行财政补贴，政府财政补贴资金和个人缴费部分全部进入个人账户，因此，北京市的新农保模式采取的是完全的个人账户基金积累制，由于财政补贴和集体补助，新农保制度的养老金给付水平明显提高。2008年，北京市对新农保制度进一步进行改革，颁布《北京市新型农村社会养老保险试行办法》，在原来的基础上增加类似"零支柱"的基础养老金部分，改为由个人账户部分和基础养老金部分组成。基础养老金完全由财政负担，全市统一标准，制度实施时为每人每月280元。个人账户资金包括个人缴费部分及利息、集体补助部分及利息等。缴费采取按年缴费的方式，实行固定比例缴费制，最低缴费标准为上年度农民人均纯收入的10%，参保人可以根据自己的经济承受能力选择较高的缴费标准。事实上，国务院2009年在全国推行的新型农村社会养老保险模式是在北京试点经验的基础上根据全国各地的实际情况修改制定的。

### 3.1.3　国务院新农保模式的确立

2009年，国务院颁布《关于开展新型农村社会养老保险试点的指导意见》（以下简称"《指导意见》"），即国发〔2009〕32号文件，新农保试点开始推行。《指导意见》主要内容如下表所示：

表3-3　新农保指导意见的主要内容

| 基本原则 | 保基本、广覆盖、有弹性、可持续 |
| --- | --- |
| 任务目标 | 2009年覆盖全国10%的县（市、区、旗），2020年之前基本实现对农村适龄居民的全覆盖 |
| 参保范围 | 年满16周岁（不含在校学生）、未参加城镇职工基本养老保险的农村居民，可以在户籍地自愿参加新农保 |
| 基金筹集 | 个人缴费、集体补助、政府补贴三部分构成 |
| 个人账户 | 建立个人账户，个人缴费、集体补助、地方政府补贴等进入个人账户。按照人民币一年期存款利率计息 |

（续上表）

| | |
|---|---|
| **养老金待遇** | 由基础养老金和个人账户养老金组成。基础养老金每人每月55元，个人账户养老金等于个人账户储存额除以139 |
| **待遇领取条件** | 年满60周岁、未享受城镇职工基本养老保险待遇的有农村户籍的老年人，可以按月领取养老金 |
| **待遇调整** | 根据经济发展和物价变动等情况适时调整基础养老金的最低标准 |
| **基金管理** | 健全财务会计制度，试点阶段县级管理，以后逐步提高管理层次 |
| **基金监督** | 内部监督、社会监督等 |
| **经办管理服务** | 社会保障信息管理系统，加强经办能力建设等 |
| **相关制度衔接** | 做好与老农保[①]衔接，研究与城职保[②]等衔接办法 |

可以看出，新农保试点坚持"保基本、广覆盖、有弹性、可持续"的基本原则，充分考虑农村实际，筹资标准符合农村居民经济承受能力，待遇水平保障基本生活所需，实行农民自愿参保原则，通过政策支持和引导以及财政补助，鼓励农民参保缴费并选择较高的缴费档次。基金筹集坚持三方责任共担原则，个人缴费设置5个档次供参保者选择，即每年最低100元，最高500元，每个档次之间相差100元。各地区可以根据本地农村居民人均纯收入水平增设更高的缴费档次。在个人缴费环节，地方政府财政对农民缴费进行补贴，根据农民选择缴费档次的不同补贴标准不同，鼓励多缴多得。进入参保者的个人账户的包括三部分：一是个人缴费部分，二是集体补助部分，三是地方政府对个人缴费的财政补贴部分。政策鼓励经济发展状况好的、有条件的村集体对参保者缴费进行补助。政府财政投入主要是基础养老金支出，根据地区不同承担比例不同。其中，中西部地区地方财政较为薄弱，中央财政全额负担基础养老金支出，东部地区经济发展状况较好，中央财政和地方财政各承担基础养老金的50%。地方财政对参保人缴费进行补贴，以鼓励参保缴费的积极性，每人每年的补贴标准不能低于30元。退休人员养老金待遇由两部分组成：个人账户养老金和基础养老金。个人账户养老金发放

---

① 老农保：根据1992年《县级农村社会养老保险基本方案》确定的以个人缴纳为主、集体补助为辅,国家予以政策支持的农村养老保险制度。

② 城职保：城镇职工基本养老保险制度。

数额取决于账户积累额，总积累额除以139即为每月发放标准。基础养老金的中央标准为每月55元，地方政府可以根据本地实际财政承受能力适当提高标准，为鼓励参保者长缴多得，对于缴费年限超过15年，地方政府适当增加基础养老金。基金管理暂时实行县级统筹，纳入社保基金专户，专款专用，实行收支两条线管理，以后随着试点范围的扩大逐步提高统筹层次。《指导意见》提出新农保运行的工作经费不得从基金中开支，应纳入同级财政预算。为了保证试点工作的顺利开展，应该加强舆论的宣传，使农村居民增强对制度的认知和了解，从而有利于推进制度的顺畅开展，提高制度覆盖面。

## 3.2 城镇居民基本养老保险制度

城镇居民社会养老保险制度简称"城居保"。2011年，《关于开展城镇居民社会养老保险试点的指导意见》由国务院颁布，确定自2011年7月1日开始城镇居民社会养老保险制度的试点。主要内容如下表所示：

表3-4　"城居保"指导意见的主要内容

| 基本原则 | 保基本、广覆盖、有弹性、可持续 |
| --- | --- |
| 任务目标 | 2011年7月1日启动试点，实施范围与新农保试点基本一致，2012年基本实现城镇居民养老保险制度全覆盖。 |
| 参保范围 | 年满16周岁（不含在校学生）、不符合职工基本养老保险参保条件的城镇非从业居民，可以在户籍地自愿参加城镇居民养老保险。 |
| 基金筹集 | 由个人缴费、政府补贴两部分构成。个人缴费设100—1000元10个缴费档次。政府补贴分中央财政和地方财政两部分。 |
| 个人账户 | 建立个人账户，个人缴费、地方政府补贴等进入个人账户。按照人民币一年期存款利率计息。 |
| 养老金待遇 | 基础养老金和个人账户养老金组成。基础养老金每人每月55元，个人账户养老金等于个人账户储存额除以139。 |
| 待遇领取条件 | 年满60周岁的参保城镇居民，可以按月领取养老金。 |
| 待遇调整 | 根据经济发展和物价变动等情况适时调整基础养老金的最低标准。 |

（续上表）

| 基金管理 | 健全财务会计制度，试点阶段县级管理，以后逐步提高管理层次。 |
|---|---|
| 基金监督 | 内部监督、社会监督等。 |
| 经办管理服务 | 社会保障信息管理系统，加强经办能力建设等。 |
| 相关制度衔接 | 有条件的地方，城居保与新农保合并实施，研究与城职保等衔接办法。 |
| 组织领导 | 国务院、试点地区成立领导小组。 |
| 实施方案 | 省（区、市）人民政府制定试点具体办法。 |
| 宣传工作 | 做好舆论宣传。 |

可以看出，城镇居民社会养老保险和新农保的制度内容相似，制度的基本原则相同，都是"保基本、广覆盖、有弹性、可持续"。两个制度的不同点主要表现在以下几个方面：一是参保对象不同，新农保主要针对农村居民，城居保主要针对城镇居民。二是资金筹集方面，体现双方责任共担机制，没有集体经济补助，资金来源包括个人缴费和政府财政补助。三是缴费档次设置不同。新农保设置100—500元5个缴费档次，最低每年100元，最高每年500元。城居保设置100—1000元10个缴费档次，最低每年100元，最高每年1000元。地方政府可以根据本地财政承受能力增设更高的缴费档次。四是提出制度衔接的宏观指导方针，鼓励有条件的地区，探索将城居保和新农保合并实施。

新农保和城居保的试点实施，取得了很好的制度实施效果，制度覆盖人数迅速增长。截至2009年底，全国农村社会养老保险参保人数为8691万人，比2008年底增加3096万人，待遇领取人数为1556万人，比2008年底增加了1044万人，养老金全年支付76亿元，基金滚存积累681亿元。截至2009年底，新农保试点在全国27个省（自治区）的320个县以及4个直辖市的部分县全面展开①。截至2010年底，新农保试点在全国27个省（自治区）的838个县以及4个直辖市的部分县全面展开。新农保参保人数达到10277万人，待遇领取人数为2863万人。2010年底，养老保险基金收入453亿元，个人缴费部分为225亿元，养老保险基金支出200亿

---

① 数据来源：《2009年度人力资源和社会保障事业发展统计公报》。

元，基金滚存结余额423亿元①。2011年末"新农保"试点扩展到全国27个省、自治区的1914个县（市、区、旗）和4个直辖市。截至2010年末，制度参保人数达32643万人，比2009年末增加22367万人，制度覆盖人群快速增长，待遇领取人数增加至8525万人。养老保险基金方面，2011年基金收入1070亿元，比2010年增长617亿元，其中个人缴费部分415亿元，比2009年增长190亿元。养老保险基金支出588亿元，比2009年增长388亿元。基金累计结存比2009年增长776亿元，达到1199亿元②。2011年，城镇居民社会养老保险试点启动，截至2011年底，城居保试点扩展到全国27个省、自治区的1902个县（市、区、旗）和4个直辖市部分区县及新疆生产建设兵团。2011年末，城居保参保人数539万人，待遇领取人数235万人。养老保险基金方面，2011年城居保基金收入40亿元，其中个人缴费6亿元。基金支出11亿元，基金累计结存32亿元③。2012年5月7日，人力资源和社会保障部以及财政部联合召开会议，部署新农保和城居保的全覆盖工作。2012年7月1日，在河北省平山县西柏坡，新农保和城居保全覆盖工作正式全面启动，标志着我国覆盖城乡的养老保险体系基本建成，向着"人人享有基本生活保障"的目标迈出了一大步。

## 3.3 城乡居民基本养老保险制度

2014年2月，《关于建立统一的城乡居民基本养老保险制度的意见》由国务院颁布，提出在总结新农保和城居保相关试点经验的基础上，将农村和城镇的居民养老保险合并运行，统一为城乡居民基本养老保险制度。主要内容如下表所示：

---

① 数据来源：人力资源和社会保障部《2010年度人力资源和社会保障事业发展统计公报》。

② 数据来源：人力资源和社会保障部《2011年度人力资源和社会保障事业发展统计公报》。

③ 数据来源：人力资源和社会保障部《2011年度人力资源和社会保障事业发展统计公报》。

表3-5  "城乡居民基本养老保险"指导意见的主要内容

| 指导思想 | 全覆盖、保基本、有弹性、可持续 |
|---|---|
| 任务目标 | "十二五"末，在全国基本实现新农保和城居保制度合并实施，并与职工基本养老保险制度相衔接。2020年前，全面建成公平、统一、规范的城乡居民养老保险制度。 |
| 参保范围 | 年满16周岁（不含在校学生），非国家机关和事业单位工作人员及不属于职工基本养老保险制度覆盖范围的城乡居民，可以在户籍地参加城乡居民养老保险。 |
| 基金筹集 | 个人缴费、集体补助、政府补贴三部分构成。个人缴费设100元、200元、300元、400元、500元、600元、700元、800元、900元、1000元、1500元、2000元12个缴费档次。政府补贴分中央财政和地方财政两部分。 |
| 个人账户 | 建立个人账户，个人缴费、集体补助、地方政府补贴等进入个人账户。按照国家规定计息。 |
| 待遇及调整 | 由基础养老金和个人账户养老金组成。基础养老金每人每月55元，个人账户养老金等于个人账户储存额除以139。根据经济发展和物价变动等情况适时调整基础养老金的最低标准。 |
| 待遇领取条件 | 年满60周岁的参保城乡居民，可以按月领取养老金。 |
| 基金管理运营 | 逐步推进基金省级管理，按照国家统一规定投资运营，实现保值增值。 |
| 基金监督 | 内部监督、社会监督等。 |
| 经办管理 | 社会保障信息管理系统，加强经办能力建设等。 |
| 领导与宣传 | 加强组织领导和政策宣传 |

可以看出，城乡居民基本养老保险制度是新农保和城居保的合并实施，是两种制度的整合和完善。首先，覆盖对象的整合。城乡居民基本养老保险制度的参保范围是新农保和城居保的合并，将机关事业单位和城镇职工养老保险制度覆盖范围之外的城乡居民全部纳入制度覆盖范围，实现了养老保险的制度全覆盖。其次，缴费档次的整合。城乡居民基本养老保险制度一共设置12个缴费档次，在城居保10个缴费档次的基础上，增加了1500元和2000元两个档次，给予城乡居民更大的选择权。地方政府可以根据财政承受能力增设更高的缴费档次，但是不应超过当地灵活就业人员参加职工养老保险的每年缴费数额。再次，政府补贴标准的统一。国务院《意见》规定，补贴标准随着缴费标准的不同而呈现差异。最低补贴标准为每人每年不少于30元。各地地方政府根据本地区实际情况制定具体实施

办法。然后，丧葬补助金制度的探索。上述《意见》规定，养老保险待遇领取人员死亡的，从次月起停止发放养老金。鼓励有条件的地区探索建立丧葬补助金制度。最后，基金管理运营。新农保和城居保基金统筹层次都是县级统筹，城乡居民基本养老保险制度将逐步提高统筹层次，推进实行省级统筹，基金严格按照国家有关规定进行投资运营以实现保值增值。

## 3.4  小结

从2009年新农保试点到2014年城乡居民基本养老保险制度推行，短短5年时间内国务院先后颁布三个文件，在推动新农保、城居保试点开展基础上将两者合并实施，充分说明政府在解决城乡居民养老问题、保障民生方面的决心和力度，也说明城乡统筹是我国基本养老保险制度的必然趋势。从新农保和城居保的《指导意见》来看，两者的主要区别是参保对象不同，分别为农村居民和城镇居民，其余核心内容基本一致，这也为两者的合并实施，推动基本养老制度的城乡统筹奠定了基础。从合并后的制度内容来看，城乡居民基本养老保险制度基本沿袭新农保的制度设计，参保范围是两者的叠加，对参保人缴费标准进行适度提高，其余部分并没有根本改变，尤其是公共投入机制并没有实质性的改变。

第一，公共投入结构。三种制度的公共投入主体都包括中央财政和地方财政，而且投入结构基本一致。从三种制度实施的指导意见来看，基金筹集来源基本都包括政府补贴、集体补助、个人缴费。而在政府公共投入结构方面基本一致。其中，中西部地区由于地方财政实力薄弱，基础养老金由中央财政100%全额补助，东部地区地方财政实力较强，基础养老金由中央财政补助50%。地方政府财政补助分为"补出口"和"补进口"两个部分。"补出口"分为三部分：一是基础养老金的50%补贴（东部地区）。二是基础养老金适当补贴部分。由地方政府根据本地区财政承受能力和经济发展状况均衡考虑。三是为鼓励长缴多得，对长期缴费群体适当增加的基础养老金。"补进口"分为三部分：一是对所有参保对象的最低额度财政补贴。二是为鼓励多缴多得，对选择较高缴费标准的群体给予的财政补贴。三是特殊群体补助，针对重度残疾人等困难群体的最低缴费部分给予财政补助。

第二，公共投入水平。三种制度的覆盖范围不同，因此公共投入总体水平差别较大。其中新农保参保对象主要是未参加城镇职工基本养老保险的农村居民，人数较多；城居保参保对象主要是不符合职工基本养老保险参保条件的城镇非从业居民，人数较少；而城乡居民养老保险是新农保和城居保的合并。根据统计数据显示：到2013年底，新农保和城居保的全国参保人数接近5亿人（其中城镇居民0.24亿），其中按月领取养老待遇的人数接近1.4亿（其中城镇居民0.1亿）。可以看出，由于制度覆盖人群不同，三种制度公共投入的总体水平差距较大。但就每个参保对象而言，无论处于哪种制度覆盖范围之下，政府的公共投入水平基本相同。对每个参保者来讲，政府公共投入主要分为三个方面：一是达到领取年龄的城乡居民每月55元的基础养老金；二是地方政府对参保者缴费每年不低于30元的补贴；三是对长期缴费者、选择较高缴费标准者、特困群体等的补贴支出。

第三，财政预算制度。三种制度都有政府的财政支持，而政府的财政支持如果希望具有可持续性，制度化、法制化的财政长效供给机制必不可少，而财政预算则是实现财政供给可持续的基础。目前，无论新农保、城居保还是合并运行的城乡居民养老保险制度，三者的财政预算都是不规范的，制度化、法制化的财政长效供给机制都是缺失的。三种制度作为社会保险制度的一部分，不可能单独编制预算体系，而都只能依托作为整体的社会保障预算的不断优化。因此，在公共投入的财政预算方面，三者的现状基本相同。制度合并实施后可以从以下几方面进行财政预算的优化：科学确立预算编制的目标和模式、加强预算管理的法制建设、优化预算支出结构、增加政府公共投入、制定"法定支出"、确保预算的保障水平、建立完善的财政预算管理及监督机制等。

长期以来，我国养老保险制度处于分割运行的状态，2014年，国务院《意见》的颁布将农村居民和城镇居民的养老保险纳入统一的制度体系，两者实现养老保险参保权和待遇标准的统一。作为社会保障体系中重要的基础制度之一，城乡居民基本养老保险制度覆盖面广，参保群体规模大，对城乡老年居民生活保障具有举足轻重的作用，也是完善和促进"底线"民生的重要体现。长期以来，我国养老保险制度针对机关事业单位工作人员、城镇企业职工、城镇居民和农村居民分别单独制定不同的政策，造成制度处于分割运行的状态。通过顶层设计，逐步推进养老保险从制度分割走向制度整合，需要改变城乡之间、地区之间、人群之间长期以来存在的制度碎片化现象。考虑到我国现存的城乡差距、地区差距及制度发展现状，城乡统筹的养老保险体系的建立需要一个长期的过程，这一目标的实现不仅需要科学合理的顶层设计，而且需要脚踏实地的逐步推行。城乡居民养老保险制度的建立，首先在一定程度上打破了城乡之间和人群之间的制度分割，走出了实现养老保险体系优化的关键一步。新农保和城居保的合并实施，具有重大且积极的意义。

第一，提高养老保险的抗风险能力。城乡居民基本养老保险制度作为新农保和城居保的合并，制度覆盖人群更加广泛，符合社会保险的"大数法则"，可以在更大的范围内筹集养老保险基金，可以在更大的统筹范围内分散风险，因而制度的抗风险能力更强，稳定性更高。

第二，有利于城乡统筹的养老保险制度的建立。制度合并之前，我国的养老保险体系包括城镇职工养老保险、机关事业单位养老金制度、新农保和城居保四个部分。养老保险的制度整合，不仅同一制度内要实现整合，不同内容制度建设也要整合。因此，新农保和城居保的合并实施迈出了制度整合的重要一步。下一步继续探讨将机关事业单位养老金制度和城镇职工养老保险制度进行逐步整合，消除长期以来两者待遇差距明显的双轨运行问题，最后建立体系优化的城乡统筹的养老保险制度。

第三，符合社会保障制度公平、正义、共享的核心价值理念。尽管新农保和城居保在缴费档次设置、资金筹集方式等方面很相似，但是城镇居民养老保险的缴费档次为100—1000元的10档，而新农保的缴费档次只有100—500元的5档，因此城镇居民的参保缴费选择权更多，获得财政补贴的机会和金额也相对较多，而制度合并实施后，缴费档次的选择权完全一致，符合公平、共享的价值理念。

第四，有利于行政管理成本的降低。新农保和城居保两套管理人员、两套信息系统，管理运行成本较高，两者合并实施后，信息系统进行整合，管理机构和人员进行合并，可以在较大程度上降低制度的行政运行成本。

# 4 城乡居民基本养老保险制度的运行现状调查

## 4.1 宏观视角：制度建设现状调查

### 4.1.1 城乡居民基本养老保险制度运行现状

#### 4.1.1.1 城乡居民基本养老保险制度的发展情况

2009年，《关于开展新型农村社会养老保险试点的指导意见》由国务院颁布，新农保试点开始推行。试点工作坚持"保基本、广覆盖、有弹性、可持续"的基本原则，力争在当年实现覆盖全国10%的县（市、区、旗），到2020年之前基本实现对农村适龄居民的全覆盖。试点推行以来，制度发展迅速。制度覆盖面方面，截至2009年末，全国有8691万人参加农村社会养老保险，相比2008年末增加3096万人。养老待遇领取方面，全年领取养老金的农村居民达1556万，相比2008年增加1044万人。养老保险基金方面，全年养老金支出为76亿元，比上年增加33.8%；基金累计结存达681亿元。到2009年末，列入首批新型农村社会养老保险试点的包括全国27个省、自治区的320个县（市、区、旗）和4个直辖市部分区县①。

2010年，新农保试点扩大到全国23%的县，重点向老少边穷等地区进行政策倾斜。西藏和四川、青海、甘肃、云南4省的藏区县，新疆南疆三地州以及全新

---

① 数据来源：人力资源和社会保障部《2009年度人力资源和社会保障事业发展统计公报》。

疆的边境县，国家扶贫重点县等地区优先纳入新农保试点。2010年制度试点推行顺畅，全年新增试点县518个，纳入新农保试点范围的包括全国27个省、自治区的838个县（市、区、旗）和4个直辖市部分区县，制度覆盖面进一步提升。2010年末，新农保参保人数超过1亿人，待遇领取人数为0.29亿人。养老保险基金方面，2010年总收入为453亿元，支出200亿元，累计结存423亿元，其中收入部分有225亿元来自个人缴费①。

2011年新农保试点继续扩展，截至年底，全国27个省、自治区的1914个县（市、区、旗）和4个直辖市部分区县开展试点。截至2010年末，制度参保人数达32643万人，比上年末增加22367万人，制度覆盖人群快速增长，待遇领取人数增加至8525万人。养老保险基金方面，2011年总收入1070亿元，其中个人缴费部分415亿元，养老保险基金支出588亿元。基金累计结存比上年增长776亿元，达到1199亿元②。

2011年，城镇居民社会养老保险试点启动，截至2011年底，全国27个省、自治区的1902个县（市、区、旗）和4个直辖市部分区县及新疆生产建设兵团开始进行城居保试点。2011年末，城居保参保人数539万人，待遇领取人数235万人。养老保险基金方面，2011年城居保基金收入40亿元，基金支出11亿元，基金收入有6亿元来自个人缴费。基金累计滚存结存额达到32亿元③。

2012年，全国所有县级行政区全面开展新农保和城居保工作，实现养老保险的制度全覆盖。其中，有12个省份将新农保和城居保合并运行，制度统一为城乡居民养老保险制度。截至2012年末，城乡居民养老保险的参保人数达到4.8亿人，其中养老金领取人数1.3亿人。养老保险基金方面，2012年总收入1829亿元，支出1150亿元，相比2011年均有较大增长。收入中有594亿元来自个人缴

---

① 数据来源：人力资源和社会保障部《2010年度人力资源和社会保障事业发展统计公报》。

② 数据来源：人力资源和社会保障部《2011年度人力资源和社会保障事业发展统计公报》。

③ 数据来源：人力资源和社会保障部《2011年度人力资源和社会保障事业发展统计公报》。

费。基金累计滚存积累额超过2300亿元<sup>①</sup>。

2013年，城乡居民社会养老保险制度快速发展，参保人数和待遇领取人数持续增长，基金收入和基金累计结余不断增长。截至2013年末，制度参保人数4.98亿人，比2012年末增加1381万人。待遇实际领取人数1.38亿人。养老保险基金方面，2013年，养老保险基金总收入比2012年增长223亿元，达到2052亿元，其中个人缴费636亿元，基金支出1348亿元，比2012年增长198亿元，基金累计结存增加704亿元，达到3006亿元<sup>②</sup>。

2014年2月，《关于建立统一的城乡居民基本养老保险制度的意见》由国务院颁布，决定在全国范围内建立统一的城乡居民基本养老保险制度，实现新农保和城居保合并运行。2014年2月24日，《城乡养老保险制度衔接暂行办法》印发，规定了城镇职工养老保险和城乡居民基本养老保险的衔接办法。截至2014年末，城乡居民的参保人数超过5亿人，年增长人数超过350万。其中待遇实际领取人数1.4亿人，比2013年增长545万人。养老保险基金方面，2014年城乡居民基本养老保险基金收入2310亿元，基金支出1571亿元。基金收入中有666亿元来自个人缴费。基金累计滚存积累额达到3845亿元，增加额度接近840亿元<sup>③</sup>。

2015年，城乡居民社会养老保险制度持续发展。制度覆盖面方面，截至2015年末，参保人数超过5亿人，比2014年末增加365万人。养老金领取人数接近1.5亿人。养老保险基金方面，2015年城乡居民基本养老保险基金收入2855亿元，比2014年增长23.6%，其中个人缴费700亿元。基金支出2117亿元，比2014年增长34.7%。基金累计结存增加747亿元，达到4592亿元<sup>④</sup>。

2016年，城乡居民社会养老保险制度持续发展。制度覆盖面方面，截至2016年末参保人数比2015年末增加375万人，达到5.08亿人。其中养老金领取人数增

① 数据来源：人力资源和社会保障部《2012年度人力资源和社会保障事业发展统计公报》。

② 数据来源：人力资源和社会保障部《2013年度人力资源和社会保障事业发展统计公报》。

③ 数据来源：人力资源和社会保障部《2014年度人力资源和社会保障事业发展统计公报》。

④ 数据来源：人力资源和社会保障部《2015年度人力资源和社会保障事业发展统计公报》。

加470万人，达到1.53亿人。养老保险基金方面，2016年城乡居民基本养老保险基金收入增加78亿元，达到2933亿元，其中个人缴费700亿元。基金支出增加33亿元，达到2117亿元，比2015年增长34.7%。基金累计结存增加793亿元，达到5385亿元[①]。

2017年，城乡居民社会养老保险制度持续发展。制度覆盖面方面，截至2017年末，参保人数比2016年末增加408万人，达到5.13亿人。其中，养老金待遇实际领取人数增加328万人，达到1.56亿人。养老保险基金方面，2017年城乡居民基本养老保险基金收入增加371亿元，达到3304亿元，其中个人缴费810亿元，增加78亿元。基金支出增加222亿元，达到2372亿元，比2016年增长10.3%。基金累计结存增加933亿元，达到6318亿元[②]。

2018年，城乡居民社会养老保险制度保持稳定发展态势。制度覆盖面方面，到2018年末，城乡居民基本养老保险参保人数比2017年末增加1137万人，达到5.24亿人。养老保险基金方面，2018年城乡居民基本养老保险基金收入增加505亿元，达到3809亿元。基金支出增加548亿元，达到2920亿元。基金累计滚存积累额增加889亿元，达到7207亿元。

#### 4.1.1.2 城乡居民基本养老保险制度政策比较

2014年2月，《关于建立统一的城乡居民基本养老保险制度的意见》由国务院发布后，全国31个省级行政区（不包括香港、澳门和台湾）都颁布了本地区方案。31个省级行政区颁布的地区政策虽有很多相同之处，但也存在一些不同点。因此，本章采用政策分析方法，从政策文本形式（政策文本体例、结构、颁布时间、制定与颁布机构等）和政策内容规范（政策目标、政策任务、政策措施等）两方面探讨我国省际城乡居民基本养老保险政策的地区差异[③]，以期从宏观上把握制度的建设现状。

---

① 数据来源：人力资源和社会保障部《2016年度人力资源和社会保障事业发展统计公报》。

② 数据来源：人力资源和社会保障部《2017年度人力资源和社会保障事业发展统计公报》。

③ 李文军, 张新文. 地方政府城乡居民基本养老保险政策比较及其优化研究[J]. 湖北社会科学, 2015(08): 36–41+127.

4.1.1.2.1　城乡居民基本养老保险制度地区政策的共同性分析

地方政府政策的制定主要依据国务院《意见》，并结合当地经济发展和政府财政收支状况，因此存在较多的共同性。

（1）任务目标相同

在国务院《意见》指导下，地方政府制定的任务目标保持一致，即坚持统账结合的制度模式，巩固个人、集体、政府的三方责任共担机制，完善个人账户和基础养老金相结合支付方式，到"十二五"末，即2015年前实现农村和城镇两个制度的合并运行，并建立起与城镇职工养老保险有效的衔接机制。2020年前，城乡居民养老保险制度在全国范围内规范运行，与社会救助、社会福利等制度相配套，与家庭养老等方式相配合，对城乡居民的老年生活发挥有效的保障作用。

（2）参保范围一致

各地政策对于参保范围的规定保持一致。即城乡居民参保要年满16周岁，不包括在校学生。机关事业单位工作人员，城镇职工不属于城乡居民养老保险覆盖范围，参保地点为户籍地。

（3）基金筹集多层次

地方政府关于基金筹集都坚持了三方责任共担原则，即个人缴费、集体补助、政府补贴，充分调动个人、集体和政府三方的积极性。政府为每位参保者建立个人账户，个人缴费、集体补助、地方政府缴费补贴等都记入个人账户，按照国家相关规定对个人账户积累额进行计息。集体补助主要针对经济状况较好、有条件的村集体对参保人缴费进行适度补助。政府补贴以公共投入的形式充分体现政府对城乡居民基本养老保险制度的财政责任，包括中央政府补贴和地方政府补贴两部分。中央财政补贴包括两部分：一是对东部地区基础养老金的50%补贴；二是对中西部地区基础养老金的全额补贴。地方政府补贴分为两部分：一是东部地区地方政府对基础养老金的50%补贴；二是全国范围内地方政府对参保人缴费给予的补贴。

（4）缴费档次有弹性

国务院颁布的关于城乡居民养老保险的《意见》中，将个人缴费档次划分为12个，每年最低缴费标准为100元，每年最高缴费标准为2000元，并规定地方政府可以在此基础上增设较高的缴费档次。以国务院《意见》为指导，各地缴费档次的选择都充分考虑地区实际情况，制定了较为灵活的缴费档次。其中辽宁、浙江、广西等地设置12个缴费档次，与国家标准保持一致；安徽、福建、河南、湖南等在国家12个缴费档次的基础上，对缴费档次进行增加并超过国家标准；广东、上海虽然保持了12个缴费档次，但每一档次的缴费标准要高于国家标准。可以看出，虽然各个地方政府对缴费档次的划分不太一致，但都保持了缴费档次的弹性机制，使城乡居民可以根据自己的收入情况进行灵活选择。

（5）待遇确定及调整方法一致

以国务院《意见》为指导，各地地方政府对于养老金待遇确定及调整方法保持一致。城乡居民基本养老保险制度的待遇包括两部分组成：个人账户养老金和基础养老金。基础养老金由中央政府确定最低标准，并根据经济发展和物价变动进行适时调整。地方政府可根据本地财政承受能力对基础养老金标准进行提高；对于缴费年限超过最长15年缴费期限的城乡居民，地方政府可以提升基础养老金标准，资金来源于地方政府。个人账户养老金每月发放金额的计算公式为账户全部储存额除以139。如果参保人死亡，继承人可以依法继承个人账户余额。

（6）待遇领取条件相同

各地地方政府对于待遇领取条件的规定主要考虑15年的缴费年限和60岁的退休年龄，即制度实施时已年满60周岁，不需要缴费即可按月领取基础养老金；年龄超过45周岁的应逐年缴费，缴费年限累计不超过15年，同时允许补缴；年龄不超过45周岁的，缴费年限累计不少于15年，同时应该按年缴纳。

（7）转移接续办法一致

对于城乡居民基本养老保险制度的转移接续办法，地方政府均作出规定：一是参保人员在缴费期间发生户籍迁移，需要对城乡居民基本养老保险关系进行跨地区转移的，应一次性转移个人账户全部储存额，随后在迁入地参保缴费，缴费年限实行迁出地和迁入地的累积计算；二是对于已经开始领取养老保险待遇的人员，如果户籍发生迁移，可以不用进行养老保险关系转移。城乡居民基本养老保险与城镇职工养老保险、城乡居民低保、农村五保供养、优抚安置等的具体衔接办法按政府相关规定执行。

（8）管理运营规定一致

关于城乡居民基本养老保险基金的管理运营，地方政府与国务院颁布的城乡居民基本养老保险《意见》保持一致。各地区都将新农保和城居保基金进行合并并统一管理，并将其纳入财政专户，进行收支两条线管理，不得挤占挪用，虚报冒领。为了增强基金的统筹互济性，各地规定在制度逐步整合的过程中实现省级统筹；为了实现基金的保值增值，应按照国家统一规定对基金进行投资运营。

4.1.1.2.2　城乡居民基本养老保险制度地区政策的差异性分析

（1）政策颁布机构

城乡居民基本养老保险制度的地方政策的颁布机构以省政府为主，包括广东、江苏、河南、四川、云南、安徽、贵州、河北、福建、湖北、江西、甘肃、湖南、青海、吉林、内蒙古、辽宁、天津、浙江、西藏、上海、新疆、陕西、山东、宁夏、山西26个省市。此外，海南省为省人力资源和社会保障厅颁布，黑龙江为省人力资源和社会保障厅与省财政厅联合颁布，对城乡居民养老保险的财政补贴标准进行调整，提高养老保险的待遇水平；北京和重庆的政策颁布机构为市人力资源和社会保障局及财政局；广西为省政府办公厅。

（2）政策颁布时间

《国务院关于建立统一的城乡居民基本养老保险制度的意见》于2014年2月21日下发并实施，同时提出各地方政府要根据该意见，制定各地区的实施办法。四川、云南、上海三省市在2014年4月出台城乡居民基本养老保险制度的地方政策，黑龙江在2014年5月出台地方政策，山西、贵州、辽宁、河北在2014年6月颁布地方政策；广东、甘肃、陕西、广西、浙江、青海、吉林、湖南、山东在2014年7月颁布地方政策；宁夏、北京、西藏、湖北在2014年8月颁布地方政策；福建、天津在2014年9月颁布地方政策；重庆在2014年10月18日颁布地方政策；河南、新疆、江西、安徽在2014年11月颁布地方政策；江苏、海南在2014年12月颁布地方政策；内蒙古在2015年2月9日颁布地方政策。总体来看，地方政府对中央政策响应及时，均能在较短时间内结合本地实际情况制定并实施本地的城乡居民基本养老保险实施办法。

（3）个人缴费标准

城乡居民基本养老保险制度基金来源包括三部分，即个人参保缴费、集体经济补助、政府财政补贴。个人缴费部分，2014年2月颁布的《意见》规定由12个缴费档次组成，最低标准为每年100元，最高标准为每年2000元，各地政府可以根据当地实际经济发展水平和人民收入水平适当增设缴费档次，参保人员可以自由选择缴费档次，多缴多得。根据各地政府对个人缴费档次的规定，我们将其归纳为四种模式：标准缴费档次、增设缴费档次、调整缴费档次、固定比例缴费制。标准缴费档次即与中央政府规定的缴费档次保持一致，设置从100元到2000元12个缴费档次给城乡居民来选择，实行多缴多得政策。实行标准缴费档次政策的有13个省份，包括广西、宁夏、陕西、吉林、甘肃、辽宁、山西、青海、西藏、江西、重庆、浙江、云南。增设缴费档次即在国家政策基础上增设更多的缴费档次，给城乡居民较大的选择自由权。例如，河南省规定城乡居民个人缴费标准在国家标准基础上增设4个缴费档次，最高标准达到每年5000元，一共缴费档次达到16个；安徽省在国家标准基础上增设3000元缴费档次，一共13个缴费档次供选择。实行增设缴费标准的有河南、安徽、河北、湖南、贵州、福建、海南、四川、江苏、新疆、内蒙古11个省份。调整缴费档次即对国家缴费标准的缴费起点和缴费档次都进行调整。例如广东省设置了每年缴费120元、240元、360元、480元、600元、960元、1200元、1800元、2400元、3600元10个档次供城乡居民选择；上海设置12个档次供城乡居民选择，每年最低缴纳标准为500元，最高标准为每年3300元。实行调整缴费标准的有广东、上海、天津、山东、湖北、黑龙江6个省份。固定比例缴费制即不设置具体的缴费档次，而是将上一年度城乡居民人均纯收入作为缴费基数，乘以缴费率9%，将其结果作为缴费标准的固定缴费制，这种模式以北京为代表。

（4）政府补贴标准

关于政府补贴标准，国务院《意见》规定，选择最低缴费标准的城乡居民，补贴标准每人每年不少于30元，选择500元及以上的缴费标准，政府财政补贴标准不少于每人每年60元，各地地方政府根据本地区实际情况制定具体实施办法。文本分析发现，有22个省份的政府补贴标准高于国家标准，分别是天津、广西、西藏、贵州、新疆、内蒙古、青海、宁夏、海南、云南、上海、江西、陕西、辽宁、山西、北京、四川、福建、黑龙江、浙江、吉林、重庆。例如，上海市的补贴标准：对于选择最低500元每年缴费标准的，补贴额度为每年200元；选择700元每年缴费标准的，补贴额度为每年250元；选择900元每年缴费标准的，补贴额度为每年300元；选择1100元每年缴费标准的，补贴额度为每年300元；选择1300

元每年缴费标准的，补贴额度为每年400元；选择1500元每年缴费标准的，补贴额度为每年425元；选择1700元每年缴费标准的，补贴额度为每年450元；选择1900元每年缴费标准的，补贴额度为每年475元；选择2100元每年缴费标准的，补贴额度为每年500元；选择2300元每年缴费标准的，补贴额度为每年525元；选择2800元每年缴费标准的，补贴额度为每年550元；选择3300元每年缴费标准的，补贴额度为每年575元。陕西省的补贴标准：对选择每年100元和200元缴费标准的，每年补贴30元；对选择300元缴费标准的，每年补贴40元；对选择400元缴费标准的，每年补贴45元；对选择500元缴费标准的，每年补贴60元；对选择600元缴费标准的，每年补贴65元；对选择700元缴费标准的，每年补贴70元；对选择800元缴费标准的，每年补贴75元；对选择900元缴费标准的，每年补贴80元；对选择1000元缴费标准的，每年补贴100元；对选择1500元缴费标准的，每年补贴150元；对选择2000元缴费标准的，每年补贴200元。实行多缴多补政策，鼓励参保缴费积极性。其余9个省份地方政府制定的补贴标准与国家标准保持一致。

（5）基础养老金标准

2015年1月，《关于提高全国城乡居民基本养老保险基础养老金最低标准的通知》由人力资源社会保障部、财政部联合颁布，提出基础养老金最低标准自2014年7月1日起每人每月提高15元，由55元提高到70元。所需资金由中央财政对中西部地区进行全额补助，中央财政和地方财政各承担东部地区所需资金的50%。从政策文本角度分析，由于各省制定地区基础养老金标准时，国家政策规定标准仍是每人每月55元，所以我们仍然以55元作为分析基础。以国家规定的55元基础养老金为标准，我们将31个省（自治区、直辖市）分为三类：第一类是参照国家基础养老金标准模式。湖北、安徽、贵州、甘肃、黑龙江5省与国家标准完全一致；江苏、湖南、陕西、江西、吉林、云南6省在55元基础养老金的基础上，对于缴费超过15年的参保者适当提高基础养老金标准。第二类是高于国家基础养老金标准模式。北京、福建、广东、海南、河北、河南、山西7省市的基础养老金均高于国家标准，其中北京为每人每月280元，海南为每人每月120元，福建为每人每月70元，广东、山西为每人每月65元，河南为每人每月63元，河北为每人每月60元。上海、天津、浙江、西藏、新疆、四川、山东、江苏、宁夏、青海10省市不仅基础养老金高于国家标准，还对缴费超过15年的参保者提高基础养老金标准。例如上海，基础养老金标准为每人每月540元，在缴费15年的基础上，每增加一年增发10元基础养老金；浙江省基础养老金标准为每人每月100元，在缴费15年的基础上，每增加一年增发5元基础养老金。第三类是未对基础养老金标准进行具体规定，包括内蒙古、广西、辽宁、重庆4省市，只是提出基础养老金发放标准会根据经济发展、物价变动等情况适时调整。

（6）丧葬补助政策

2014年2月，《关于建立统一的城乡居民基本养老保险制度的意见》由国务院颁布，《意见》提出，养老金领取待遇人员死亡的，其养老金从次月起停止发放。同时鼓励有条件的地方政府探索建立丧葬补助金制度。通过对31个省（自治区、直辖市）的政策文本比较发现，完全建立丧葬补助金制度的有14个省（自治区、直辖市），分别是上海、天津、山东、陕西、浙江、重庆、云南、新疆、西藏、甘肃、宁夏、广西、安徽、青海。其中上海规定的丧葬补助金标准为3600元；天津规定的丧葬补助金标准为1800元；山东省规定的丧葬补助金标准为500—1000元；浙江省规定一次性丧葬补助金标准为待遇领取人死亡当月基础养老金的20倍；重庆市的丧葬补助金发放标准与参保人员缴费年限有关，参保人员每缴费一年可以发放相当于1个月基础养老金标准的丧葬补助金，最多不超过12个月。河北、河南、广东、江苏、内蒙古、贵州、湖南、山西、海南、吉林、四川、辽宁、江西13个省均鼓励建立丧葬补助金，但并未明确具体补助标准。例如河南省政策仅提出"有条件的地方政府可以探索建立丧葬补助金制度"，对于补助形式和补助标准并未作出进一步的规定；福建省规定"有条件的地方政府（市、县）可以探索建立丧葬补助金制度"，并规定了具体标准，即待遇领取人死亡当月基础养老金的20倍，但并非强制执行，而是鼓励地方积极探索建立。此外、北京、湖北、黑龙江3省（市）的地方政策并未对丧葬补助金制度进行规定。

（7）基金管理运营

2014年2月，《关于建立统一的城乡居民基本养老保险制度的意见》由国务院颁布，《意见》提出各地要在制度不断整合的过程中，逐步实现养老保险基金省级统筹，以此来不断增强基金的统筹互济性。通过对31个省（自治区、直辖市）的政策文本比较发现，实现省级统筹的只有上海、天津、海南、湖南、湖北、西藏6省（自治区、直辖市）。例如上海市规定，将新农保和城居保基金合并，统称为"城乡居民养老保险基金"，基金管理层次为市级统筹。湖北省规定，城乡居民养老保险基金实行省级统筹以保证基金的完整和安全。江苏、贵州、浙江3省实行市级统筹。例如浙江规定养老基金以市、县（市、区）为单位，实行收支两条线管理。广东、江西、福建、山东、甘肃、广西、陕西、黑龙江、宁夏、青海10省（自治区）实行区县统筹。例如广东省规定养老保险基金以县（市、区）为统筹单位，以后逐步提升管理层次。安徽、内蒙古、河北、山西、吉林、四川、辽宁、新疆8省（自治区）的政策并未明确城乡居民基本养老保险基金的统筹层次，只是提到今后的发展目标是逐步过渡到省级统筹。北京、云南、重庆、河南4省（直辖市）并未明确规定城乡居民基本养老保险基金的统筹层次。

## 4.1.2  试点典型案例分析

### 4.1.2.1  陕西省

#### 4.1.2.1.1  陕西省城乡居民养老保险的制度发展

2009年9月，陕西省人民政府根据国务院新农保的《意见》，颁布陕西省的实施意见，陕西省新农保试点工作全面启动。新农保基金筹集办法与国务院意见保持一致，实行三方责任共担机制，即个人参保缴费、集体经济补助、政府财政补贴相结合。个人缴费部分参考国务院《指导意见》规定，设置5个缴费档次，最低每人每年100元，最高每人每年500元，鼓励各地区根据经济发展和人民收入水平适当增设较高的缴费档次，多缴多得。鼓励有条件的集体经济组织对参保人缴费进行补贴。由于陕西省地处西部地区，所以基础养老金全部来源于中央财政，由中央财政对纳入试点地区的符合条件的待遇领取者每月发放55元基础养老金。对于70周岁以上的老年人实行基础养老金加发政策，其中70至79周岁的老年人每月加发10元，80周岁以上的老年人每月加发20元，基础养老金加发部分资金来源于市县财政。此外，地方财政对个人缴费部分实施财政补贴，建立多缴多得的鼓励机制。针对选择100元和200元档次的参保者，补贴标准为每人每年30元，选择300元档次的参保者补贴标准增加至40元，选择400元档次的参保者补贴标准增加至45元，选择最高500元缴费标准的补贴标准增加至50元。个人缴费部分补贴所需资金来源于省财政和市县财政，两者各自负担50%。待遇享受条件方面增加了"捆绑"条款，即试点地区年满60周岁的老年人可以直接按月领取基础养老金，体现基础养老金的福利性质，不需要承担缴费责任。条件是基础养老金领取者符合参保条件的子女都应该参加养老保险，并履行按期缴费义务。"捆绑"条款的规定在于推动中青年参保缴费，提高制度覆盖面，但却违背了制度实施提倡的"自由参保"原则。

2010年7月，《关于开展城镇居民社会养老保险试点的指导意见》由陕西省人民政府颁布，城镇居民的社会养老保险试点开始。城居保基金筹集实行个人缴费和财政补贴相结合。个人缴费共有6个档次供参保者选择，前五个档次从200元到1000元，每一档次依次增加200元，第六个档次为1500元，鼓励各地区根据经济发展和人民收入水平适当增设较高的缴费档次，多缴多得。地方财政对个人缴费部分实施财政补贴，建立多缴多得的鼓励机制。对于选择200元、400元缴费档次的参保者，每人每年可获补贴60元，对于选择600元和800元缴费档次的参保者，每人每年分别获补贴80元和90元，对于选择1000元及以上缴费档次的参保者，每人每年获补贴100元。个人缴费部分补贴所需资金来源于省、市、县三级财政，其中陕西省财政负担50%，市县两级自行确定剩余50%的分担比例。城镇居民社会养老保险的待遇水平包括两部分组成：个人账户养老金和基础养老金。个人账户积累额每年滚存积累，属于个人所有，退休后的每月的发放标准为全部储存额除以139。基础养老金属于福利性质，标准由政府参照中央标准和本地财政承受能力来确定，《指导意见》规定每人每月不低于100元。养老金领取条件为：制度实施时，已经年满60周岁的城镇居民可以按月领取基础养老金，不用承担缴费责任。制度实施时，年满45周岁及以上年龄的城镇居民，实行年度缴费，一直缴费至年满60周岁。制度实施时，年龄在45周岁以下的城镇居民，实行年度缴费，当年满60周岁且缴费年限达到15年，可以按月领取养老保险金。

2011年5月，《关于实施城乡居民社会养老保险制度全覆盖的意见》由陕西省颁布，该《意见》将新农保的5个缴费档次和城居保的6个缴费档次进行调整，统一调整为11个缴费档次，前10个缴费档次从100元到1000元，每个档次增加100元，第11个缴费档次为1500元，与之前城镇居民养老保险的最高缴费档次相同，缴费档次的增加使得城乡居民的缴费选择性更加灵活，参保的城乡居民可以根据自身的经济状况选择适合自己的缴费档次，为了鼓励多缴多得，个人缴费补贴标准也进行了适度调整。针对选择前两个最低缴费档次的参保者，补贴标准为每人每年30元，选择300元的参保者，补贴标准增加至40元，选择400元及以上缴费档次的，每提升一级缴费档次，补贴标准在40元基础上增加5元，补贴标准最高不超过80元，个人缴费补贴的资金来源于地方财政，由省财政和市县财政分别承担一半。基础养老金标准仍然按照之前的新农保和城居保确定的标准执行，即农村居民为每人每月不少于55元，城镇居民为每人每月不少于100元。

2014年7月，《关于进一步完善城乡居民基本养老保险制度的实施意见》由陕西省颁布，提出基金筹集实行三方责任共担机制，即个人参保缴费、集体经济补助、政府财政补贴相结合。个人缴费调整为12个缴费档次，前10个缴费档次从1000元到1000元，每个档次增加100元，第11个缴费档次为1500元，第12个缴费档次为2000元。参保的城乡居民自由选择缴费档次，可以结合自身的经济状况灵活选择。为了鼓励多缴多得，个人缴费补贴标准也进行了适度调整。针对选择前两个最低缴费档次的参保者，补贴标准为每人每年30元，选择300元、400元、500元的参保者，补贴标准分别增加至40元、45元和60元。选择600元至900元的年缴费档次，补贴标准随着缴费档次提高而增加，每增加一个缴费档次补贴增加5元。选择1000元缴费档次的补贴标准为每人每年100元，选择1500元和2000元的，补贴标准分别增加至150元和200元。个人缴费补贴的资金来源于地方财政，由省财政和市县财政分别承担一半。基础养老金最低标准由中央政府确定，根据经济发展和物价波动情况进行适度调整。制度建设的目标：到2020年前，城乡居民养老保险制度全面建成。

#### 4.1.2.1.2 陕西省城乡居民养老保险的制度内容

（1）参保情况

截至2008年底，陕西省农村养老保险（含老农保）参保人数为135万人，养老保险待遇领取人数为10万人[①]。

2009年，陕西省新型农村社会养老保险试点全面启动。新农保试点在全省11

---

① 数据来源：《2008年度陕西省人力资源和社会保障事业发展统计公报》。

个市（区）45个县展开，全年参保人数共计192万，其中待遇领取人数49万①。

2010年，新型农村社会养老保险试点县达到50个，参保人数达到465万人，待遇领取人数为99.65万人②。同年7月，城镇居民养老保险试点工作开始启动。

2011年，陕西省全省107个县全部启动城乡居民养老保险试点，其中包括79个国家试点县。城乡居民养老保险参保人数共计1536.77万人，待遇领取人数为313.74万人③。

截至2012年底，陕西省城乡居民养老保险参保人数为1705.47万人，比2011年增加112.53万人，养老保险待遇领取人数为385.86万人，比2011年增加50.08万人④。

截至2013年底，城乡居民养老保险参保人数为1704.87万人⑤。

截至2014年底，城乡居民养老保险参保人数为1710.82万人⑥。

截至2015年底，城乡居民养老保险参保人数为1714.54万人⑦。

截至2016年底，城乡居民养老保险参保人数为1720.47万人，其中待遇领取人数为460.06万人，人均养老金月平均水平为113元⑧。

截至2017年底，城乡居民养老保险参保人数为1733.76万人，比2016年增加13.29万人，其中待遇领取人数（60周岁以上）为479.16万人，人均养老金月平均水平为113元⑨。

（2）基金筹集

2008年，养老保险全年支付0.43亿元，基金累计结余1.74亿元。

---

① 数据来源：《陕西省人力资源社会保障2009年工作总结》。
② 数据来源：《陕西省人力资源和社会保障厅2010年总结报告》。
③ 数据来源：《陕西省人力资源和社会保障厅2011年工作总结》。
④ 数据来源：《2012年度陕西省人力资源和社会保障事业发展统计公报》。
⑤ 数据来源：《关于2013年全省人力资源和社会保障事业发展计划执行情况的通报》
⑥ 数据来源：《省人社厅关于2014年全省人力资源和社会保障事业发展计划执行情况的通报》
⑦ 数据来源：《省人社厅关于2015年全省人力资源和社会保障事业发展计划执行情况的通报》
⑧ 数据来源：《陕西省人力资源社会保障厅2016年陕西省社会保险情况》。
⑨ 数据来源：《陕西省人力资源社会保障厅2017年陕西省社会保险情况》。

2011年，陕西省城乡居民养老保险基金收入41.56亿元，基金支出共计19.47亿元，基金当期结余22.09亿元，基金滚存积累35.76亿元。

2012年，陕西省城乡居民养老保险基金收入65.93亿元，基金支出共计37.21亿元，基金当期结余28.72亿元，基金滚存积累64.48亿元。

2016年，城乡居民养老保险基金收入为87.75亿元，基金支出65.2亿元，基金累计结余171.05亿元[①]。

2017年，城乡居民养老保险基金收入为92.02亿元，比2016年增加4.27亿元，基金支出69.9亿元，比2016年增加4.77亿元，基金累计结余193.17亿元，比2016年增加22.12亿元[②]。

（3）缴费水平

2009年9月，《关于开展新型农村社会养老保险试点工作的实施意见》由陕西省人民政府颁布，陕西省新农保试点工作全面启动。新农保个人缴费部分参考国务院《指导意见》规定，设置5个缴费档次供参保者选择，最低为每人每年100元，最高为每人每年500元，每个档次依次递增100元，鼓励各地区根据经济发展和人民收入水平适当增设较高的缴费档次，多缴多得。2010年7月，《关于开展城镇居民社会养老保险试点的指导意见》由陕西省人民政府颁布，城镇居民的社会养老保险试点开始。城居保基金筹集实行个人缴费和财政补贴相结合的政策。个人缴费标准设置6个缴费档次供参保者选择，前5个缴费档次从200到1000元，每个档次依次增加200元，第6个缴费档次为1500元，鼓励各地区根据经济发展和人民收入水平适当增设较高的缴费档次，多缴多得。2011年5月，《关于实施城乡居民社会养老保险制度全覆盖的意见》由陕西省颁布，该《意见》将新农保的5个缴费档次和城居保的6个缴费档次进行调整，统一调整为11个缴费档次，前10个缴费档次从100元到1000元，每个档次增加100元，第11个缴费档次为1500元，与之前城镇居民养老保险的最高缴费档次相同，缴费档次的增加使得城乡居民的缴费选择性更加灵活，参保的城乡居民可以根据自身的经济状况选择适合自己的缴费档次，鼓励多缴多得。2014年7月，《关于进一步完善城乡居民基本养老保

---

① 数据来源：《陕西省人力资源社会保障厅2016年陕西省社会保险情况》。
② 数据来源：《陕西省人力资源社会保障厅2017年陕西省社会保险情况》。

险制度的实施意见》颁布，提出基金筹集实行三方责任共担机制，即个人参保缴费、集体经济补助、政府财政补贴相结合，个人缴费调整为12个缴费档次，前10个缴费档次从1000元到1000元，每个档次增加100元，第11个缴费档次为1500元，第12个缴费档次为2000元。参保的城乡居民自由选择缴费档次，可以结合自身的经济状况灵活选择。可以看出，新农保制度实施时，缴费档次分为5个等级，城居保制度实施时，缴费档次分为6个等级，缴费档次和缴费标准均高于新农保制度，说明城镇居民的收入水平相对优于农村居民。2011年，新农保和城居保缴费档次和缴费标准调整为统一标准，共划分11个缴费档次，有利于养老保险城乡统筹的发展。2014年，新农保和城居保制度合并实施，迈出了消除养老保险城乡分割的重要一步。缴费标准和缴费档次根据国务院政策进行了调整，划分12个档次供参保居民选择，参保人员获得了更大的缴费选择自由，可以根据自己的收入状况进行灵活调整。

（4）待遇享受

城乡居民基本养老保险的待遇包括个人账户和基础养老金两部分。每位参保人员由政府负责为其建立个人账户，个人账户的资金来源包括三部分，分别为个人参保缴费、集体经济补助以及政府财政补贴等，按照国家规定计算利息收入。其中，个人缴费调整为12个缴费档次，前10个缴费档次从1000元到1000元，每个档次增加100元，第11个缴费档次为1500元，第12个缴费档次为2000元。参保的城乡居民可以根据自身的经济状况选择适合自己的缴费档次，为了鼓励多缴多得，个人缴费补贴标准也进行了适度调整。针对选择前两个低缴费档次的参保者，补贴标准为每人每年30元，选择300元、400元、500元的参保者，补贴标准分别增加至40元、45元和60元。选择600元至900元的年缴费档次，补贴标准随着缴费档次提高而增加，每增加一个缴费档次补贴增加5元。选择1000元缴费档次的补贴标准为每人每年100元，选择1500元和2000元的，补贴标准分别增加至150元和200元。个人缴费补贴的资金来源于地方财政，由省财政和市县财政分别承担一半。集体经济组织根据自身经济发展状况和财务状况来决定是否对参保人缴费进行补贴。城乡居民达到领取养老金年龄时，个人账户每个月的发放标准取决于账户滚存积累额的多少，每月发放数额为账户储存总额除以139，因此个人账户积累额越多，将来月发放金额越多。基础养老金最低标准由中央政府确定，根据经济发展和物价波动情况进行适度调整。政策鼓励参保人长期缴费，规定长缴多得政策，即参保者缴费年限超过15年的，每增加一年缴费年限，每月加发5元基础养老金。

### 4.1.2.1.3 陕西省城乡居民养老保险的制度特色

（1）缴费标准与中央保持一致

陕西省目前城乡居民养老保险制度的个人缴费标准参照中央标准制定，即个人缴费设置为12个缴费档次，前10个缴费档次从1000元到1000元，每个档次增加100元，第11个缴费档次为1500元，第12个缴费档次为2000元。参保的城乡居民自由选择缴费档次，可以结合自身的经济状况灵活选择。虽然陕西省的个人缴费标准参照中央标准制定，但缴费补贴与中央标准不同。中央政策规定，参保人选择缴费档次低于每年500元的，补贴标准为每人每年30元，选择缴费档次高于每年500元标准的，每人每年补贴标准应不低于60元。而陕西省规定的补贴标准高于中央标准，陕西省规定针对选择前两个最低缴费档次的参保者，补贴标准为每人每年30元，选择300元、400元、500元的参保者，补贴标准分别增加至40元、45元和60元。选择600元至900元的年缴费档次，补贴标准随着缴费档次提高而增加，每增加一个缴费档次补贴增加5元。选择1000元缴费档次的补贴标准为每人每年100元，选择1500元和2000元的，补贴标准分别增加至150元和200元。城乡居民达到领取养老金年龄时，个人账户每个月的发放标准取决于账户滚存积累额，每月发放数额为账户储存总额除以139，因此个人账户积累额越多，将来月发放金额越多。基础养老金最低标准由中央政府确定，根据经济发展和物价波动情况进行适度调整。政策鼓励参保人长期缴费，规定长缴多得政策，即参保者缴费年限超过15年的，每增加一年缴费年限，每月加发5元基础养老金。

（2）基础养老金高于中央标准

2009年，新农保试点启动时，基础养老金标准为每人每月55元，2013年10月陕西省统一调整为60元。2010年，城居保制度实施时，基础养老金标准为每人每月100元。在新农保和城居保制度合并实施前，两者的基础养老金标准不统一，新农保的基础养老金标准低于城居保。例如2013年10月，西安市的农村居民基础养老金为80元，城镇居民基础养老金为120元。2014年新农保和城居保合并实施后，两者的基础养老金标准开始统一。2014年，西安市的基础养老金标准城乡居民统一调整为130元。陕西省的基础养老金标准自2014年7月统一调整为75元，城乡居民统一标准，略高于中央标准。此外自2014年起，陕西省开始建立丧葬补助金制度，丧葬补助金采取一次性补助的方式，补贴标准不低于800元，由省级财政补贴50%。

（3）各市县制度执行存在差异

陕西省各市县在城乡居民养老保险制度实施过程中，缴费标准和缴费档次的设置与中央和省政府规定保持一致。但是财政对个人缴费的补贴标准存在差异。例如西安市规定，对于选择前两个最低缴费档次的参保者，补贴标准为每人每年30元，对于选择300元、400元、500元缴费档次的参保者，财政补贴标准分别为每人每年40元、45元、60元。选择600元至900元的年缴费档次，补贴标准随着缴费档次提高而增加，每增加一个缴费档次补贴增加5元。选择1000元缴费档次的补贴标准为每人每年100元，选择1500元和2000元的，补贴标准分别增加至150元和200元。从基础养老金标准来看，各市县差距较大，部分地区高于陕西省标准。例如太白县，根据领取养老金者的年龄差异，规定不同的基础养老金领取标准。比如60—69岁的老年居民，每人每月可以领取120元基础养老金，70—79岁的老年居民，每人每月可以领取130元基础养老金，80—89岁基础养老金标准每人每月140元，90岁以上老年人每人每月基础养老金标准为150元。铜川县年满60周岁老年居民的基础养老金标准为120元，70—80岁周岁老年居民的基础养老金标准为140元，80周岁以上老年居民的基础养老金标准为160元。西安市的基础养老金标准为每人每月145元。而陕西省其余大部分地区的基础养老金标准为每人每月75元。

#### 4.1.2.2　北京市

##### 4.1.2.2.1　北京市城乡居民养老保险的制度发展

早在2005年12月8日，《北京市农村社会养老保险制度建设指导意见》由北京市人民政府办公厅颁布，自2006年1月1日开始实施，标志着北京市农村社会养老保险开始运行。该《指导意见》提出以保障参保人群老年基本生活为目标，坚持三方责任共担机制，即个人参保缴费、集体经济补助、政府财政补贴相结合。农村社会养老保险充分尊重农民参保自主权，实行自愿参加为主，政府发挥组织引导作用，制度实行完全积累型个人账户制，个人账户资金来源包括四部分组成，即个人参保缴费部分、集体经济补助部分、政府财政补贴部分以及利息收入，保障水平适应当地农村实际经济发展需要。制度的覆盖范围是男性16—60周岁，女性16—55周岁的具有本市农业户口的农村居民。缴费标准的确定主要依据本区县的具体规定及农民实际经济承受能力，由农民自由选择。集体补助标准由村级体根据实际经济发展水平来确定。农村社会养老保险预期的养老金领取水平应不低于农村低保标准，不高于城镇职工上年度的养老金领取水平。2007年12月29日，《北京市新型农村社会养老保险试行办法》由北京市人民政府颁布，自2008年1月1日开始实施。2008年1月18日，《北京市新型农村社会养老保险试行办法实施细则》由北京市劳动和社会保障局、北京市财政局联合印发，标志着北京市新农保工作正式开始。该《试行办法》提出制度建设目标是实现"老有所养"，保障农村居民老年基本生活。新型农村社会养老保险采取基础养老金和个人账户相结合的制度模式。筹资模式坚持三方责任共担机制，即个人参保缴费、集体经济补助、政府财政补贴相结合。新型农村社会养老保险采取比例缴费制，以年为单位，以农村居民上年度人均纯收入的10%作为最低缴费标准，个人缴费及集体补助部分进入个人账户。基础养老金具有普惠性质，资金来源于市、区（县）两级财政，发放标准为每人每月280元，全市统一标准。

2009年1月1日，《北京市城乡居民养老保险办法》开始实施，2009年2月1日，《北京市城乡居民养老保险办法实施细则》由北京市劳动和社会保障局颁布，将城镇居民与农村居民一起共同纳入城乡居民养老保险体系，迈出养老保险城乡统筹发展的重要一步。制度的参保对象为具有本市户籍，男性16—60周岁，女性16—55周岁，在校学生除外，非机关事业单位工作人员或者不符合北京市基本养老保险参加条件的城乡居民。城乡居民基本养老保险制度采取个人账户和基础养老金相结合的制度模式。筹资模式坚持三方责任共担机制，即实行个人参保缴费、集体经济补助、政府财政补贴相结合。参保缴费采取比例缴费制，以年为单位，以上年度农村居民人均纯收入的9%作为最低缴费标准，以上年度城镇居民人均可支配收入的30%作为最高缴费标准，个人缴费及集体补助部分进入个人账户。基础养老金具有普惠性质，资金来源于区（县）财政，发放标准为每人每月280元，全市统一标准。这两个文件的颁布，标志着北京市城乡居民养老保险体系的确立，将农村居民和城镇居民纳入城乡统筹发展的范畴，对于缩小城乡差距，促进城乡一体化发展起到积极的促进作用。

4.1.2.2.2　北京市城乡居民养老保险的制度内容

（1）参保情况

2006年1月1日，《北京市农村社会养老保险制度建设指导意见》开始实施，制度改革稳步推进，各区（县）养老保险办法全部出台，农村居民参保积极性较高，截至2006年底，北京市农村社会养老保险参保人数达到44.8万人[①]。

2007年底，北京市农村社会养老保险参保人数为49.1万人，待遇享受人员3.3万人，制度覆盖率36.6%。2007年，北京市率先在全国建立"福利养老金制度"，该制度实行城乡统一标准，为城乡无养老保障的60岁以上老人提供每人每月200元福利养老金[②]。

2008年，《北京市新型农村社会养老保险试行办法》颁布实施。截至2018年底，北京市新型农村社会养老保险参保人数达到128.14万人，待遇享受人员为7.25万人，制度覆盖率达到85%。新型农村社会养老保险实行基础养老金和个人账户相结合的制度模式。从2018年1月1日起，新型农村社会养老保险的待遇享受人员每月增发280元基础养老金，待遇享受人员的人均养老金水平相比2007年底每月提高300元，达到每月400元左右。2008年，《北京市城乡无社会保障老年居民养老保障办法》出台，北京市建立了我国第一个福利性养老保障制度。该制度取消城乡户籍差别，对城乡居民发放统一标准的福利养老金，每人每月发放金额为200元。截至2008年底，福利养老金的待遇领取人数为56.27万人，福利养老金累计发放金额为13.7亿元[③]。

2009年1月1日，《北京市城乡居民养老保险办法》颁布实施，将城镇居民与农村居民共同纳入城乡居民养老保险体系，迈出养老保险城乡统筹发展的重要一步。截至2009年底，城乡居民养老保险参保人数累计达到162.13万人。其中，农村居民参保人数为153.9万人，农村居民参保率达到90%。城乡居民养老保险待遇领取人数为12.72万人，人均养老金领取水平为400多元。截至2009年底，城乡居民无社会保障的福利养老金的待遇领取人数为64.19万人，福利养老金累计发放

---

① 数据来源：《北京市2006年老年人口信息和老龄事业发展状况报告》。

② 数据来源：《北京市2007年老年人口信息和老龄事业发展状况报告》。

③ 数据来源：《北京市2008年老年人口信息和老龄事业发展状况报告》。

金额为15.78亿元，待遇发放水平为每人每月200元[①]。

截至2010年底，城乡居民养老保险参保人数累计达到168.5万人，城乡居民总体参保率达到92%。城乡居民养老保险待遇领取人数为17.8万人，人均养老金领取水平约为400元。截至2010年底，城乡居民无社会保障的福利养老金的待遇领取人数为61.3万人，其中农村居民为45.4万人，待遇发放水平为每人每月200元[②]。

截至2011年底，城乡居民养老保险参保人数累计达到173.4万人，城乡居民总体参保率达到93%。城乡居民养老保险待遇领取人数为22.7万人，人均养老金领取水平约为413元。截至2011年底，城乡居民无社会保障的福利养老金的待遇领取人数为58.3万人，其中农村居民为43.3万人，待遇发放水平为每人每月250元[③]。

截至2012年底，北京市城乡居民养老保险参保人数累计达到177.29万人，城乡居民总体参保率达到94%。城乡居民养老保险待遇领取人数为28.01万人，人均养老金领取水平约为450元。截至2012年底，城乡居民无社会保障的福利养老金的待遇领取人数为55.15万人，待遇发放水平为每人每月277.5元[④]。

截至2013年底，北京市城乡居民养老保险参保人数累计达到180.1万人，其中，城镇居民参保11.4万人，农村居民参保人数168.7万人。城乡居民养老保险待遇领取人数为31.9万人，人均养老金领取水平约为460元。基金收支方面，城乡居民基本养老保险制度的全年基金收入13.2亿元，养老保险待遇支付为15.9亿元，其中，基础养老金13.1亿元。截至2013年底，城乡居民无社会保障的福利养老金的待遇领取人数为52.1万人，待遇发放水平为每人每月310元，福利养老金全年累计发放19.9亿元[⑤]。

截至2014年底，北京市城乡居民养老保险参保人数累计达到186.2万人，其中，城镇居民参保12.8万人，农村居民参保人数173.4万人。城乡居民养老保险待遇领取人数为37.8万人。2014年，基础养老金水平从390元提高到430元，人均养

---

① 数据来源：《北京市2009年老年人口信息和老龄事业发展状况报告》。
② 数据来源：《北京市2010年老年人口信息和老龄事业发展状况报告》。
③ 数据来源：《北京市2011年老年人口信息和老龄事业发展状况报告》。
④ 数据来源：《北京市2012年老年人口信息和老龄事业发展状况报告》。
⑤ 数据来源：《2013年度北京市社会保险事业发展情况报告》。

老金领取水平约为484元。基金收支方面，全年城乡居民养老保险制度的基金总收入为31亿元，包括个人参保缴费、集体经济补助、政府财政补贴三部分，其中财政补贴数额最大，为19.9亿元，个人缴费为10.7亿元，集体补助为0.4亿元。养老保险为符合条件的待遇领取者共支付21.2亿元，其中，基础养老金共支付17.6亿元，个人账户支付3.6亿元。截至2013年底，城乡居民无社会保障的福利养老金的待遇领取人数为48.9万人，待遇发放水平为每人每月350元，福利养老金全年累计发放21.1亿元[①]。

截至2015年底，北京市城乡居民养老保险参保人数累计达到187.6万人，其中，城镇居民参保13.6万人，农村居民参保人数174万人。城乡居民养老保险待遇领取人数为43.1万人。2015年，基础养老金水平从430元提高到470元，人均养老金领取水平约为526元。基金收支方面，城乡居民基本养老保险制度的全年基金收入37.3亿元，养老保险待遇支付为26.5亿元，当年基金结余10.8亿元。截至2014年底，城乡居民无社会保障的福利养老金的待遇领取人数为46.1万人，待遇发放水平从每人每月350元提高到每人每月385元，福利养老金全年累计发放22.1亿元[②]。

截至2016年底，北京市城乡居民养老保险参保人数累计达到215.7万人，其中，城镇居民参保22.6万人，农村居民参保人数193.1万人。城乡居民养老保险待遇领取人数为85.4万人，其中城乡居民无社会保障的福利养老金的待遇领取人数为43.1万人。2016年，基础养老金水平从470元提高到510元，福利养老金待遇发放水平从每人每月385元提高到每人每月425元。基金收支方面，城乡居民基本养老保险制度的全年基金收入64.3亿元，养老保险待遇支付为53.5亿元，当年基金结余10.8亿元[③]。

截至2017年底，北京市城乡居民养老保险参保人数累计达到213.1万人，其中，城镇居民参保22万人，农村居民参保人数191.1万人。城乡居民养老保险待遇领取人数为86.6万人，其中城乡居民无社会保障的福利养老金的待遇领取人数

---

① 数据来源：《2014年度北京市社会保险事业发展情况报告》。
② 数据来源：《2015年度北京市社会保险事业发展情况报告》。
③ 数据来源：《2016年度北京市社会保险事业发展情况报告》。

为40.6万人。2017年，基础养老金水平从510元提高到610元，福利养老金待遇发放水平从每人每月425元提高到每人每月525元。基金收支方面，城乡居民基本养老保险制度的全年基金收入72.1亿元，养老保险待遇支付为64.5亿元，当年基金结余7.6亿元[1]。

（2）基金筹集

截至2013年底，城乡居民基本养老保险制度的全年基金收入13.2亿元，养老保险待遇支付为15.9亿元，其中，基础养老金13.1亿元。截至2013年底，城乡居民无社会保障的福利养老金的待遇领取人数为52.1万人，待遇发放水平为每人每月310元，福利养老金全年累计发放19.9亿元[2]。

截至2014年底，全年城乡居民养老保险制度的基金收入合计达到31亿元，包括个人参保缴费、集体经济补助、政府财政补贴三部分，其中财政补贴数额最大，为19.9亿元，个人缴费为10.7亿元，集体补助为0.4亿元。养老保险为符合条件的待遇领取者共支付21.2亿元，其中，基础养老金部分支付17.6亿元，个人账户部分支付3.6亿元。截至2013年底，城乡居民无社会保障的福利养老金的待遇领取人数为48.9万人，待遇发放水平为每人每月350元，福利养老金全年累计发放21.1亿元[3]。

截至2015年底，城乡居民基本养老保险制度的全年基金收入37.3亿元，养老保险待遇支付为26.5亿元，当年基金结余10.8亿元。截至2014年底，城乡居民无社会保障的福利养老金的待遇领取人数为46.1万人，待遇发放水平从每人每月350元提高到每人每月385元，福利养老金全年累计发放22.1亿元[4]。

截至2016年底，城乡居民基本养老保险制度的全年基金收入64.3亿元，养老保险待遇支付为53.5亿元，当年基金结余10.8亿元[5]。

截至2017年底，城乡居民基本养老保险制度的全年基金收入72.1亿元，养老

---

① 数据来源：《2017年度北京市社会保险事业发展情况报告》。
② 数据来源：《2013年度北京市社会保险事业发展情况报告》。
③ 数据来源：《2014年度北京市社会保险事业发展情况报告》。
④ 数据来源：《2015年度北京市社会保险事业发展情况报告》。
⑤ 数据来源：《2016年度北京市社会保险事业发展情况报告》。

保险待遇支付为64.5亿元，当年基金结余7.6亿元①。

（3）缴费水平

2009年1月1日，《北京市城乡居民养老保险办法》开始实施，2009年2月1日，《北京市城乡居民养老保险办法实施细则》由北京市劳动和社会保障局颁布，两个文件将城镇居民与农村居民共同纳入城乡居民养老保险体系，迈出养老保险城乡统筹发展的重要一步。城乡居民基本养老保险制度采取基础养老金和个人账户相结合的制度模式。筹资模式坚持三方责任共担机制，即实行个人缴费、集体补助、政府补贴相结合。参保缴费采取比例缴费制，以年为单位，以上年度农村居民人均纯收入的9%作为最低缴费标准，以上年度城镇居民人均可支配收入的30%作为最高缴费标准，个人缴费及集体补助部分进入个人账户。集体经济发展较好的地区，可以对城乡居民基本养老保险的参保人员进行补助。地区经办机构为每位参保人员建立个人账户，个人账户主要由三部分组成：一是个人缴费部分及其利息，二是集体补助及其利息，三是其他收入及其利息。与全国其他地区实行的固定档次缴费制不同，北京市实行的是基于人均纯收入或者人均可支配收入的固定比例缴费制。并且在制度实施初期就选择了较高的缴费比例，缴费标准偏高，并且制度运行多年以来缴费标准没有发生较大的变化。基于人均纯收入或者人均可支配收入的固定比例缴费制一方面考虑了城乡居民的收入状况，另一方面又保证了较高的缴费水平，提高将来的待遇发放水平。北京市规定缴费的弹性空间较大，方便城乡居民根据自己的实际经济能力选择适合自己的缴费水平。2009年，城乡居民的缴费标准最低为960元，最高为7420元；2014年，城乡居民的缴费标准最低为1000元，最高为7420元；2017年，城乡居民的缴费标准最低为1000元，最高为9000元。

（4）待遇享受

2009年1月1日，《北京市城乡居民养老保险办法》开始实施，2009年2月1日，《北京市城乡居民养老保险办法实施细则》由北京市劳动和社会保障局颁布，城乡居民养老保险制度开始运行。制度的参保对象为具有本市户籍，男性16—60周岁，女性16—55周岁，在校学生除外，未参加机关事业单位养老金体系

---

① 数据来源：《2017年度北京市社会保险事业发展情况报告》。

或者不符合北京市基本养老保险参保条件的城乡居民。养老保险待遇的领取条件与全国其他地区男女均年满60周岁不同，北京市对于领取年龄的规定与现行的干部退休年龄一致，即男性满60周岁，女性满55周岁的次月起，可以按月享受养老保险待遇，参保人累计缴费年限必须达到15年，如果没有达到，需要继续按年缴费，但缴费年限最多延长5年，如果5年延长期内达到规定，可以按月享受养老保险待遇，如果5年延长期满仍不满足条件，即按照上年度最低缴费标准进行一次性补缴后，按月享受养老保险待遇。该制度持续了接近6年，直到2014年底。《国务院关于建立统一的城乡居民基本养老保险制度的意见》在2014年颁布，规定了制度的待遇领取条件。年龄条件是年满60周岁，缴费时限是累计缴费满15周年，并且没有享受其他养老保险待遇的居民，可以按月领取养老金。各地区已有规定与该《意见》不符合时，按照该《意见》进行执行。于是北京市遵照国务院《意见》的规定，调整了城乡居民养老保险的领取条件，即年龄条件是年满60周岁，缴费时限是累计缴费满15周年，并且没有享受其他养老保险待遇，可以按月领取养老金。

北京市城乡居民的养老金包括两部分构成：个人账户养老金和基础养老金。个人账户养老金采取完全积累的方式进行滚存积累，直到符合领取条件时，个人账户储存额除以139得出个人账户部分每个月的发放标准，当个人账户储存额支付完后，所需资金需要由财政资金进行补足。基础养老金具有普惠性质，全北京市统一标准。2018年1月1日起，新型农村社会养老保险的待遇享受人员每月增发280元基础养老金，待遇享受人员的人均养老金水平相比2007年底每月提高300元左右，每月达到400元左右。2008年，《北京市城乡无社会保障老年居民养老保障办法》出台，北京市建立了我国第一个福利性养老保障制度。给城乡居民发放统一标准的福利养老金，每人每月发放金额为200元。2009年1月1日，《北京市城乡居民养老保险办法》开始实施，人均养老金领取水平为400多元，城乡居民无社会保障的福利养老金的待遇领取人数为64.19万人，待遇发放水平为每人每月200元。截至2010年底，城乡居民养老保险待遇领取人数为17.8万人，人均养老金领取水平约为400元，城乡居民无社会保障的福利养老金的待遇发放水平为每人每月200元。截至2011年底，城乡居民养老保险待遇领取人数为22.7万人，人均养老金领取水平约为413元，城乡居民无社会保障的福利养老金的待遇领取人数为58.3万人，待遇发放水平为每人每月250元。截至2012年底，城乡居民养老保险待遇领取人数为28.01万人，人均养老金领取水平约为450元，城乡居民无社会保障的福利养老金的待遇领取人数为55.15万人，待遇发放水平为每人每月277.5元。截至2013年底，北京市城乡居民养老保险人均养老金领取水平约为460元，城乡居民无社会保障的福利养老金的待遇领取人数为52.1万人，待遇发放水平为每人每月310元。2014年，基础养老金水平从390元提高到430元，人均养老金领取水平约为484元，城乡居民无社会保障的福利养老金的待遇发放水平为每人每月350元。2015年，基础养老金水平从430元提高到470元，人均养老金领取水平约为526元，城乡居民无社会保障的福利养老金的待遇发放水平从每人每月350元提高到每人每月385元。2016年，基础养老金水平从470元提高到510元，福利养老金待遇发放水平从每人每月385元提高到每人每月425元。2017年，基础养老金水平从510元提高到610元，福利养老金待遇发放水平从每人每月425元提高到每人每月525元。

### 4.1.2.2.3　北京市城乡居民养老保险的制度特色

（1）实行固定比例缴费制

北京市城乡居民基本养老保险实行的是基于人均纯收入或者人均可支配收入的固定比例缴费制，不同于全国其他地区实行的固定档次缴费制。固定档次缴费制即提前设置若干缴费档次，例如2009年新农保在全国试点时设置5个缴费档次，最低标准是每年缴费100元，最高标准为每年缴费500元，每个档次递增100元，农村居民根据自身经济状况自由选择缴费档次进行灵活参保。固定比例缴费制则不设置缴费档次，只是根据人均纯收入或者人均可支配收入设置固定的缴费比例。2009年1月1日，《北京市城乡居民养老保险办法》开始实施，2009年2月1日，《北京市城乡居民养老保险办法实施细则》由北京市劳动和社会保障局颁布，迈出养老保险城乡统筹发展的重要一步。城乡居民基本养老保险制度采取基础养老金和个人账户相结合的制度模式。筹资模式坚持三方责任共担机制，即实行个人缴费、集体补助、政府补贴相结合。参保缴费采取比例缴费制，以年为单位，以上年度农村居民人均纯收入的9%作为最低缴费标准，以上年度城镇居民人均可支配收入的30%作为最高缴费标准，个人缴费及集体补助部分进入个人账户。集体经济发展较好的地区，可以对城乡居民基本养老保险的参保人员进行补助。与全国其他地区实行的固定档次缴费制不同，北京市实行的是基于人均纯收入或者人均可支配收入的固定比例缴费制。并且在制度实施初期就选择了较高的缴费比例，缴费标准偏高，并且制度运行多年以来缴费标准没有发生较大的变化。基于人均纯收入或者人均可支配收入的固定比例缴费制，一方面考虑了城乡居民的收入状况，另一方面又保证了较高的缴费水平，提高将来的待遇发放水平。北京市规定缴费的弹性空间较大，方便城乡居民根据自己的实际经济能力选择适合自己的缴费水平。2009年，城乡居民的缴费标准最低为960元，最高为7420元；2014年，城乡居民的缴费标准最低为1000元，最高为7420元；2017年，城乡居民的缴费标准最低为1000元，最高为9000元。北京市实行的固定比例缴费制多年来缴费标准相对稳定，方便参保人根据自身经济状况长期持续参保，因而北京市的城乡居民基本养老保险参保率一直保持较高的水平，基本维持在95%左右，部分区县甚至实现了人群全覆盖，即参保率达到100%。

（2）基础养老金待遇标准高

基础养老金具有普惠性质，全北京市统一标准。2018年1月1日起，新型农村社会养老保险的待遇享受人员每月增发280元基础养老金。2014年，基础养老金水平从390元提高到430元，人均养老金领取水平约为484元。2015年，基础养老金水平从430元提高到470元，人均养老金领取水平约为526元。2016年，基础养老金水平从470元提高到510元。2017年，基础养老金水平从510元提高到610元。这一标准远远高于全国其他地区。例如，目前全国城乡居民基础养老金的标准为每月70元。广东省作为沿海经济发达省份，2018年的基础养老金标准为每月148元，2019年提高到每人每月170元。珠三角地区的广州市基础养老金标准虽然明显高于广东省标准，2017年基础养老金水平为每月202元，远远低于北京市标准。

（3）政府财政补贴水平高

政府财政对城乡居民基本养老保险的补贴包括三个方面：一是对个人缴费进行补贴，二是对基础养老金进行补贴，三是建立丧葬补助金制度。首先，个人缴费补贴方面，制度实施初期不考虑个人缴费水平高低，统一由政府财政对个人缴费给予每人每年30元补贴。为了鼓励多缴多得，强化制度的激励机制，2014年开始北京市加大财政补贴力度，实行多缴多补政策。对缴费标准在1000元至2000元之间的参保人员，补贴标准为每人每年60元，对缴费标准在2000元及以上的参保人员，补贴标准为每人每年90元。2017年北京市的缴费补贴标准进一步调整，对缴费标准在2000元以下的参保人员，补贴标准为每人每年60元，对缴费标准在2000元至4000元的参保人员，补贴标准为每人每年90元，对缴费标准在4000元至6000元和6000元及以上的参保人员，补贴标准分别为每人每年120元和每人每年150元。其次，基础养老金补贴方面，根据2009年新农保全国试点的相关规定，中西部地区由于财政实力薄弱，基础养老金由国家财政实行全额补贴，东部地区的基础养老金由国家财政补助一半，地方财政负担补助一半。2015年，北京市基础养老金标准为470元。2016年，基础养老金水平提高到510元。2017年，基础养老金水平提高到610元。根据北京市相关文件规定，基础养老金由区县财政进行承担，并列入政府预算。所以北京市财政对基础养老金的补贴标准远远高于全国其他地区。再次，丧葬补助金方面，2009年北京市规定的丧葬补助标准为5000元，由区县财政承担。2015年，北京市将由民政负责支付丧葬补助金纳入城乡居民养老保险项目基金支出，基金来源仍然是区县财政。

（4）集体补贴较为普遍

2009年，国务院关于新农保试点的指导意见中，提出新农保基金筹集实行三方责任共担机制，包括个人参保缴费、集体经济补助和政府财政补贴。关于集体补助，《指导意见》提出有条件的村集体可以对参保人个人缴费进行补贴，补贴标准根据各村发展状况由村民会议确定。然而，由于集体经济发展不均衡，全国实行集体补贴的村集体非常少。北京市由于集体经济发展状况较好，因此集体补贴非常普遍。有的区县甚至明确规定对集体补助的数额。例如北京市朝阳区明确规定，城乡居民参加养老保险可以享受集体补助和财政补贴。具体补贴标准参照农村居民人均纯收入的9%的缴费标准，集体经济和区级财政分别补贴40%的个人缴费。重度残疾人参加城乡居保，可享受集体补助和财政补贴。具体补贴标准参照农村居民人均纯收入的9%的缴费标准，男性45周岁以上、女性40周岁以上的农村重度残疾人员，集体经济和区级财政分别补贴40%和55%的缴费，其他重度残疾人员，由区级财政补贴95%的缴费。

### 4.1.2.3　广东省

#### 4.1.2.3.1　广东省城乡居民养老保险的制度发展

在农村居民养老方面，广东省人民政府在2009年11月印发了《广东省新型农村社会养老保险试点实施办法》，这标志着广东省新农保制度的正式成立。制度建设方面，广东省根据不同地区特点采取分类试点，并不段总结典型地区经验进行推广学习。在新农保制度的具体执行上，广东省部分贫困乡镇基础设施落后，网络信息系统建设滞后，工作人员队伍薄弱，面对数量庞大、居住分散的农村居民，广东省尝试通过商业招标的方式，将新农保的费用征收业务和待遇发放业务委托给邮政储蓄银行或者农村商业银行，充分利用它们在农村地区具有的服务平台、营业网点以及自主存取款设备等优势条件，方便参保对象进行参保缴费以及待遇领取业务的办理。业务委托的方式不仅充分发挥了金融服务平台的专业优势，而且有效降低了业务成本，提高了服务质量和水平，方便了居民办理新农保业务，解决了政府服务"最后一公里"的问题。

在城镇居民养老方面，为加快社会养老保障制度的贯彻实施力度和覆盖面，根据国务院的《指导意见》，结合广东省实际情况，2011年10月广东省人民政府制定出台《广东省城镇居民社会养老保险试点实施办法》，规定基金筹集包括个人参保缴费和政府财政补贴两部分组成，个人缴费分为10个缴费档次，最低缴费标准为每年100元，最高缴费标准为每年1000元，每个缴费档次之间递增100元。养老保险待遇由两部分组成：个人账户养老金和基础养老金。该《实施办法》充分把城镇居民个人缴费与财政补助结合起来，同时注重发挥传统养老保障方式的作用，加强家庭养老功能的发挥，构建传统保障和社会保障双重安全网，整合社会资源使其发挥最大效用，充分实现城镇居民晚年"老有所养"的政策目标。

在城乡居民养老保险制度建设方面，广东省走在了全国探索的前列。2013年9月，为保证每个城乡居民均可以按照规定享受到公平的养老保险待遇，《广东省城乡居民社会养老保险实施办法》经过充分论证后由广东省人民政府颁布，把农村居民和城镇居民的社会养老保险合并统一为一个制度，不仅可以更有效地缩小城乡人群差距，而且也可以进一步完善制度设计。2014年7月，《关于建立统一的城乡居民基本养老保险制度的意见》由国务院颁布实施，广东省根据中央文件精神对2013年颁布的《实施办法》作了调整修订，并在此制度中对新加入制度的人群的个人账户转移做出相应规定。2014年9月，广东省社保局下发文件，规范城乡居民养老保险相关的业务衔接，统一了相关的业务经办流程。

4.1.2.3.2　广东省城乡居民养老保险的制度内容

（1）参保情况

2013年9月，《广东省城乡居民社会养老保险实施办法》由广东省政府颁布，将新农保和城居保合并运行。2014年7月，《关于建立统一的城乡居民基本养老保险制度的意见》由国务院颁布，广东省对2013年颁布的《实施办法》作了修订，更名为《广东省城乡居民基本养老保险实施办法》。该办法规定城乡居民基本养老保险制度的参保范围为具有广东省户籍，年满16周岁的城镇非就业居民和农村居民（在校学生除外），不符合参加城镇职工养老保险条件的，可以遵循自愿原则在户籍地参加城乡居民基本养老保险制度。制度实施以来，参保人数不断提升。

2013年底，广东省城镇职工和城乡居民养老保险参保人数为6667.63万人，其中参加城镇职工养老保险（包括离退休人员）4183.04万人，参加城乡居民养老保险2484.59万人。职工和居民养老保险的缴费人数为4419.77万人，其中2934.86万为城镇职工养老保险缴费人数，1484.91万为城乡居民基本养老保险缴费人数[1]。

2014年底，广东省城镇职工和城乡居民养老保险参保人数总计7329.19万人，其中参加城镇职工养老保险（包括离退休人员）4809.47万人，参加城乡居民养老保险2519.72万人。职工和居民养老保险的缴费人数总计4583.9万人，其中3040.95万为城镇职工养老保险缴费人数，1542.95万为城乡居民基本养老保险缴费人数[2]。

2015年底，广东省城镇职工和城乡居民养老保险参保人数为7586.24万人，其中参加城镇职工养老保险（包括离退休人员）5086.53万人，参加城乡居民基本养老保险的人数为2499.71万人，比上年度减少20.01万人。养老保险制度的缴费人数总计4264.97万人，其中3035.69万为城镇职工养老保险缴费人数，1421.7万为城乡居民基本养老保险缴费人数，比上年度减少121.25万人[3]。

---

[1]　数据来源：《广东省2013年社会保险信息披露公告》。
[2]　数据来源：《广东省2014年社会保险信息披露公告》。
[3]　数据来源：《广东省2015年社会保险信息披露公告》。

2016年底，广东省城镇职工和城乡居民养老保险参保人数为7935.65万人，其中5392.43万人参加城镇职工养老保险（包括离退休人员），2543.22万人参加城乡居民基本养老保险，比上年度增加43.51万人。养老保险制度的缴费人数总计4333.09万人，其中3082.88万为城镇职工养老保险缴费人数，1250.21万为城乡居民基本养老保险缴费人数，比上年度减少151.49万人[①]。

2017年底，广东省城镇职工和城乡居民养老保险参保人数为7874万人，其中5287万人参加城镇职工养老保险（包括离退休人员），2587万人参加城乡居民基本养老保险，比上年度增加43.78万人[②]。

（2）基金筹集

基金收支情况来看，2013年，城乡居民基本养老保险制度的基金收入主要包括三部分：征缴收入、财政补贴和利息收入。三项合计为141.71亿元。其中，财政补贴占比最大，各级财政补贴合计91.65亿元，基金征缴收入43.89亿元，基金利息5.78亿元；基金支出共计90.93亿元，其中养老金待遇发放90.05亿元。2013年度基金收入大于支出，年度结余50.78亿元。城乡居民基本养老保险制度的基金滚存结余一共219.54亿元[③]。

2014年，城乡居民基本养老保险制度的基金收入合计180.61亿元。其中，财政补贴占比最大，各级财政补贴合计112.77亿元，基金征缴收入60.01亿元，基金利息7.61亿元；基金支出共计105.88亿元，其中养老金待遇发放104.72亿元。2014年度基金收入大于支出，年度结余74.73亿元。城乡居民基本养老保险制度的基金滚存结余一共297.68亿元，其中个人账户余额累计279.18亿元[④]。

2015年，城乡居民基本养老保险制度的基金收入合计206.73亿元。其中，财政补贴占比最大，各级财政补贴合计140.76亿元，基金征缴收入61.45亿元，基金利息4.49亿元，转移收入0.03亿元；基金支出共计146.93亿元，其中养老金待遇发放145.72亿元。2014年度基金收入大于支出，年度结余59.80亿元。城乡居民基

---

① 数据来源：《广东省2016年社会保险信息披露公告》。
② 数据来源：《广东省2016年社会保险信息披露公告》。
③ 数据来源：《广东省2013年社会保险信息披露公告》。
④ 数据来源：《广东省2014年社会保险信息披露公告》。

本养老保险制度的基金滚存结余一共357.35亿元[①]。

2016年，城乡居民基本养老保险制度的基金收入合计184.80亿元。其中，财政补贴占比最大，各级财政补贴合计140.67亿元，基金征缴收入38.87亿元，基金利息4.76亿元，转移收入0.04亿元，其他方面收入0.47亿元；基金支出共计157.05亿元，其中养老金待遇发放155.52亿元，转移支出0.05亿元，其他方面支出1.48亿元。2016年度基金收入大于支出，年度结余27.75亿元。城乡居民基本养老保险制度的基金滚存结余一共385.16亿元[②]。

2017年，城乡居民基本养老保险制度的基金收入合计188亿元。其中，财政补贴占比最大，各级财政补贴合计139亿元，基金征缴收入40亿元，基金利息9亿元，转移收入0.06亿元，其他方面收入0.2亿元；基金支出共计171亿元，其中养老金待遇发放170亿元，转移支出0.03亿元，其他方面支出0.5亿元。2016年度基金收入大于支出，年度结余9亿元。城乡居民基本养老保险制度的基金滚存结余一共403亿元[③]。

（3）缴费水平

2009年，广东省新农保制度实施时，农村居民的缴费分为五个档次，最低缴费标准为每年100元，最高缴费标准为每年500元，每个档次之间递增100元。参保农民可以自由选择其中一个档次进行参保缴费。2011年，城镇居民社会养老保险试点实施时，城镇居民的缴费分为10个档次，即最低缴费标准为每年100元，最高缴费标准为每年100元，每个档次之间递增100元。参保的城镇居民可以选择其中一个档次进行参保缴费。2013年，广东省将新农保和城居保合并实施，城乡居民享受同等的养老保险待遇。缴费档次设定方面，为了让城乡居民有更大的选择余地，同时为了方便城乡居民可以按月缴费、按季缴费或者按年缴费，缴费档次划分了10个档次，其中第1档次到第5档次分别为每年120元、每年240元、每年360元、每年480元、每年600元，每个档次之间递增120元。第6档次为每年960元，第7到第10缴费档次分别为每年1200元、每年1800元、每年2400元、每年3600元。

---

① 数据来源：《广东省2015年社会保险信息披露公告》。
② 数据来源：《广东省2016年社会保险信息披露公告》。
③ 数据来源：《广东省2017年社会保险信息披露公告》。

（4）待遇享受

广东省城乡居民基本养老保险制度采取按月支付养老金的方式。养老待遇构成包括个人账户养老金和基础养老金两部分。其中个人账户采取完全积累的方式进行滚存积累，退休时每月的领取标准为个人账户滚存积累额除以139，个人账户储存额由四部分组成，即个人参保缴费、集体经济补助、政府财政补贴及其利息收入。一般来讲，个人缴费越多，享受的集体补助和政府补贴数额越多，个人账户积累额就越多，退休时每月个人账户养老金发放金额就会越多。自2013年以来，城乡居民基本养老保险待遇领取人数逐年增加，基础养老金标准也在逐年上调。

2013年，符合长期待遇发放条件的人员共计765.02万人，比上年增加31.05万人。其中，基础养老金2013年1月起从每月55元提高到每月65元[①]。

2014年，符合长期待遇发放条件的人员共计773.32万人，比上年增加8.30万人。其中，基础养老金2014年7月起从每月65元提高到每月95元，城乡居民基本养老保险全年平均基础养老金每人每月1425.13元[②]。

2015年，符合长期待遇发放条件的人员共计842.89万人，比上年增加69.57万人。其中，基础养老金2015年7月起从每月95元提高到每月100元，城乡居民基本养老保险全年平均基础养老金每人每月141.56元[③]。

2016年，符合长期待遇发放条件的人员共计893.08万人，比上年增加46.6万人。其中，基础养老金2016年7月起从每月100元提高到每月110元，城乡居民基本养老保险全年平均基础养老金每人每月148.41元[④]。

2017年，符合待遇发放条件的人员共计958万人，比上年增加65万人。其中，基础养老金2017年1月起从每月110元提高到每月120元，城乡居民基本养老保险全年平均基础养老金每人每月156元[⑤]。

---

① 数据来源：《广东省2013年社会保险信息披露公告》。
② 数据来源：《广东省2014年社会保险信息披露公告》。
③ 数据来源：《广东省2015年社会保险信息披露公告》。
④ 数据来源：《广东省2016年社会保险信息披露公告》。
⑤ 数据来源：《广东省2017年社会保险信息披露公告》。

4.1.2.3.3　广东省城乡居民养老保险的制度特色

（1）个人缴费标准提高

2014年2月，《关于建立统一的城乡居民基本养老保险制度的意见》由国务院颁布，个人缴费设置12个缴费档次，前10个缴费档次从100元到1000元，最低缴费档次为每年100元，每个缴费档次递增100元，第11档次和第12档次分别为每年1500元和2000元。各地政府可以根据当地实际经济发展水平和人民收入水平适当增设缴费档次，参保人员可以自由选择缴费档次，多缴多得。2013年，广东省将新农保和城居保合并实施，缴费档次划分了10个档次，其中第1档次到第5档次分别为每年120元、每年240元、每年360元、每年480元、每年600元，每个档次之间递增120元。第6档次为每年960元，第7到第10缴费档次分别为每年1200元、每年1800元、每年2400元、每年3600元。可以看出，2014年广东省个人账户缴费标准高于中央标准，广东省规定的最低缴费标准为每人每年120元，中央规定的最低缴费档次为每人每月100元，广东省规定的最高缴费档次为每人每年3600元，中央规定的最高缴费档次为每人每年2000元。

（2）基础养老金水平高于中央标准

自2013年新农保和城居保合并为城乡居民基本养老保险制度以来，广东省的基础养老金标准每年都在提高。2013年1月起，从每月55元提高到每月65元。2014年7月起，从每月65元提高到每月95元。2015年7月起，从每月95元提高到每月100元。2016年7月起，从每月100元提高到每月110元。2017年1月起，从每月110元提高到每月120元，2018年1月1日起，从每月120元提高到每月148元，2019年提高到每人每月170元，远高于中央规定的每月70元基础养老金标准。从全省各地情况来看，粤北地区、粤西地区基本参照广东省标准执行，而珠三角地区的基础养老金标准明显高于广东省标准。例如广州市，2012年城乡居保制度的基础养老金为130元，2013年为150元，2014年为165元，2015为180元，2016增加到191元，2017年增加至202元。

（3）政府补贴标准较高

政府补贴包括个人缴费补贴和基础养老金补贴。个人缴费补贴方面，国务院《意见》规定，选择最低缴费标准的城乡居民，补贴标准每人每年不少于30元，选择500元及以上缴费标准的城乡居民，补贴标准每人每年不少于60元，各地地方政府根据本地区实际情况制定具体实施办法。广东省个人缴费补贴参照中央标准并略有提升。其中，粤北地区、粤西地区的个人缴费补贴标准按照省政府规定标准，即选择120元、240元和360元缴费标准的，每人每年补贴金额为30元，选择480元及以上的缴费标准的，每人每年补贴金额为60元。同时，鼓励长缴多得，参保缴费超过15年的参保人，在15年基础上每增加1年缴费，每月加发3元基础养老金。珠三角地区的个人缴费补贴普遍高于广东省的标准，例如广州市对参保缴费超过15年的参保人，在15年基础上每增加1年缴费，每月加发6元基础养老金。基础养老金补贴方面，2018年广东省的基础养老金标准为每人每月148元，中央财政的补助参照国家确定的每人每月70元基础养老金标准给予50%的财政补助，即每人每月补助35元，其余部分，珠三角地区由市、县财政承担，粤北地区、粤东、粤西地区由省、市、县三级财政来共同承担。

（4）试点地区丧葬补贴标准较高

2014年2月，《关于建立统一的城乡居民基本养老保险制度的意见》由国务院颁布，养老金领取人员死亡的，其养老金从次月起停止发放。同时鼓励有条件的地方政府探索建立丧葬补助金制度。广东省现行的城乡居民基本养老保险制度鼓励建立丧葬补助金，但并未明确具体补助标准。但在制度实施过程中，珠三角经济发达地区积极试点丧葬补贴制度。例如广州市规定，丧葬补助标准为3000元，佛山市则按照上一年度职工月平均工资的40%来确定，中山市则按照城镇职工丧葬补助标准来确定。

#### 4.1.2.4 广州市

##### 4.1.2.4.1 广州市城乡居民养老保险的制度发展

回顾广州市城乡居民养老保险制度的建设和发展过程，基本经历了两个阶段：一是建制阶段，二是整合阶段。在建制阶段：制度建设主要从2008年开始，2008年4月出台实施了《被征地农村居民基本养老保险试行办法》，建立了"即征即保"的工作机制，从制度上确保了被征地农村居民老年生活保障；2008年9月，建立城镇老年居民养老保险制度；2008年11月，建立农村社会基本养老保险制度。在整合阶段：2010年，将被征地农民养老保险与农村养老保险整合为新农保；随后于2012年8月，将新农保和城镇老年居保整合为城乡居民养老保险制度，并在2014年12月，对城乡居保办法进行修订，建立了缴费激励机制，进一步完善了城乡居保制度（图4-1）。

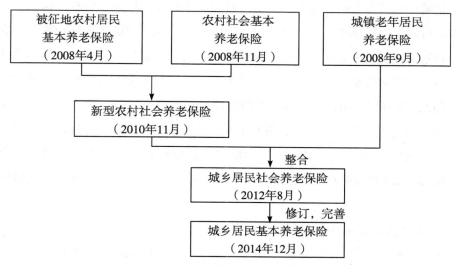

**图4-1 广州市城乡居民养老保险制度发展历程**

第一阶段：建制阶段

（1）建立被征地农村居民基本养老保险制度

2008年4月，《广州市被征地农村居民基本养老保险试行办法》出台实施，建立农村居民"即征即保"的工作机制，切实保障被征地农村居民老年生活保障。该《试行办法》中的"被征地农民"指的是拥有广州市户籍的在册农业人口，他们拥有农村集体土地承包经营权。主要包括两类人员：一类是在城市规划区内的失地人员，他们因为政府征地行为而失去1/2以上农用地；一类是在城市规划区外的失地人员，他们因为政府征地行为导致人均耕地面积低于当地人均耕地面积的1/3。失地农民养老保险的制度模式为个人账户制，个人账户的基金来源主要包括三个部分：一是个人参保缴费；二是集体经济组织为参保人缴纳的费用；三是政府财政支持。失地农民养老保险的缴纳标准分为五个档次（50元、70元、90元、110元和130元）。养老金待遇领取标准取决于个人账户滚存积累额，计算办法为个人账户滚存积累额除以139，即为每月发放金额。选择享受老年生活津贴的农民，按月发放老年生活津贴100元。

（2）建立农村社会基本养老保险制度

2008年11月《广州市农村社会基本养老保险试行办法》出台实施。该办法规定，年满16周岁以上的、没有参加其他社会养老保险的广州市农村户籍人员，可参加农村养老保险制度。农村社会养老保险实行完全积累的个人账户模式。农村社会养老保险基金来源主要包括三个部分：一是个人参保缴费；二是集体经济组织为参保人缴纳的费用；三是政府财政支持。缴纳标准分为五个档次（30元、50元、70元、90元和110元）。养老金待遇领取标准取决于个人账户滚存积累额，计算办法为个人账户滚存积累额除以139，即为每月发放金额。选择享受老年生活津贴的农民，按月发放老年生活津贴80元。通过对比可以看出，被征地农民和农民养老保险的制度模式是相似的，只是农民养老保险的参保对象缴费标准略低。

（3）建立城镇老年居民养老保险制度

2008年9月，《广州市城镇老年居民基本养老保险试行办法》出台。该《试行办法》对部分没有社保待遇的老年居民提供养老保险。实施对象为年满60周岁的男性居民、年满55周岁的女性居民，拥有广州市户籍超过10年的居民，暂时未享受固定的养老保险待遇。城镇居民养老保险制度采取完全个人账户积累模式。筹资标准是根据参保人参保时距75周岁的年限，用75减去参保人缴费时的当前年龄，然后乘以12，再乘以每月225元的缴费标准，计算出总共缴费金额后，采取一次性缴纳的方式。参保者也可以按年进行缴费，每年缴费额为12乘以每月225元的缴费标准，但是如果出现中断缴费，中断期间便不能享受相关养老金待遇。城镇老年居民养老保险制度的月发放金额为450元，其中一半来自参保者个人账户，另一半来自政府财政支持。当个人账户储存积累额发放完后，所需养老金发放数额全部由政府财政来承担。

第二阶段：整合阶段

（1）将被征地农民养老保险与农村养老保险整合为新农保

2010年，广州市根据国务院新农保试点《指导意见》、广东省新农保试点的实施办法和原省劳动保障厅、国土资源厅《转发劳动保障部国土资源部关于切实做好被征地农民社会保障工作有关问题的通知》等规定，出台了《广州市新型农村社会养老保险实施办法》。其覆盖对象为年满16周岁及以上的、没有参加其他社会养老保险的广州市农村户籍人员，可参加农村养老保险制度。在该新农保《实施办法》颁布实施前，已经参加广州市农村社会养老保险的参保人员、已经参加被征地农民养老保险的参保人员，全部纳入新型农村社会养老保险。新农保采取基础养老金加个人账户的模式。

（2）将新农保和城镇老年居民养老保险整合为城乡居民养老保险制度

2012年8月，广州市根据2009年国务院新农保试点指导意见、2011年国务院城居保试点指导意见，以及广东省关于新农保和城居保实施办法的通知，在原来新农保相关政策框架的基础上，颁布实施《广州市城乡居民社会养老保险试行办法》。其覆盖对象为年满16周岁及以上的广州市户籍人员，没有参加其他社会养老保险的，可参加城乡居民养老保险制度。在该"城乡居保"《试行办法》颁布实施前，已参加广州市新农保和城居保的参保人员，全部纳入新的城乡居民养老保险（以下简称"城乡居保"）制度。新的城乡居保制度采取个人账户加基础养老金的模式。此后，广州市全面实施城乡一体化的城乡居保制度，将城乡无就业居民统一纳入城乡居保办法。2014年12月，广州市对城乡居保办法进行修订，新的《广州市城乡居民基本养老保险实施办法》颁布，建立了缴费激励机制和基础养老金正常调整机制，进一步完善广州市城乡居民养老保险制度。

### 4.1.2.4.2 广州市城乡居民养老保险的制度内容

现行的广州市城乡居民养老保险制度依照的是2014年12月出台的《广州市城乡居民基本养老保险实施办法》（穗府办〔2014〕66号）。以此为基础，为进一步提高待遇、完善制度具体设计，广州市人社局、财政局又于2017年调整了城乡居民养老保险的基础养老金待遇。广州市现行的城乡居保的制度内容如下：

（1）参保范围

具有广州市户籍、年满16周岁（不含在校学生）、不符合城镇企业职工基本养老保险参保条件、未享受企业退休人员基本养老金以及国家规定的其他养老保险待遇，也未按有关规定继续缴纳或一次性缴纳城镇企业职工基本养老保险费的非从业城乡居民。

（2）筹资标准和办法

表4-1　广州市城乡居保缴费标准

| 档次 | 缴费标准（元/月） | | | |
| --- | --- | --- | --- | --- |
| | 个人缴费 | 个人缴费对应的政府补贴 | 集体补助 | 集体补助对应的政府补贴 |
| 第一档 | 10 | 15 | 5 | 5 |
| 第二档 | 30 | 35 | 10 | 10 |
| 第三档 | 50 | 50 | 20 | 20 |
| 第四档 | 70 | 60 | 30 | 25 |
| 第五档 | 90 | 70 | 40 | 30 |
| 第六档 | 110 | 75 | 50 | 35 |
| 第七档 | 130 | 80 | 60 | 40 |

（3）待遇领取条件

表4-2　广州市城乡居保待遇领取条件

| 领取养老金的年龄条件 | 参保人群 | 达到领取养老金年龄时 | |
| --- | --- | --- | --- |
| | | 累计缴费年限 | 领取养老金 |
| 一般：60周岁。城镇女性居民过渡情况：2012年8月年满54周岁，应缴费至年满56周岁；2012年8月年满53周岁，应缴费至年满57周岁；2012年8月年满52周岁，应缴费至年满58周岁；2012年8月年满51周岁，应缴费至年满59周岁。 | 已满60周岁 | 选择不缴费 | 基础养老金 |
| | | 选择趸缴不超过15年 | 基础养老金+个人账户养老金 |
| | 距离领取养老金不足15年 | 累计年限达到2012年8月时至其领取养老金年龄期间的月数 | 基础养老金+个人账户养老金 |
| | | 累计年限少于2012年8月时至其领取养老金年龄期间的月数 | 没有基础养老金，只发个人账户养老金 |
| | 距离领取养老金超过15年（含） | 15年或以上 | 基础养老金+个人账户养老金 |
| | | 少于15年 | 没有基础养老金，只发个人账户养老金 |

（4）待遇标准

城乡居保的基本养老金包括两部分：个人账户养老金和基础养老金。个人账户采取完全积累的方式进行滚存积累，达到领取条件时，养老金的月发放数额等于全部积累额除以对应的计发月数。基础养老金完全来自政府财政，当前每月的发放标准为202元；对于部分养老待遇继续按原城镇老年居民计发办法实施的，养老金领取标准在原有基础上每月增加11元。鼓励长缴多得。对于超过15年缴费年限的，缴费年限每超1年，基础养老金每月加发6元。

4.1.2.4.3　广州市城乡居民养老保险的制度特色和成效

（1）制度特色

广州市城乡居民养老保险制度自2012年建立并运行至今，取得了良好的成效，基本解决了居民养老问题，有利于维护社会稳定和秩序，取得了良好的制度成效，形成了广州自有的发展特色。概括起来，广州市城乡居民养老保险在制度在建立和发展过程中呈现出以下特色和亮点：

①在制度变迁进程中，以群体诉求为导向进行政策建构。

广州作为特大城市，人口结构较为复杂，养老保险历史遗留问题不断呈现，各个群体、个体不断对养老保险提出诉求，且大部分都是利益诉求，而非权益诉求，加上养老保险制度本身也处于不断地完善调整的过程中，存在许多亟须解决的矛盾，因此，城乡居民养老保险制度建立过程中，政府注重满足群众合理诉求。

从广州养老保险制度的变迁过程来看，各个制度的建立表现出较强的群体导向性。例如，面对被征地农民这一特殊群体，广州市先于2008年建立被征地农民基本养老保险制度，又于2012年，将被征地农民纳入城乡居保制度，与城乡居民享受同等政策。再如，城镇老年居民养老保险将城镇老年居民纳入养老保险体系，新农保将农村居民纳入养老保险体系，再加上之前一直顺畅运行的城镇职工养老保险，截至2012年，未被养老保险制度所覆盖的只有60岁以下的城镇无业居民。这一群体由于城镇户籍所限，被排除在新农保制度之外，由于没有固定工作单位，被排除在城镇职工养老保险制度之外，成为养老保险制度扩面的重要考虑群体。2012年8月，城乡居民农保建设就将此类非就业城镇居民纳入制度体系中，保障了其养老需求。

②以上位政策为导向，在大的原则框架内进行适度制度创新。

由于养老保险属于历时性很长的制度，地方在出台任何政策时都必须考虑政策的可持续性问题。而且养老保险制度本身对于一体化、集中化和上升化有要求。此时，如果地方一味地因地制宜、大胆创新，等到中央出台政策时，必然会与各地已实施的政策产生冲突甚至起破坏作用，这就严重危害到养老保险制度的稳定性。

广州市城乡居民养老保险制度是在与国家、省级层面的政策保持一致的原则下建立的，例如，被征地农民与农村养老保险的整合是在国务院（国发〔2009〕32号）、省政府（粤府〔2009〕124号）和原省劳动保障厅、国土资源厅（粤劳社发〔2007〕22号）的相关政策文件指导下进行的。新农保和城居保整合是根据国务院（国发〔2009〕32号、国发〔2011〕18号）、省政府（粤府〔2009〕124号、粤府〔2011〕127号）等一系列规定，以原新农保政策框架为基础制定的。并在上位政策的原则框架内适度创新，减少了制度运行时的阻力。

③遵从"福利加法"，注重制度衔接。

广州市的制度整合过程相对比较顺利，遭遇的阻力较小，这主要是因为：一方面，在制度设计之时注重与其他制度在模式上的对接；另一方面，由于福利具有刚性增长的特征，广州市整合过程做的是"福利加法"，而非"减法"。例如，将新农保和城镇老年居民养老保险整合为城乡居民养老保险制度的过程中，原本城居保和新农保的制度框架就是基本一致的，这次整合以新农保政策框架为基础，与新农保政策保持一致，因此，新农保制度下原有参保群体不需作任何调整。而且这一整合符合帕累托改进的原则，即某一群体福利的增加并不损害另一群体的整体福利，因此只需对制度体系下原有参数设计等技术问题进行调整，并不存在影响制度推行的其他阻碍因素。所以，这次整合是顺其自然、水到渠成。

④具体的制度设计凸显人性化特征。

相比较以前的制度，城乡居民养老保险的具体的制度设计凸显人性化特征，主要体现在三个方面：第一，设有地方统筹准备金。广州市地方统筹准备金的征集标准为上一年度城乡居民养老金筹集总额的5%，资金划入地方统筹准备金财政专户，充分保证资金安全及顺畅运行。地方统筹准备金的支付主要包括两个方面：一是丧葬抚恤费方面的支出；二是参保者个人账户储存积累额支付完毕后的后续支付所需资金。第二，设有丧葬抚恤费。参保人死亡后，按每人3000元的标准向遗嘱发放丧葬抚恤费。第三，对于特困群体参保财政资助力度大。城镇的重度残疾人、精神和智力残疾人、低保、低收入人员在养老金待遇水平上会有所倾斜，略高于普通居民，从而更好的保障了"底线公平"。

（2）制度成效

在政府重视、主管部门的努力和制度特色支撑的多重作用下，广州市城乡居保制度发展取得了显著成效，主要表现为：

①应保尽保，实现了城乡居保参保扩面全覆盖。养老保险属于社会保障的重要范畴，其首要价值目标就是要保障每个人的基本需要。近年来，广州市城乡居民养老保险制度覆盖范围不断扩大，保障对象和保障人数不断增长，制度的公平性逐渐凸显，逐渐由制度全覆盖向人群全覆盖的方向发展。在保障对象方面，基本实现了制度层面的全面覆盖。在保障人数方面，随着逐渐扩面和完善，覆盖人数不断增长。截至2016年12月，广州市共有125.29万城乡居民参加了城乡居民养老保险，参保率100%，其中领取待遇人数达41万人。实现了"制度全覆盖"迈向"参保对象全覆盖"的目标。

②待遇水平不断提高，让百姓共享经济社会发展成果。2012—2016年，广州市城居保共提高了4次养老金待遇，基础养老金水平和平均养老金水平呈现出逐年提高、平稳上升的趋势。具体而言，平均养老金水平从456元/月逐步提高至624元/月，基础养老金水平也从130元/月提高至当前（2017年）的202元/月。

③多级财政补贴，照顾弱势群体，基本保障有支撑。广州市建立了缴费补贴激励机制，对特殊群体重点资助。一是针对重度残疾人、精神和智力残疾人等特殊困难群体，他们的养老保险缴费所需资金由政府财政全部代缴或部分代缴；二是将最低生活保障户、五保户、复退军人、农村纯二女户等列入政府财政资助参保缴费的范围。集体经济组织补助也是提高制度保障水平的重要因素，政府引导集体组织组织通过多种形式对参保居民进行补贴。此外，政府财政也对城乡居民参保缴费进行财政支持，统计数据显示，2014—2016年，市、区两级财政每年财政补贴资金超过15亿元，政府财政的大力支持保障了城乡居民按月足额领取养老金。

④经办服务延伸镇街"最后一公里"，服务满意度高。按照省委、省政府服务群众"最后一公里"的工作要求，广州市全面建立了市、区、镇、村多级网络，开通了城乡居民养老保险业务经办以及业务查询的镇/村级平台，实现了通过系统查询业务数据的乡镇"全覆盖"。通过打造"一站式办公、一条龙服务"的标准化窗口，真正实现"五化"标准，即实现功能区域化、设备智能化、审批一站化、流程规范化、服务便民化。实现经办服务便利、可及。调查数据显示，总体来看，经办服务总体满意度较高，综合平均满意度达到87.8%。

## 4.2 微观视角：城乡居民的参保现状、政策认知及制度期望

### 4.2.1 数据来源与基本情况

#### 4.2.1.1 数据来源

为了更加清晰地了解乡居民基本养老保险制度的运行现状，我们于2018年组织调研员在全国8个省份进行一次大规模的问卷调查。问卷经过严格设计通过书面的形式向调研对象发放，调研员进过严格的培训和调选。本次调研区域包括东部广东、广西、山东三省，中部黑龙江、内蒙古、湖南三省，西部贵州、四川两省，调研采用经验分层和非严格随机抽样的方式，由调研员进行入户访谈和问卷调查。问卷内容包括个人基本情况、制度运行基本情况、制度参保情况、政策认知和制度期望等。本次调查共发放问卷1450份，实际回收1423份，回收率98.14%，剔除无效问卷后，实际回收有效问卷1371份，有效回收率94.6%。本研究采用SPSS21.0软件进行录入，根据统计学相关理论，对数据进行清洗、转化、提取和计算等，最终形成关于调查样本的数据库。

#### 4.2.1.2 基本情况

##### 4.2.1.2.1 个人基本情况

（1）年龄分布

在1370份调查问卷中，年龄分布相对均衡。其中，20岁以下共有236人，占17.2%；20—29岁有179人，占13.1%；30—39岁有405人，占29.6%；40—49岁有312人，占22.8%；50—59岁有130人，占9.5%；60岁及以上有108人，占7.9%。

表4-3　被调查对象的年龄分布

| 年龄分布 | 频数 | 有效百分比 | 累积百分比 |
|---|---|---|---|
| 20岁以下 | 236 | 17.2 | 17.2 |
| 20—29岁 | 179 | 13.1 | 30.3 |
| 30—39岁 | 405 | 29.6 | 59.9 |
| 40—49岁 | 312 | 22.8 | 82.6 |
| 50—59岁 | 130 | 9.5 | 92.1 |
| 60岁及以上 | 108 | 7.9 | 100.0 |
| 合计 | 1370 | 100.0 | |

（2）性别构成

在1371份问卷数据中，男性有596人，占43.5%；女性有775人，占56.5%。男女性别结构相对均衡，女性占比略高。

表4-4　被调查对象的性别构成

| 性别 | 频数 | 有效百分比 | 累积百分比 |
|---|---|---|---|
| 女 | 775 | 56.5 | 56.5 |
| 男 | 596 | 43.5 | 100.0 |
| 合计 | 1371 | 100.0 | |

（3）民族

在1371位被调查的城乡居民中，汉族有1343人，占98.0%；蒙古族有17人，占1.2%；壮族有4人，占0.3%；回族有2人，占0.1%；满族有1人，占0.1%；其他民族共计有4人，占0.3%。

表4-5　被调查对象的民族

| 民族 | 频数 | 有效百分比 | 累积百分比 |
|---|---|---|---|
| 汉族 | 1343 | 98.0 | 98.0 |
| 蒙古族 | 17 | 1.2 | 99.2 |

（续上表）

| 民族 | 频数 | 有效百分比 | 累积百分比 |
|------|------|-----------|-----------|
| 满族 | 1 | 0.1 | 99.3 |
| 回族 | 2 | 0.1 | 99.4 |
| 壮族 | 4 | 0.3 | 99.7 |
| 其他 | 4 | 0.3 | 100.0 |
| 合计 | 1371 | 100.0 | |

（4）政治面貌

在1370份调查问卷中，中共党员有6人，占5.5%；共青团员148人，占10.8%；群众1139人，占83.1%；民主党派和无党派人士7人，占0.5%。

表4-6　被调查对象的政治面貌

| 政治面貌 | 频数 | 有效百分比 | 累积百分比 |
|---------|------|-----------|-----------|
| 中共党员 | 6 | 5.5 | 5.5 |
| 共青团员 | 148 | 10.8 | 16.4 |
| 群众 | 1139 | 83.1 | 99.5 |
| 民主党派、无党派人士 | 7 | 0.5 | 100.0 |
| 合计 | 1370 | 100.0 | |

（5）受教育程度

在1371位被调查的城乡居民中，没上过学的有89人，占6.5%；小学程度的有288人，占21.0%；初中程度的有483人，占35.2%；高中程度的有191人，占13.9%；技校、职高、中专程度的共有94人，占6.9%；大专程度的93人，占6.8%；本科程度的128人，占9.3%；研究生程度的5人，占0.4%。总体来看，初中及以下学历占比达到62.7%，说明城乡居民的总体受教育程度不高；本科及以上学历占比仅为9.7%。

表4-7　被调查对象的受教育程度

| 受教育程度 | 频数 | 有效百分比 | 累积百分比 |
|---|---|---|---|
| 没上过学 | 89 | 6.5 | 6.5 |
| 小学 | 288 | 21.0 | 27.5 |
| 初中 | 483 | 35.2 | 62.7 |
| 高中 | 191 | 13.9 | 76.7 |
| 技校、职高、中专 | 94 | 6.9 | 83.5 |
| 大专 | 93 | 6.8 | 90.3 |
| 本科 | 128 | 9.3 | 99.6 |
| 研究生 | 5 | 0.4 | 100.0 |
| 合计 | 1371 | 100.0 | |

（6）婚姻状况

从1368位被调查对象的数据统计来看，有配偶群体占比较高，有1057人，占77.3%；无配偶为311人，占22.7%。

表4-8　被调查对象的婚姻状况

| 婚姻状况 | 频数 | 有效百分比 | 累积百分比 |
|---|---|---|---|
| 无配偶 | 311 | 22.7 | 22.7 |
| 有配偶 | 1057 | 77.3 | 100.0 |
| 合计 | 1368 | 100.0 | |

（7）宗教信仰

在1371位被调查对象中，无宗教信仰的有1168人，占85.2%；基督教信仰有18人，占1.3%；天主教信仰有6人，占0.4%；道教信仰有48人，占3.5%；佛教信仰有129人，占9.4%；其他信仰有2人，占0.1%。

表4-9　被调查对象的宗教信仰

| 宗教信仰 | 频数 | 有效百分比 | 累积百分比 |
|---|---|---|---|
| 基督教 | 18 | 1.3 | 1.3 |
| 天主教 | 6 | 0.4 | 1.8 |
| 道教 | 48 | 3.5 | 5.3 |
| 佛教 | 129 | 9.4 | 14.7 |
| 其他 | 2 | 0.1 | 14.8 |
| 无宗教信仰 | 1168 | 85.2 | 100.0 |
| 合计 | 1371 | 100.0 | |

（8）居住地区

在被调查的1371位城乡居民中，居住在城区的有342人，占24.9%；居住在（集）镇的有320人，占23.3%；居住在农村的有709人，占51.7%。

表4-10　被调查对象的居住地区

| 居住地区 | 频数 | 有效百分比 | 累积百分比 |
|---|---|---|---|
| 城区 | 342 | 24.9 | 24.9 |
| （集）镇 | 320 | 23.3 | 48.3 |
| 农村 | 709 | 51.7 | 100.0 |
| 合计 | 1371 | 100.0 | |

（9）户口类型

从1363位被调查对象的数据统计来看，农业户口有929人，占67.8%；非农业户口有434人，占31.7%。

表4-11　被调查对象的户口类型

| 户口类型 | 频数 | 百分比 | 有效百分比 | 累积百分比 |
|---|---|---|---|---|
| 农业户口 | 929 | 67.8 | 68.2 | 68.2 |
| 非农业户口 | 434 | 31.7 | 31.8 | 100.0 |
| 合计 | 1363 | 99.4 | 100.0 | |

（10）2017年家庭年收入

在被调查的906位城乡居民中，2017年家庭年收入在1万元以下的有63人，占7.0%；家庭年收入在1万—3万元的有86人，占9.5%；家庭年收入在3万—5万元的有128人，占14.1%；家庭年收入在5万—10万元的有320人，占35.3%；家庭年收入在10万—20万元的有214人，占23.6%；家庭年收入在20万元及以上的有95人，占10.5%。

**表4-12　2017年家庭年收入**

| 2017年家庭年收入 | 频数 | 有效百分比 | 累积百分比 |
|---|---|---|---|
| 1万元以下 | 63 | 7.0 | 7.0 |
| 1万—3万元 | 86 | 9.5 | 16.4 |
| 3万—5万元 | 128 | 14.1 | 30.6 |
| 5万—10万元 | 320 | 35.3 | 65.9 |
| 10万—20万元 | 214 | 23.6 | 89.5 |
| 20万元及以上 | 95 | 10.5 | 100.0 |
| 合计 | 906 | 100.0 | |

注：1万—3万元为包含1万元不含3万元，3万—5万元为包含3万元不含5万元，5万—10万元为包含5万元不含10万元，10万—20万元为包含10万元不含20万元。

（11）2017年家庭总支出

在被调查的875位城乡居民中，2017年家庭总支出在1万元以下的有61人，占7.0%；家庭总支出在1万—3万元的有137人，占15.7%；家庭总支出在3万—5万元的有220人，占25.1%；家庭总支出在5万—10万元的有302人，占34.5%；家庭总支出在10万—20万元的有123人，占14.1%；家庭总支出在20万元及以上的有32人，占3.7%。

表4-13　2017年家庭总支出

| 2017年家庭总支出 | 频数 | 有效百分比 | 累积百分比 |
|---|---|---|---|
| 1万元以下 | 61 | 7.0 | 7.0 |
| 1万—3万元 | 137 | 15.7 | 22.6 |
| 3万—5万元 | 220 | 25.1 | 47.8 |
| 5万—10万元 | 302 | 34.5 | 82.3 |
| 10万—20万元 | 123 | 14.1 | 96.3 |
| 20万元及以上 | 32 | 3.7 | 100.0 |
| 合计 | 875 | 100.0 | |

注：1万—3万元为包含1万元不含3万元，3万—5万元为包含3万元不含5万元，5万—10万元为包含5万元不含10万元，10万—20万元为包含10万元不含20万元。

（12）2017年一年家庭总储蓄额

在被调查的777位城乡居民中，2017年总储蓄额在1万元以下的有273人，占35.1%；2017年总储蓄额在1万—3万元的有261人，占33.6%；2017年总储蓄额在3万—5万元的有101人，占13.0%；2017年总储蓄额在5万—10万元的有77人，占9.9%；2017年总储蓄额在10万—20万元的有32人，占4.1%；2017年总储蓄额在20万元及以上的有33人，占4.2%。

表4-14　2017年一年家庭总储蓄额

| 2017年家庭总储蓄额 | 频数 | 有效百分比 | 累积百分比 |
|---|---|---|---|
| 1万元以下 | 273 | 35.1 | 35.1 |
| 1万—3万元 | 261 | 33.6 | 68.7 |
| 3万—5万元 | 101 | 13.0 | 81.7 |
| 5万—10万元 | 77 | 9.9 | 91.6 |
| 10万—20万元 | 32 | 4.1 | 95.8 |
| 20万元及以上 | 33 | 4.2 | 100.0 |
| 合计 | 777 | 100.0 | |

注：1万—3万元为包含1万元不含3万元，3万—5万元为包含3万元不含5万元，5万—10万元为包含5万元不含10万元，10万—20万元为包含10万元不含20万元。

（13）目前家庭总储蓄额

从627位被调查对象的数据统计来看，家庭总储蓄额在1万元以下的有136人，占21.7%；家庭总储蓄额在1万—3万元的有89人，占14.2%；家庭总储蓄额在3万—5万元的有50人，占8.0%；家庭总储蓄额在5万—10万元的有130人，占20.7%；家庭总储蓄额在10万—20万元的有109人，占17.4%；家庭总储蓄额在20万元及以上的有113人，占18.0%。

表4-15　目前家庭总储蓄额

| 目前家庭总储蓄额 | 频数 | 有效百分比 | 累积百分比 |
|---|---|---|---|
| 1万元以下 | 136 | 21.7 | 21.7 |
| 1-3万元 | 89 | 14.2 | 35.9 |
| 3-5万元 | 50 | 8.0 | 43.9 |
| 5-10万元 | 130 | 20.7 | 64.6 |
| 10-20万元 | 109 | 17.4 | 82.0 |
| 20万元及以上 | 113 | 18.0 | 100.0 |
| 合计 | 627 | 100.0 | |

注：1万—3万元为包含1万元不含3万元，3万—5万元为包含3万元不含5万元，5万—10万元为包含5万元不含10万元，10万—20万元为包含10万元不含20万元。

（14）家庭经济状况评估

为了了解城乡居民的家庭经济状况，问卷设计了"您觉得您的家庭经济状况如何？"这一问题，从1313位被调查对象的数据统计来看，认为家庭经济状况"很富裕"的有12人，占0.9%；认为家庭经济状况"比较富裕"的有206人，占15.7%；认为家庭经济状况"大致够用"的有805人，占61.3%；认为家庭经济状况"有些困难"的有229人，占17.4%；认为家庭经济状况"很困难"的有61人，占4.6%。

表4-16　家庭经济状况评估

| 家庭经济状况 | 频数 | 有效百分比 | 累积百分比 |
|---|---|---|---|
| 很富裕 | 12 | 0.9 | 0.9 |
| 比较富裕 | 206 | 15.7 | 16.6 |
| 大致够用 | 805 | 61.3 | 77.9 |
| 有些困难 | 229 | 17.4 | 95.4 |
| 很困难 | 61 | 4.6 | 100.0 |
| 合计 | 1313 | 100.0 | |

（15）子女数量

为了了解被调查对象的子女数量，问卷设计了"您共有子女多少人？"这一问题，从1344位被调查对象的数据统计来看，有两个子女的占比最高，达到27.9%，有375人；有1个子女的有294人，占21.9%；没有子女的有255人，占19.0%；有三个子女的有244人，占18.2%；有4个子女的有113人，占8.4%；有5个子女的有48人，占3.6%；有6个子女的有11人，占0.8%；有7个子女的有3人，占0.2%；其中1人子女数最多，达到9人，占比0.1%。

表4-17　被调查对象子女数量

| 子女数量 | 频数 | 有效百分比 | 累积百分比 |
|---|---|---|---|
| 0 | 255 | 19.0 | 19.0 |
| 1 | 294 | 21.9 | 40.8 |
| 2 | 375 | 27.9 | 68.8 |
| 3 | 244 | 18.2 | 86.9 |
| 4 | 113 | 8.4 | 95.3 |
| 5 | 48 | 3.6 | 98.9 |
| 6 | 11 | 0.8 | 99.7 |
| 7 | 3 | 0.2 | 99.9 |
| 9 | 1 | 0.1 | 100.0 |
| 合计 | 1344 | 100.0 | |

4.2.1.2.2　制度实施基本情况

（1）政策具体落实效果

2014年2月，《关于建立统一的城乡居民基本养老保险制度的意见》由国务院发布，将2009年开始试点的新农保和2011年开始试点的城居保合并实施，在全国范围内建立农村和城镇统一运行的城乡居民基本养老保险制度。为了衡量城乡居民基本养老保险制度的落实情况，问卷设计了"您觉得国家出台的城乡居保政策在当地落实得怎样？"这一问题。统计结果显示，认为制度落实"非常好"的有80人，占5.8%；认为制度落实"比较好"的有544人，占39.7%；认为制度落实"一般"的有549人，占40.1%；认为制度落实"不太好"的有196人，占14.3%。这一结果说明自城乡居民基本养老保险制度实施以来，制度落实状况较好，得到被调查对象的高度认可。

表4-18　城乡居民基本养老保险政策具体落实效果

| 落实效果 | 频数 | 有效百分比 | 累积百分比 |
|---|---|---|---|
| 非常好 | 80 | 5.8 | 5.8 |
| 良好 | 544 | 39.7 | 45.6 |
| 一般 | 549 | 40.1 | 85.7 |
| 不太好 | 196 | 14.3 | 100.0 |
| 合计 | 1369 | 100.0 | |

（2）养老金领取周期

为了把握不同地区城乡居民基本养老保险制度养老金领取周期的差异，问卷设计了"您所在地的60岁以上居民领取养老金的周期是怎样的？"这一问题。统计结果显示，1212人选择按月领取，占88.7%，说明城乡居民基本养老保险制度的养老金领取周期基本是按月领取。选择按一年领取的有97人，占7.1%；选择按半年领取的有30人，占2.2%；选择按季领取的有27人，占2.0%。

表4-19　城乡居民基本养老保险养老金领取周期

| 领取周期 | 频数 | 有效百分比 | 累积百分比 |
|---|---|---|---|
| 按月领取 | 1212 | 88.7 | 88.7 |
| 按季领取 | 27 | 2.0 | 90.7 |
| 按半年领取 | 30 | 2.2 | 92.9 |
| 按一年领取 | 97 | 7.1 | 100.0 |
| 合计 | 1366 | 100.0 | |

（3）养老金发放情况

为了了解城乡居民基本养老保险制度养老金发放情况，问卷设计了"当地政府对60岁以上居民的养老金是按照规定足额发放吗？"这一问题。问卷统计结果显示，799位被调查对象认为是足额发放，占58.3%；543位被调查对象表示不清楚，占39.6%；只有29人认为不是足额发放，占2.1%。这一结果说明城乡居民对制度的发放情况并不是特别了解，应该继续加大制度的宣传力度，让城乡居保制度这一惠民政策得到居民的充分了解，进而推动制度更加健康有效的发展。

表4-20　城乡居民基本养老保险养老金发放情况

| 养老金发放情况 | 频数 | 有效百分比 | 累积百分比 |
|---|---|---|---|
| 认为是足额发放 | 799 | 58.3 | 58.3 |
| 认为不是足额发放 | 29 | 2.1 | 60.4 |
| 不清楚 | 543 | 39.6 | 100.0 |
| 合计 | 1371 | 100.0 | |

（4）养老金领取情况

为了了解城乡居民基本养老保险制度养老金领取情况，问卷设计了"您觉得60岁以上的老年居民会存在领取养老金的困难吗？"这一问题，问卷统计结果显示，587位被调查对象认为"不存在领取困难"，占42.9%；380位被调查对象认为"存在领取困难"，占27.8%；401位被调查对象表示"不知道"，占29.3%。说明城乡居民基本养老保险制度运行过程中，应该充分考虑60岁以上居民的领取困难，采取更加灵活多样的领取方式来供城乡老年居民来选择。

表4-21　城乡居民基本养老保险养老金领取情况

| 养老金领取情况 | 频数 | 有效百分比 | 累积百分比 |
|---|---|---|---|
| 不存在领取困难 | 587 | 42.9 | 42.9 |
| 存在领取困难 | 380 | 27.8 | 70.7 |
| 不知道 | 401 | 29.3 | 100.0 |
| 合计 | 1368 | 100.0 | |

（5）发放渠道

为了更好地了解各地区城乡居民基本养老保险制度养老金发放渠道的情况，问卷设计了"本乡镇（街道）城乡居保养老金发放渠道是什么？"这一问题。问卷统计结果显示，被调查对象中选择通过金融机构发放的有794人，占58.0%；选择通过社保机构发放的有434人，占31.7%；两者合计达到约89.6%，说明城乡居民基本养老保险制度养老金的发放渠道主要是金融机构和社保机构。被调查对象中选择超市POS机的有8人，占0.6%；选择其他发放渠道的有134人，占9.8%。

表4-22　本乡镇（街道）城乡居保养老金发放渠道

| 发放渠道 | 频数 | 有效百分比 | 累积百分比 |
|---|---|---|---|
| 金融机构 | 794 | 58.0 | 58.0 |
| 社保机构 | 434 | 31.7 | 89.6 |
| 超市pos机 | 8 | 0.6 | 90.2 |
| 其他 | 134 | 9.8 | 100.0 |
| 合计 | 1370 | 100.0 | |

（6）经办人员情况

为了了解各地区城乡居民基本养老保险制度经办人员的情况，问卷设计了"您村/社区里有专门的人员负责城乡居保工作吗？"这一问题。问卷统计结果显示，被调查对象中选择有专门工作人员负责城乡居保的有635人，占46.3%；选择没有专门工作人员负责城乡居保的有172人，占12.5%；而选择"不清楚"的高达564人，即有41.1%的被调查对象不清楚本村或者本社区的城乡居保工作是否有专门工作人员负责，说明城乡居民对制度的运行细节了解不多，今后需要着重加强宣传介绍，尤其是将制度具体业务经办流程等知识向各个行政村和各个社区进行详细的介绍。

表4-23　村／社区是否有专门的人员负责城乡居保工作

| 是否有专门的人员负责 | 频数 | 有效百分比 | 累积百分比 |
|---|---|---|---|
| 有 | 635 | 46.3 | 46.3 |
| 没有 | 172 | 12.5 | 58.9 |
| 不清楚 | 564 | 41.1 | 100.0 |
| 合计 | 1371 | 100.0 | |

（7）弱势群体帮扶情况

为了了解各地区城乡居民基本养老保险制度弱势群体帮扶情况，问卷设计了"您村／社区里有指定的人帮助残疾、孤寡或困难老人通知或领取政府发的养老金吗？"这一问题。问卷统计结果显示，被调查对象中选择有指定的人帮助残疾、孤寡或困难老人的有392人，占28.6%；选择没有指定的人帮助残疾、孤寡或困难老人的有257人，占18.7%；而选择"不清楚"的高达722人，即52.7%的被调查对象不清楚本村或者本社区是否有指定的人帮助残疾、孤寡或困难老人通知或领取政府发的养老金，凸显制度宣传的不到位。

表4-24　村／社区是否有指定的人帮助残疾、孤寡或困难老人通知或领取养老金

| 是否有指定的人帮助 | 频数 | 有效百分比 | 累积百分比 |
|---|---|---|---|
| 有 | 392 | 28.6 | 28.6 |
| 没有 | 257 | 18.7 | 47.3 |
| 不清楚 | 722 | 52.7 | 100.0 |
| 合计 | 1371 | 100.0 | |

（8）城乡居保制度了解程度

为了了解各地区城乡居民对基本养老保险政策的了解程度，问卷设计了"您

觉得群众对城乡居保政策了解的充分吗？"这一问题。问卷统计结果显示，1370位被调查对象中，选择了解"充分"的有90人，占6.6%；选择了解"一般"的有652人，占47.6%；而选择了解"不充分"的有628人，占45.8%。即有接近一般的被调查对象对城乡居民基本养老保险政策了解不充分，充分说明加强制度普及宣传的紧迫性。

表4-25　群众对城乡居保政策的了解程度

| 群众对城乡居保政策的了解程度 | 频数 | 有效百分比 | 累积百分比 |
| --- | --- | --- | --- |
| 充分 | 90 | 6.6 | 6.6 |
| 一般 | 652 | 47.6 | 54.2 |
| 不充分 | 628 | 45.8 | 100.0 |
| 合计 | 1370 | 100.0 | |

（9）社会保障信息化建设

为了了解各地区社会保障的信息化程度，问卷设计了"当地是否实现社会保障信息化？"这一问题。问卷统计结果显示，1371位被调查对象中，选择当地已经实现社会保障信息化的有627人，占45.7%；选择当地没有实现社会保障信息化的有744人，占54.3%。说明在城乡居民基本养老保险制度的建设进程中，应该尽快推进制度的信息化建设，加快实现县、乡镇（街道）、社区、行政村等基层组织的信息网络覆盖。

表4-26　当地是否实现社会保障信息化

| 当地是否实现社会保障信息化 | 频数 | 有效百分比 | 累积百分比 |
| --- | --- | --- | --- |
| 已实现 | 627 | 45.7 | 45.7 |
| 没有实现 | 744 | 54.3 | 100.0 |
| 合计 | 1371 | 100.0 | |

（10）账户查询方式

为了了解城乡居民对养老保险账户查询方式的选择，问卷设计了"您觉得居民会喜欢哪种方式来查询自己的账户？"这一问题。问卷统计结果显示，1371位被调查对象中，选择"网上查询"的有286人，占20.9%；选择"电话查询"的有232人，占16.9%；选择"银行将账户寄到居民手中"的有567人，占41.4%；选择"社保所查询"有138人，占10.1%；选择其他方式查询的有148人，占10.8%。

表4-27　城乡居民喜欢哪种方式查询自己账户

| 账户查询方式 | 频数 | 有效百分比 | 累积百分比 |
|---|---|---|---|
| 网上查询 | 286 | 20.9 | 20.9 |
| 电话查询 | 232 | 16.9 | 37.8 |
| 银行将账户寄到居民手中 | 567 | 41.4 | 79.1 |
| 社保所查询 | 138 | 10.1 | 89.2 |
| 其他 | 148 | 10.8 | 100.0 |
| 合计 | 1371 | 100.0 | |

### 4.2.2　城乡居民的参保现状

（1）制度覆盖面

为了了解城乡居民基本养老保险制度的覆盖面，问卷设计了"您是否参加了城乡居民基本养老保险制度？"这一问题。统计结果显示1367位被调查对象中，参保人数为869人，占63.6%；未参保人数为498人，占36.4%。制度覆盖面有待继续扩大。

表4-28　是否参加了城乡居民基本养老保险制度

| 是否已参保 | 频数 | 有效百分比 | 累积百分比 |
|---|---|---|---|
| 未参保 | 498 | 36.4 | 36.4 |
| 参保 | 869 | 63.6 | 100.0 |
| 合计 | 1367 | 100.0 | |

（2）满足您养老需要的最低养老金水平

为了衡量城乡居民的基本养老需求，问卷设计了"您认为满足养老需要的最低养老金水平是多少？"这一问题。统计结果显示，认为每月最低养老金需求在"2000—3000元"的有348人，占25.4%，所占比例最高；认为每月最低养老金需求在"1500—2000元"的有279人，占20.4%；认为每月最低养老金需求在"1000—1500元"的有233人，占17.0%；认为每月最低养老金需求在"3000—4000元"的有211人，占15.4%；认为每月最低养老金需求在"500元以下"的有25人，占1.8%；认为每月最低养老金需求在"500—1000元"的有154人，占11.3%；认为每月最低养老金需求在"4000—6000元"的有63人，占4.6%；认为每月最低养老金需求在"6000元以上"的有55人，占4.0%。可以看出，1368位被调查对象的基本养老金需求主要集中在1000—4000元之间，共计1071人，占比达到78.2%，目前城乡居民基本养老保险制度的养老金待遇水平距离被调查对象的养老需求尚有较大的距离。

表4-29　满足养老需要的最低养老金水平

| 满足养老需要的最低养老金水平 | 频数 | 有效百分比 | 累积百分比 |
|---|---|---|---|
| 500元以下 | 25 | 1.8 | 1.8 |
| 500—1000元 | 154 | 11.3 | 13.1 |
| 1000—1500元 | 233 | 17.0 | 30.1 |
| 1500—2000元 | 279 | 20.4 | 50.5 |
| 2000—3000元 | 348 | 25.4 | 76.0 |
| 3000—4000元 | 211 | 15.4 | 91.4 |
| 4000—6000元 | 63 | 4.6 | 96.0 |
| 6000元以上 | 55 | 4.0 | 100.0 |
| 合计 | 1368 | 100.0 | |

（3）养老费用的主要来源

为了衡量城乡居民的养老费用来源，问卷设计了"您当前（或将来）养老费用的主要来源？"这一问题。问卷统计结果显示，"自己存钱"占的比例最高，有672人将自己存钱作为养老费用的主要来源，占49.1%；排在第二位的是"子女养老"，有472人选择，占34.5%；选择"社会养老保险"的有185人，占

13.5%；依靠"土地产出"养老占比较低，仅有22人选择，占比1.6%；选择"商业保险"的有12人，占0.9%；选择"其他"的有7人，占0.5%。这一结果充分说明，储蓄养老、家庭养老和社会养老是当前城乡居民主要依赖的三种养老方式，是他们养老费用的主要来源。

表4-30　当前（或将来）养老费用的主要来源

| 养老费用的主要来源 | 频数 | 有效百分比 | 累积百分比 |
| --- | --- | --- | --- |
| 自己存钱 | 672 | 49.1 | 49.1 |
| 子女养老 | 472 | 34.5 | 83.5 |
| 土地产出 | 22 | 1.6 | 85.1 |
| 社会养老保险 | 185 | 13.5 | 98.6 |
| 商业保险 | 12 | 0.9 | 99.5 |
| 其他 | 7 | 0.5 | 100.0 |
| 合计 | 1370 | 100.0 | |

（4）养老担忧

为了了解城乡居民对自己老年生活的担忧程度，问卷设计了"您是否担心自己的养老问题？"这一问题。问卷统计结果显示，在1370位被调查对象中，对自己的养老问题持"非常担心"态度的有201人，占14.7%；对自己的养老问题持"有点担心"态度的有473人，占34.5%；对自己的养老问题持"一般担心"态度的有343人，占25.0%；三者合计达到了74.2%，说明接近四分之三的被调查对象仍然担忧自己的养老问题。对自己的养老问题持"不太担心"态度的有271人，占19.8%；对自己的养老问题持"完全不担心"态度的有82人，占6.0%。

表4-31　是否担心自己的养老问题

| 养老担忧 | 频数 | 有效百分比 | 累积百分比 |
| --- | --- | --- | --- |
| 非常担心 | 201 | 14.7 | 14.7 |
| 有点担心 | 473 | 34.5 | 49.2 |
| 一般担心 | 343 | 25.0 | 74.2 |

（续上表）

| 养老担忧 | 频数 | 有效百分比 | 累积百分比 |
|---|---|---|---|
| 不太担心 | 271 | 19.8 | 94.0 |
| 完全不担心 | 82 | 6.0 | 100.0 |
| 合计 | 1370 | 100.0 | |

（5）家庭养老地位的社会认知

为了衡量城乡居民对家庭养老地位的社会认知，问卷设计了"在养老问题上，您觉得子女养老发挥的作用如何？"这一问题。问卷统计结果显示，认为子女养老发挥的作用"非常大"的有258人，占18.8%；认为子女养老发挥的作用"比较大"的有523人，占38.2%；认为子女养老发挥的作用"一般"的有415人，占30.3%。三者合计比例达到87.4%，说明接近90%的被调查对象认可家庭养老发挥的作用，家庭养老的社会认知较高。被调查对象中认为子女养老发挥的作用"比较小"的有136人，占9.9%；认为子女养老发挥的作用"非常小"的有37人，占2.7%。

表4-32　子女养老发挥的作用

| 子女养老发挥的作用 | 频数 | 百分比 | 有效百分比 | 累积百分比 |
|---|---|---|---|---|
| 非常大 | 258 | 18.8 | 18.8 | 18.8 |
| 比较大 | 523 | 38.1 | 38.2 | 57.0 |
| 一般 | 415 | 30.3 | 30.3 | 87.4 |
| 比较小 | 136 | 9.9 | 9.9 | 97.3 |
| 非常小 | 37 | 2.7 | 2.7 | 100.0 |
| 合计 | 1369 | 99.9 | 100.0 | |

（6）储蓄养老地位的社会认知

为了衡量城乡居民对储蓄养老地位的社会认知，问卷设计了"在养老问题上，您觉得自己存钱养老发挥的作用如何？"这一问题。问卷统计结果显示，认为自己存钱养老发挥的作用"非常大"的有271人，占19.8%；认为自己存钱养老发挥的作用"比较大"的有541人，占39.5%；认为自己存钱养老发挥的作用"一般"的有372人，占27.2%。三者合计比例达到86.4%，说明自己存钱养老发挥的作用得到被调查对象的普遍认可，储蓄养老的社会认知较高。被调查对象中认为自己存钱养老发挥的作用"比较小"的有132人，占9.6%；认为自己存钱养老发挥的作用"非常小"的有54人，占3.9%。

表4-33 储蓄养老发挥的作用

| 储蓄养老发挥的作用 | 频数 | 百分比 | 有效百分比 | 累积百分比 |
|---|---|---|---|---|
| 非常大 | 271 | 19.8 | 19.8 | 19.8 |
| 比较大 | 541 | 39.5 | 39.5 | 59.3 |
| 一般 | 372 | 27.1 | 27.2 | 86.4 |
| 比较小 | 132 | 9.6 | 9.6 | 96.1 |
| 非常小 | 54 | 3.9 | 3.9 | 100.0 |
| 合计 | 1370 | 99.9 | 100.0 | |

（7）社会养老地位的社会认知

为了衡量城乡居民对社会养老地位的社会认知，问卷设计了"在养老问题上，您觉得社会养老保险发挥的作用如何？"这一问题。问卷统计结果显示，认为社会养老保险发挥的作用"非常大"的有85人，占6.2%；认为社会养老保险发挥的作用"比较大"的有301人，占22.0%；认为社会养老保险发挥的作用"一般"的有639人，占46.6%。三者合计比例达到74.8%，说明社会养老保险发挥的作用得到被调查对象的普遍认可，社会养老保险的社会认知较高。被调查对象中认为社会养老保险发挥的作用"比较小"的有263人，占19.2%；认为社会养老保险发挥的作用"非常小"的有82人，占6.0%。

表4-34 社会养老发挥的作用

| 社会养老发挥的作用 | 频数 | 百分比 | 有效百分比 | 累积百分比 |
|---|---|---|---|---|
| 非常大 | 85 | 6.2 | 6.2 | 6.2 |
| 比较大 | 301 | 22.0 | 22.0 | 28.2 |

（续上表）

| 社会养老发挥的作用 | 频数 | 百分比 | 有效百分比 | 累积百分比 |
|---|---|---|---|---|
| 一般 | 639 | 46.6 | 46.6 | 74.8 |
| 比较小 | 263 | 19.2 | 19.2 | 94.0 |
| 非常小 | 82 | 6.0 | 6.0 | 100.0 |
| 合计 | 1370 | 99.9 | 100.0 | |

（8）商业养老保险地位的社会认知

为了衡量城乡居民对商业养老保险地位的社会认知，问卷设计了"在养老问题上，您觉得商业养老保险发挥的作用如何？"这一问题。问卷统计结果显示，认为商业养老保险发挥的作用"非常大"的有36人，占2.6%；认为商业养老保险发挥的作用"比较大"的有189人，占13.8%；认为商业养老保险发挥的作用"一般"的有544人，占39.8%。三者合计比例达到56.3%，说明接近五分之三的被调查对象认可商业养老保险发挥了作用，商业养老保险的社会认知较高，但明显低于家庭养老、社会养老和储蓄养老。被调查对象中认为商业养老保险发挥的作用"比较小"的有302人，占22.1%；认为商业养老保险发挥的作用"非常小"的有295人，占21.6%。

表4-35　商业养老保险发挥的作用

| 商业养老保险发挥的作用 | 频数 | 百分比 | 有效百分比 | 累积百分比 |
|---|---|---|---|---|
| 非常大 | 36 | 2.6 | 2.6 | 2.6 |
| 比较大 | 189 | 13.8 | 13.8 | 16.5 |
| 一般 | 544 | 39.7 | 39.8 | 56.3 |
| 比较小 | 302 | 22.0 | 22.1 | 78.4 |
| 非常小 | 295 | 21.5 | 21.6 | 100.0 |
| 合计 | 1366 | 99.6 | 100.0 | |

（9）身体健康状况

为了衡量城乡居民的身体健康状况，问卷设计了"您目前的身体健康状况怎么样？"这一问题。问卷统计结果显示，在1353位被调查对象中，认为身体"完全健康"的有334人，占24.7%；认为身体"基本健康"的有931人，占68.8%；认为身体"不太健康"的有86人，占6.4%；认为身体"很不健康"的有2人，占0.1%。统计结果说明目前城乡居民的身体健康状况总体较好。

**表4-36　目前的身体健康状况**

| 目前的身体健康状况 | 频数 | 百分比 | 有效百分比 | 累积百分比 |
|---|---|---|---|---|
| 完全健康 | 334 | 24.4 | 24.7 | 24.7 |
| 基本健康 | 931 | 67.9 | 68.8 | 93.5 |
| 不太健康 | 86 | 6.3 | 6.4 | 99.9 |
| 很不健康 | 2 | 0.1 | 0.1 | 100.0 |
| 合计 | 1353 | 98.7 | 100.0 | |

（10）参保缴费者的缴费标准

根据国务院2014年《关于建立统一的城乡居民基本养老保险制度的意见》中关于个人缴费标准的规定，一共设置12个缴费档次，分别为每年100元、200元、300元、400元、500元、600元、700元、800元、900元、1000元、1500元和2000元，各地政府可以根据当地实际经济发展水平和人民收入水平适当增设缴费档次，参保人员可以自由选择缴费档次，多缴多得。为了衡量城乡居民基本养老保险制度参保缴费者的缴费标准，问卷设计了"您当前的缴费标准是多少元／年"这一问题。问卷统计结果显示，缴费标准选择每年100元及以下的有34人，占5.2%；缴费标准选择每年100—200元的有146人，占22.2%；缴费标准选择每年200—300元的有24人，占3.6%；缴费标准选择每年300—400元的有19人，占2.9%；缴费标准选择每年400—500元的有40人，占6.1%；缴费标准选择每年500—600元的有15人，占2.3%；缴费标准选择每年600—700元的有6人，占0.9%；缴费标准选择每年700—800元的有9人，占1.4%；缴费标准选择每年800—900元的有10人，占1.5%；缴费标准选择每年900—1000元的有35人，占5.3%；缴费标准选择每年1000—1500元的有20人，占3.0%；缴费标准选择每年1500—2000元的有55人，占8.3%；缴费标准选择每年2000元以上的有246人，占

37.3%。统计结果显示参保缴费者的缴费档次选择呈现两极分化的趋势：一方面选择较低档次缴费的人数比例较高，例如选择200元以下缴费档次的比例合计达到27.3%；另一方面，选择较高缴费档次的人数比例较高，例如选择1500元以上缴费档次的比例合计达到45.6%。

表4-37　参保缴费者的缴费标准

| 参保缴费者的缴费标准 | 频数 | 有效百分比 | 累积百分比 |
|---|---|---|---|
| 100元及以下 | 34 | 5.2 | 5.2 |
| 100—200元 | 146 | 22.2 | 27.3 |
| 200—300元 | 24 | 3.6 | 31.0 |
| 300—400元 | 19 | 2.9 | 33.8 |
| 400—500元 | 40 | 6.1 | 39.9 |
| 500—600元 | 15 | 2.3 | 42.2 |
| 600—700元 | 6 | 0.9 | 43.1 |
| 700—800元 | 9 | 1.4 | 44.5 |
| 800—900元 | 10 | 1.5 | 46.0 |
| 900—1000元 | 35 | 5.3 | 51.3 |
| 1000—1500元 | 20 | 3.0 | 54.3 |
| 1500—2000元 | 55 | 8.3 | 62.7 |
| 2000元以上 | 246 | 37.3 | 100.0 |
| 合计 | 659 | 100.0 | |

（11）参保缴费者对退休待遇清楚度

为了衡量城乡居民基本养老保险制度的参保缴费者对退休待遇清楚度，问卷设计了"按照目前的缴费标准，您清楚退休后每个月大概能领取到多少钱么？"这一问题。问卷统计结果显示，714位被调查对象中对退休待遇"清楚"的有126人，占17.6%；对退休待遇"不清楚"的有588人，占82.4%。这一结果表明，在城乡居民基本养老保险制度快速建设进程中，制度覆盖人群不断增多，但大部分的参保缴费者对于退休后的待遇水平不太清楚。因此在政策的宣传过程中，应加强对待遇计发办法的讲解，使得城乡居民可以清楚制度的待遇水平，进而更加合理地安排自己的老年生活。

表4-38　参保缴费者对退休待遇清楚度

| 参保缴费者对退休待遇清楚度 | 频数 | 百分比 | 有效百分比 | 累积百分比 |
|---|---|---|---|---|
| 清楚 | 126 | 9.2 | 17.6 | 17.6 |
| 不清楚 | 588 | 42.9 | 82.4 | 100.0 |
| 合计 | 714 | 52.1 | 100.0 | |

（12）参保缴费者对养老金保障能力的评估

为了衡量城乡居民基本养老保险制度的养老金保障能力，问卷设计了"按照目前的生活水平，您觉得退休后领取到的养老金够用么？"这一问题。问卷统计结果显示，在714位被调查对象中，认为退休后领取到的养老金"够用"的有62人，占8.7%；认为退休后领取到的养老金"不够用"的有411人，占57.6%；有241人对养老金保障能力表示"不确定"，比例达到33.8%。统计结果表明城乡居民基本养老保险制度的养老金保障能力距离公众养老需求的满足尚有较大差距。

表4-39　参保缴费者对养老金保障能力的评估

| 对养老金保障能力的评估 | 频数 | 百分比 | 有效百分比 | 累积百分比 |
|---|---|---|---|---|
| 够用 | 62 | 4.5 | 8.7 | 8.7 |
| 不够用 | 411 | 30.0 | 57.6 | 66.2 |
| 不确定 | 241 | 17.6 | 33.8 | 100.0 |
| 合计 | 714 | 52.1 | 100.0 | |

（13）是否会更改缴费标准

参保缴费者的缴费标准直接影响到未来的养老金领取水平，缴费标准越高，个人账户积累的养老金就会越多，参保者将来退休时就可以领取更高的待遇水平。为了城乡居民对于缴费标准的未来选择，问卷设计了"未来几年，您有可能会更改缴费标准么？"这一问题。问卷统计结果显示，在714位被调查对象中，选择"不会"更改缴费标准的有203人，占28.4%；选择"会"更改缴费标准的共计有227人，占31.8%。其中，选择"会"更改缴费标准的被调查对象绝大多数选择会提高缴费标准，以增强未来的养老保障能力，这一比例达到88.5%。另外，还有284位被调查对象持观望态度，仍不确定是否会更改缴费标准。

表4-40　未来几年是否会更改缴费标准

| 是否会更改缴费标准 | 频数 | 百分比 | 有效百分比 | 累积百分比 |
|---|---|---|---|---|
| 会，提高 | 201 | 14.7 | 28.2 | 28.2 |
| 会，降低 | 26 | 1.9 | 3.6 | 31.8 |
| 不会 | 203 | 14.8 | 28.4 | 60.2 |
| 不确定 | 284 | 20.7 | 39.8 | 100.0 |
| 合计 | 714 | 52.1 | 100.0 | |

（14）是否会继续参保

城乡居民基本养老保险制度的指导方针明确提出制度发展按照全覆盖、保基本、有弹性、可持续的方针。其中"全覆盖"意味着制度覆盖面要不断扩展，逐步实现从"制度全覆盖"向"人群全覆盖"发展。制度全覆盖目标的实现在很大程度上取决于城乡居民的参保意愿。为了衡量参保群体的继续参保意愿，问卷设计了"您会继续参保吗？"这一问题。统计结果显示，709位参保者中有662位选择继续参保，比例高达93.4%，说明城乡居民基本养老保险制度的实施得到参保者的高度认可，继续参保意愿强烈；同时有6.6%的被调查对象表示不愿意继续参保，虽然比例不高，但应该引起充分重视，不断对制度进行优化完善，提高城乡居民的制度信任。

表4-41　是否会继续参保

| 是否会继续参保 | 频数 | 百分比 | 有效百分比 | 累积百分比 |
|---|---|---|---|---|
| 会 | 662 | 48.3 | 93.4 | 93.4 |
| 不会 | 47 | 3.4 | 6.6 | 100.0 |
| 合计 | 709 | 51.7 | 100.0 | |

（15）父母是否领取到养老金

为了了解参保者父母的待遇领取情况，问卷设计了"您父母是否领取到社会养老金？"这一问题。统计结果显示，父母已经开始领取的有384人，占54.3%；父母尚未开始领取的有186人，占26.3%。另外，父母已故的有37人，占19.4%。

表4-42　父母是否领取到养老金

| 父母是否领取到养老金 | 频数 | 有效百分比 | 累积百分比 |
|---|---|---|---|
| 已经开始领取 | 384 | 54.3 | 54.3 |
| 尚未开始领取 | 186 | 26.3 | 80.6 |
| 父母已故 | 137 | 19.4 | 100.0 |
| 合计 | 707 | 100 | |

（16）社会养老保险与代际转移支付

为了衡量城乡居民基本养老保险待遇发放与代际转移支付的关系，问卷设计了"如您父母领到社会养老金后，您是否还继续给父母赡养费？"这一问题。统计结果显示，选择"继续给"的有368人，占85.2%；选择"不再给"的有30人，占6.9%；选择"原来就没给过"的有25人，占5.8%；选择"没想过"这个问题的有9人，占2.1%。

表4-43　父母领取到养老金后，子女是否继续给赡养费

| 子女是否继续给赡养费 | 频数 | 百分比 | 有效百分比 | 累积百分比 |
|---|---|---|---|---|
| 继续给 | 368 | 26.8 | 85.2 | 85.2 |
| 不再给 | 30 | 2.2 | 6.9 | 92.1 |
| 原来就没给过 | 25 | 1.8 | 5.8 | 97.9 |
| 没想过 | 9 | 0.7 | 2.1 | 100.0 |
| 合计 | 432 | 31.5 | 100.0 | |

（17）社会养老保险与代际转移支付标准

为了衡量城乡居民基本养老保险待遇发放与代际转移支付标准的关系，问卷设计了"如果继续给赡养费，赡养费将（        ）。"这一问题。统计结果显示，368位被调查对象中，选择赡养费与原来差不多的有335人，占91.0%，说明老年人养老金的领取并没有对代际转移支付产生"替代效应"，绝大多数的被调查对象仍然沿袭之前的转移支付标准。选择赡养费比原来少的有12人，占3.3%；选择赡养费比原来多的有1人，占5.7%。

表4-44    如果继续给赡养费，标准将怎样变化

| 费用变化 | 频数 | 有效百分比 | 累积百分比 |
|---|---|---|---|
| 与原来差不多 | 335 | 91.0 | 91.0 |
| 比原来少 | 12 | 3.3 | 94.3 |
| 比原来多 | 21 | 5.7 | 100.0 |
| 合计 | 368 | 100.0 | |

## 4.2.3    城乡居民的政策认知

为了了解城乡居民对于制度的政策认知，我们从缴费、待遇、政府支持政策、经办服务、制度信任度五个方面设计问卷，考察城乡居民对制度的满意度评估。

（1）缴费方面：缴费档次划分的满意度

为了衡量城乡居民对制度缴费档次划分的满意度，问卷设计了"您对养老保险缴费档次划分的满意度？"这一问题。统计结果显示，在1334位被调查对象中，对制度缴费档次划分"非常满意"的有28人，占2.1%；对制度缴费档次划分"比较满意"的有303人，占22.7%；对制度缴费档次划分"满意"的有699人，占52.4%；三者合计达到77.2%，说明制度缴费档次的划分得到被调查对象较大程度的认可。对制度缴费档次划分"比较不满意"的有275人，占20.6%；对制度缴费档次划分"非常不满意"的有29人，占2.2%。

表4-45　养老保险缴费档次划分的满意度

| 缴费档次划分的满意度 | 频数 | 百分比 | 有效百分比 | 累积百分比 |
|---|---|---|---|---|
| 非常满意 | 28 | 2.0 | 2.1 | 2.1 |
| 比较满意 | 303 | 22.1 | 22.7 | 24.8 |
| 满意 | 699 | 51.0 | 52.4 | 77.2 |
| 比较不满意 | 275 | 20.1 | 20.6 | 97.8 |
| 非常不满意 | 29 | 2.1 | 2.2 | 100.0 |
| 合计 | 1334 | 97.3 | 100.0 | |

（2）缴费方面：缴费方式选择的满意度

为了衡量城乡居民对制度缴费方式选择的满意度，问卷设计了"您对养老保险缴费方式选择的满意度？"这一问题。统计结果显示，在1334位被调查对象中，对制度缴费方式选择持"非常满意"的有32人，占2.4%；对制度缴费方式选择"比较满意"的有289人，占21.7%；对制度缴费方式选择"满意"的有753人，占56.4%；三者合计达到80.5%，说明制度缴费方式的选择得到被调查对象较大程度地认可。对制度缴费方式选择"比较不满意"的有244人，占18.3%；对制度缴费方式选择"非常不满意"的有16人，占1.2%。

表4-46　养老保险缴费方式选择的满意度

| 缴费方式选择的满意度 | 频数 | 百分比 | 有效百分比 | 累积百分比 |
|---|---|---|---|---|
| 非常满意 | 32 | 2.3 | 2.4 | 2.4 |
| 比较满意 | 289 | 21.1 | 21.7 | 24.1 |
| 满意 | 753 | 54.9 | 56.4 | 80.5 |
| 比较不满意 | 244 | 17.8 | 18.3 | 98.8 |
| 非常不满意 | 16 | 1.2 | 1.2 | 100.0 |
| 合计 | 1334 | 97.3 | 100.0 | |

（3）缴费方面：参保条件设置的满意度

为了衡量城乡居民对制度参保条件设置的满意度，问卷设计了"您对养老保险参保条件设置的满意度？"这一问题。统计结果显示，在1334位被调查对象中，对制度参保条件设置"非常满意"的有29人，占2.2%；对制度参保条件设置"比较满意"的有255人，占19.1%；对制度参保条件设置"满意"的有727人，占54.5%；三者合计达到75.8%，说明制度参保条件设置得到被调查对象较大程度地认可。对制度参保条件设置"比较不满意"的有297人，占22.3%；对制度参保条件设置"非常不满意"的有26人，占1.9%。

表4-47　养老保险参保条件设置的满意度

| 参保条件设置的满意度 | 频数 | 百分比 | 有效百分比 | 累积百分比 |
|---|---|---|---|---|
| 非常满意 | 29 | 2.1 | 2.2 | 2.2 |
| 比较满意 | 255 | 18.6 | 19.1 | 21.3 |
| 满意 | 727 | 53.0 | 54.5 | 75.8 |
| 比较不满意 | 297 | 21.7 | 22.3 | 98.1 |
| 非常不满意 | 26 | 1.9 | 1.9 | 100.0 |
| 合计 | 1334 | 97.3 | 100.0 | |

（4）缴费方面：最低缴费年限设置的满意度

为了衡量城乡居民对最低缴费年限设置的满意度，问卷设计了"您对养老保险最低缴费年限设置的满意度？"这一问题。统计结果显示，在1334位被调查对象中，对最低缴费年限设置"非常满意"的有27人，占2.0%；对最低缴费年限设置"比较满意"的有208人，占15.6%；对最低缴费年限设置"满意"的有620人，占46.5%；三者合计达到64.1%，说明被调查对象对最低缴费年限设置认可度不是太高。对最低缴费年限设置"比较不满意"的有428人，占32.1%；对最低缴费年限设置"非常不满意"的有51人，占3.8%。

表4-48　养老保险最低缴费年限设置的满意度

| 最低缴费年限设置的满意度 | 频数 | 百分比 | 有效百分比 | 累积百分比 |
|---|---|---|---|---|
| 非常满意 | 27 | 2.0 | 2.0 | 2.0 |
| 比较满意 | 208 | 15.2 | 15.6 | 17.6 |
| 满意 | 620 | 45.2 | 46.5 | 64.1 |

（续上表）

| 最低缴费年限设置的满意度 | 频数 | 百分比 | 有效百分比 | 累积百分比 |
|---|---|---|---|---|
| 比较不满意 | 428 | 31.2 | 32.1 | 96.2 |
| 非常不满意 | 51 | 3.7 | 3.8 | 100.0 |
| 合计 | 1334 | 97.3 | 100.0 | |

（5）待遇方面：待遇享受年限

为了衡量城乡居民对待遇享受年限的满意度，问卷设计了"您对养老保险待遇享受年限的满意度？"这一问题。统计结果显示，在1334位被调查对象中，对待遇享受年限"非常满意"的有45人，占3.4%；对待遇享受年限"比较满意"的有231人，占17.3%；对待遇享受年限"满意"的有591人，占44.3%；三者合计达到65.0%，说明被调查对象对待遇享受年限认可度不是太高。对待遇享受年限"比较不满意"的有426人，占31.9%；对待遇享受年限"非常不满意"的有41人，占3.1%。

表4-49　养老保险待遇享受年限的满意度

| 待遇享受年限的满意度 | 频数 | 百分比 | 有效百分比 | 累积百分比 |
|---|---|---|---|---|
| 非常满意 | 45 | 3.3 | 3.4 | 3.4 |
| 比较满意 | 231 | 16.8 | 17.3 | 20.7 |
| 满意 | 591 | 43.1 | 44.3 | 65.0 |
| 比较不满意 | 426 | 31.1 | 31.9 | 96.9 |
| 非常不满意 | 41 | 3.0 | 3.1 | 100.0 |
| 合计 | 1334 | 97.3 | 100.0 | |

（6）待遇方面：养老金领取年龄

为了衡量城乡居民对养老金领取年龄的满意度，问卷设计了"您对养老保险养老金领取年龄的满意度？"这一问题。统计结果显示，在1333位被调查对象中，对养老金领取年龄"非常满意"的有31人，占2.3%；对养老金领取年龄"比较满意"的有196人，占14.7%；对养老金领取年龄"满意"的有564人，占

42.3%；三者合计达到59.3%，说明被调查对象对养老金领取年龄认可度不是太高。对养老金领取年龄"比较不满意"的有472人，占35.4%；对养老金领取年龄"非常不满意"的有70人，占5.3%。

表4-50　养老保险养老金领取年龄的满意度

| 养老金领取年龄的满意度 | 频数 | 百分比 | 有效百分比 | 累积百分比 |
|---|---|---|---|---|
| 非常满意 | 31 | 2.3 | 2.3 | 2.3 |
| 比较满意 | 196 | 14.3 | 14.7 | 17.0 |
| 满意 | 564 | 41.1 | 42.3 | 59.3 |
| 比较不满意 | 472 | 34.4 | 35.4 | 94.7 |
| 非常不满意 | 70 | 5.1 | 5.3 | 100.0 |
| 合计 | 1333 | 97.2 | 100.0 | |

（7）待遇方面：基金管理水平

为了衡量城乡居民对基金管理水平的满意度，问卷设计了"您对养老保险基金管理水平的满意度？"这一问题。统计结果显示，在1334位被调查对象中，对基金管理水平"非常满意"的有21人，占1.6%；对基金管理水平"比较满意"的有191人，占14.3%；对基金管理水平"满意"的有698人，占52.3%；三者合计达到68.2%，说明被调查对象对基金管理水平认可度较高。对基金管理水平"比较不满意"的有387人，占29.0%；对基金管理水平"非常不满意"的有37人，占2.8%。

表4-51　养老保险基金管理水平的满意度

| 管理水平的满意度 | 频数 | 百分比 | 有效百分比 | 累积百分比 |
|---|---|---|---|---|
| 非常满意 | 21 | 1.5 | 1.6 | 1.6 |
| 比较满意 | 191 | 13.9 | 14.3 | 15.9 |
| 满意 | 698 | 50.9 | 52.3 | 68.2 |
| 比较不满意 | 387 | 28.2 | 29.0 | 97.2 |
| 非常不满意 | 37 | 2.7 | 2.8 | 100.0 |
| 合计 | 1334 | 97.3 | 100.0 | |

（8）待遇方面：基金保值增值

为了衡量城乡居民对基金保值增值的满意度，问卷设计了"您对养老保险基金保值增值的满意度？"这一问题。统计结果显示，在1333位被调查对象中，对基金保值增值"非常满意"的有20人，占1.5%；对基金保值增值"比较满意"的有177人，占13.3%；对基金保值增值"满意"的有597人，占44.8%；三者合计达到59.6%，说明被调查对象对基金保值增值认可度不是太高。对基金保值增值"比较不满意"的有479人，占35.9%；对基金保值增值"非常不满意"的有60人，占4.5%。

表4-52　对养老保险基金保值增值的满意度

| 对养老保险基金保值增值的满意度 | 频数 | 百分比 | 有效百分比 | 累积百分比 |
|---|---|---|---|---|
| 非常满意 | 20 | 1.5 | 1.5 | 1.5 |
| 比较满意 | 177 | 12.9 | 13.3 | 14.8 |
| 满意 | 597 | 43.5 | 44.8 | 59.6 |
| 比较不满意 | 479 | 34.9 | 35.9 | 95.5 |
| 非常不满意 | 60 | 4.4 | 4.5 | 100.0 |
| 合计 | 1333 | 97.2 | 100.0 | |

（9）待遇方面：待遇调整机制

为了衡量城乡居民对待遇调整机制的满意度，问卷设计了"您对养老保险待遇调整机制的满意度？"这一问题。统计结果显示，在1334位被调查对象中，对待遇调整机制"非常满意"的有25人，占1.9%；对待遇调整机制"比较满意"的有212人，占15.9%；对待遇调整机制"满意"的有598人，占44.8%；三者合计达到62.6%，说明被调查对象对待遇调整机制认可度不是太高。对待遇调整机制"比较不满意"的有468人，占35.1%；对待遇调整机制"非常不满意"的有31人，占2.3%。

表4-53　对养老保险待遇调整机制的满意度

| 对养老保险待遇调整机制的满意度 | 频数 | 百分比 | 有效百分比 | 累积百分比 |
|---|---|---|---|---|
| 非常满意 | 25 | 1.8 | 1.9 | 1.9 |
| 比较满意 | 212 | 15.5 | 15.9 | 17.8 |
| 满意 | 598 | 43.6 | 44.8 | 62.6 |
| 比较不满意 | 468 | 34.1 | 35.1 | 97.7 |
| 非常不满意 | 31 | 2.3 | 2.3 | 100.0 |
| 合计 | 1334 | 97.3 | 100.0 | |

（10）待遇方面：现在养老金数额

为了衡量城乡居民对现在养老金数额的满意度，问卷设计了"您对养老保险现在养老金数额的满意度？"这一问题。统计结果显示，在1310位被调查对象中，对现在养老金数额"非常满意"的有15人，占1.1%；对现在养老金数额"比较满意"的有130人，占9.9%；对现在养老金数额"满意"的有499人，占38.1%；三者合计达到49.2%，说明被调查对象对现在养老金数额认可度较低。对现在养老金数额"比较不满意"的有582人，占44.4%；对现在养老金数额"非常不满意"的有84人，占6.4%。

表4-54　对现在养老金数额的满意度

| 对现在养老金数额的满意度 | 频数 | 百分比 | 有效百分比 | 累积百分比 |
|---|---|---|---|---|
| 非常满意 | 15 | 1.1 | 1.1 | 1.1 |
| 比较满意 | 130 | 9.5 | 9.9 | 11.1 |
| 满意 | 499 | 36.4 | 38.1 | 49.2 |
| 比较不满意 | 582 | 42.5 | 44.4 | 93.6 |
| 非常不满意 | 84 | 6.1 | 6.4 | 100.0 |
| 合计 | 1310 | 95.6 | 100.0 | |

（11）待遇方面：将来领取的养老金数额

为了衡量城乡居民对将来领取的养老金数额的满意度，问卷设计了"您对将来领取的养老金数额的满意度？"这一问题。统计结果显示，在1329位被调查对象中，对将来领取的养老金数额"非常满意"的有17人，占1.3%；对将来领取的养老金数额"比较满意"的有133人，占10.0%；对将来领取的养老金数额"满意"的有531人，占40.0%；三者合计达到51.2%，说明被调查对象对将来领取的养老金数额认可度较低。对将来领取的养老金数额"比较不满意"的有572人，占43.0%；对将来领取的养老金数额"非常不满意"的有76人，占5.7%。

表4-55　对将来领取养老金数额的满意度

| 对将来领取养老金数额的满意度 | 频数 | 百分比 | 有效百分比 | 累积百分比 |
|---|---|---|---|---|
| 非常满意 | 17 | 1.2 | 1.3 | 1.3 |
| 比较满意 | 133 | 9.7 | 10.0 | 11.3 |
| 满意 | 531 | 38.7 | 40.0 | 51.2 |
| 比较不满意 | 572 | 41.7 | 43.0 | 94.3 |
| 非常不满意 | 76 | 5.5 | 5.7 | 100.0 |
| 合计 | 1329 | 96.9 | 100.0 | |

（12）政府支持政策：政府重视程度

为了衡量城乡居民对政府支持政策中政府重视程度的满意度，问卷设计了"您对养老保险政府支持中政府重视程度的满意度？"这一问题。统计结果显示，在1329位被调查对象中，对政府重视程度"非常满意"的有41人，占3.1%；对政府重视程度"比较满意"的有240人，占18.0%；对政府重视程度"满意"的有672人，占50.5%；三者合计达到71.5%，说明被调查对象对政府支持政策中政府重视程度认可度较高。对政府重视程度"比较不满意"的有333人，占25.0%；对政府重视程度"非常不满意"的有46人，占3.5%。

表4-56　对政府重视程度的满意度

| 对政府重视程度的满意度 | 频数 | 百分比 | 有效百分比 | 累积百分比 |
|---|---|---|---|---|
| 非常满意 | 41 | 3.0 | 3.1 | 3.1 |
| 比较满意 | 240 | 17.5 | 18.0 | 21.1 |

（续上表）

| 对政府重视程度的满意度 | 频数 | 百分比 | 有效百分比 | 累积百分比 |
|---|---|---|---|---|
| 满意 | 672 | 49.0 | 50.5 | 71.5 |
| 比较不满意 | 333 | 24.3 | 25.0 | 96.5 |
| 非常不满意 | 46 | 3.4 | 3.5 | 100.0 |
| 合计 | 1332 | 97.2 | 100.0 | |

（13）政府支持政策：政策宣传效果

为了衡量城乡居民对政府支持政策中政策宣传效果的满意度，问卷设计了"您对养老保险政府支持中政策宣传效果的满意度？"这一问题。统计结果显示，在1332位被调查对象中，对政策宣传效果"非常满意"的有26人，占2.0%；对政策宣传效果"比较满意"的有204人，占15.3%；对政策宣传效果"满意"的有624人，占46.8%；三者合计达到64.1%，说明被调查对象对政府支持政策中政策宣传效果认可度较高。对政策宣传效果"比较不满意"的有414人，占31.1%；对政策宣传效果"非常不满意"的有64人，占4.8%。

表4-57　对政策宣传效果的满意度

| 对政策宣传效果的满意度 | 频数 | 百分比 | 有效百分比 | 累积百分比 |
|---|---|---|---|---|
| 非常满意 | 26 | 1.9 | 2.0 | 2.0 |
| 比较满意 | 204 | 14.9 | 15.3 | 17.3 |
| 满意 | 624 | 45.5 | 46.8 | 64.1 |
| 比较不满意 | 414 | 30.2 | 31.1 | 95.2 |
| 非常不满意 | 64 | 4.7 | 4.8 | 100.0 |
| 合计 | 1332 | 97.2 | 100.0 | |

（14）政府支持政策：财政补贴额度

为了衡量城乡居民对政府支持政策中财政补贴额度的满意度，问卷设计了"您对养老保险政府支持中财政补贴额度的满意度？"这一问题。统计结果显示，在1333位被调查对象中，对财政补贴额度"非常满意"的有20人，占1.5%；

对财政补贴额度"比较满意"的有180人，占13.5%；对财政补贴额度"满意"的有573人，占43.0%；三者合计达到58.0%，说明被调查对象对政府支持政策中财政补贴额度认可度较低。对财政补贴额度"比较不满意"的有504人，占37.8%；对财政补贴额度"非常不满意"的有56人，占4.2%。

表4-58　对财政补贴额度的满意度

| 对财政补贴额度的满意度 | 频数 | 百分比 | 有效百分比 | 累积百分比 |
|---|---|---|---|---|
| 非常满意 | 20 | 1.5 | 1.5 | 1.5 |
| 比较满意 | 180 | 13.1 | 13.5 | 15.0 |
| 满意 | 573 | 41.8 | 43.0 | 58.0 |
| 比较不满意 | 504 | 36.8 | 37.8 | 95.8 |
| 非常不满意 | 56 | 4.1 | 4.2 | 100.0 |
| 合计 | 1333 | 97.2 | 100.0 | |

（15）政府支持政策：集体补助额度

为了衡量城乡居民对政府支持政策中集体补助额度的满意度，问卷设计了"您对养老保险政府支持中集体补助额度的满意度？"这一问题。统计结果显示，在1333位被调查对象中，对集体补助额度"非常满意"的有16人，占1.2%；对集体补助额度"比较满意"的有154人，占11.6%；对集体补助额度"满意"的有566人，占42.5%；三者合计达到55.2%，说明被调查对象对政府支持政策中集体补助额度认可度较低。对集体补助额度"比较不满意"的有527人，占39.5%；对集体补助额度"非常不满意"的有70人，占5.3%。

表4-59　对集体补助额度的满意度

| 对集体补助额度的满意度 | 频数 | 百分比 | 有效百分比 | 累积百分比 |
|---|---|---|---|---|
| 非常满意 | 16 | 1.2 | 1.2 | 1.2 |
| 比较满意 | 154 | 11.2 | 11.6 | 12.8 |
| 满意 | 566 | 41.3 | 42.5 | 55.2 |

（续上表）

| 对集体补助额度的满意度 | 频数 | 百分比 | 有效百分比 | 累积百分比 |
|---|---|---|---|---|
| 比较不满意 | 527 | 38.4 | 39.5 | 94.7 |
| 非常不满意 | 70 | 5.1 | 5.3 | 100.0 |
| 合计 | 1333 | 97.2 | 100.0 | |

（16）政府支持政策：多缴多得政策

为了衡量城乡居民对政府支持政策中多缴多得政策的满意度，问卷设计了"您对养老保险政府支持中多缴多得政策的满意度？"这一问题。统计结果显示，在1333位被调查对象中，对多缴多得政策"非常满意"的有48人，占3.6%；对多缴多得政策"比较满意"的有269人，占20.2%；对多缴多得政策"满意"的有709人，占53.2%；三者合计达到77.0%，说明被调查对象对政府支持政策中多缴多得政策认可度较高。对多缴多得政策"比较不满意"的有276人，占20.7%；对多缴多得政策"非常不满意"的有31人，占2.3%。

表4-60　对多缴多得政策的满意度

| 对多缴多得政策的满意度 | 频数 | 百分比 | 有效百分比 | 累积百分比 |
|---|---|---|---|---|
| 非常满意 | 48 | 3.5 | 3.6 | 3.6 |
| 比较满意 | 269 | 19.6 | 20.2 | 23.8 |
| 满意 | 709 | 51.7 | 53.2 | 77.0 |
| 比较不满意 | 276 | 20.1 | 20.7 | 97.7 |
| 非常不满意 | 31 | 2.3 | 2.3 | 100.0 |
| 合计 | 1333 | 97.2 | 100.0 | |

（17）经办服务方面：经办机构信息化建设

为了衡量城乡居民对经办服务方面经办机构信息化建设的满意度，问卷设计了"您对养老保险经办服务方面经办机构信息化建设的满意度？"这一问题。统计结果显示，在1326位被调查对象中，对经办机构信息化建设"非常满意"的有45人，占3.4%；对经办机构信息化建设"比较满意"的有212人，占16.0%；对经办机构信息化建设"满意"的有624人，占47.1%；三者合计达到66.4%，说明被调查对象对经办服务方面经办机构信息化建设认可度较高。对经办机构信息化建设"比较不满意"的有393人，占29.6%；对经办机构信息化建设"非常不满意"的有52人，占3.9%。

表4-61　对经办机构信息化建设的满意度

| 对经办机构信息化建设的满意度 | 频数 | 百分比 | 有效百分比 | 累积百分比 |
| --- | --- | --- | --- | --- |
| 非常满意 | 45 | 3.3 | 3.4 | 3.4 |
| 比较满意 | 212 | 15.5 | 16.0 | 19.4 |
| 满意 | 624 | 45.5 | 47.1 | 66.4 |
| 比较不满意 | 393 | 28.7 | 29.6 | 96.1 |
| 非常不满意 | 52 | 3.8 | 3.9 | 100.0 |
| 合计 | 1326 | 96.7 | 100.0 | |

（18）经办服务方面：经办人员工作态度

为了衡量城乡居民对经办服务方面经办人员工作态度的满意度，问卷设计了"您对养老保险经办服务方面经办人员工作态度的满意度？"这一问题。统计结果显示，在1328位被调查对象中，对经办人员工作态度"非常满意"的有37人，占2.8%；对经办人员工作态度"比较满意"的有219人，占16.5%；对经办人员工作态度"满意"的有634人，占47.7%；三者合计达到67.0%，说明被调查对象对经办服务方面经办人员工作态度认可度较高。对经办人员工作态度"比较不满意"的有381人，占28.7%；对经办人员工作态度"非常不满意"的有57人，占4.3%。

表4-62　对经办人员工作态度的满意度

| 对经办人员工作态度的满意度 | 频数 | 百分比 | 有效百分比 | 累积百分比 |
| --- | --- | --- | --- | --- |
| 非常满意 | 37 | 2.7 | 2.8 | 2.8 |
| 比较满意 | 219 | 16.0 | 16.5 | 19.3 |
| 满意 | 634 | 46.2 | 47.7 | 67.0 |

（续上表）

| 对经办人员工作态度的满意度 | 频数 | 百分比 | 有效百分比 | 累积百分比 |
|---|---|---|---|---|
| 比较不满意 | 381 | 27.8 | 28.7 | 95.7 |
| 非常不满意 | 57 | 4.2 | 4.3 | 100.0 |
| 合计 | 1328 | 96.9 | 100.0 | |

（19）经办服务方面：经办人员工作效率

为了衡量城乡居民对经办服务方面经办人员工作效率的满意度，问卷设计了"您对养老保险经办服务方面经办人员工作效率的满意度？"这一问题。统计结果显示，在1328位被调查对象中，对经办人员工作效率"非常满意"的有34人，占2.6%；对经办人员工作效率"比较满意"的有181人，占13.6%；对经办人员工作效率"满意"的有593人，占44.7%；三者合计达到60.8%，说明被调查对象对经办服务方面经办人员工作效率认可度不太高。对经办人员工作效率"比较不满意"的有455人，占34.3%；对经办人员工作效率"非常不满意"的有65人，占4.9%。

**表4-63　对经办人员工作效率的满意度**

| 对经办人员工作效率的满意度 | 频数 | 百分比 | 有效百分比 | 累积百分比 |
|---|---|---|---|---|
| 非常满意 | 34 | 2.5 | 2.6 | 2.6 |
| 比较满意 | 181 | 13.2 | 13.6 | 16.2 |
| 满意 | 593 | 43.3 | 44.7 | 60.8 |
| 比较不满意 | 455 | 33.2 | 34.3 | 95.1 |
| 非常不满意 | 65 | 4.7 | 4.9 | 100.0 |
| 合计 | 1328 | 96.9 | 100.0 | |

（20）经办服务方面：办事方便程度

为了衡量城乡居民对经办服务方面办事方便程度的满意度，问卷设计了"您对养老保险经办服务方面办事方便程度的满意度？"这一问题。统计结果显示，在1326位被调查对象中，对办事方便程度"非常满意"的有38人，占2.9%；对办事方便程度"比较满意"的有187人，占14.1%；对办事方便程度"满意"的有

581人，占43.8%；三者合计达到60.8%，说明被调查对象对经办服务方面办事方便程度认可度不太高。对办事方便程度"比较不满意"的有441人，占33.3%；对办事方便程度"非常不满意"的有79人，占6.0%。

表4-64　对养老保险办事方便程度的满意度

| 对办事方便程度的满意度 | 频数 | 百分比 | 有效百分比 | 累积百分比 |
|---|---|---|---|---|
| 非常满意 | 38 | 2.8 | 2.9 | 2.9 |
| 比较满意 | 187 | 13.6 | 14.1 | 17.0 |
| 满意 | 581 | 42.4 | 43.8 | 60.8 |
| 比较不满意 | 441 | 32.2 | 33.3 | 94.0 |
| 非常不满意 | 79 | 5.8 | 6.0 | 100.0 |
| 合计 | 1326 | 96.7 | 100.0 | |

（21）制度信任度：是否愿意继续参保

为了衡量城乡居民对养老保险制度的信任度，问卷设计了"您是否愿意继续参保？"这一问题。统计结果显示，在1300位被调查对象中，表示"愿意"继续参保的有862人，占66.3%；表示"不愿意"继续参保的有134人，占10.3%；表示"不太清楚"的有304人，占23.4%。说明被调查对象继续参保意愿较强，制度的运行情况得到被调查对象一定程度的认可。但有接近25%的被调查对象持观望态度，说明制度的建设绩效距离参保对象的主观需求尚有一定差距，今后要继续加快推进制度优化完善，使参保群众切实体会到政策带来的实惠，激发城乡居民的参保积极性，尽快实现由"制度全覆盖"向"人群全覆盖"的转变。

表4-65　是否愿意继续参保

| 是否愿意继续参保 | 频数 | 百分比 | 有效百分比 | 累积百分比 |
|---|---|---|---|---|
| 愿意 | 862 | 62.9 | 66.3 | 66.3 |
| 不愿意 | 134 | 9.8 | 10.3 | 76.6 |
| 说不清楚 | 304 | 22.2 | 23.4 | 100.0 |
| 合计 | 1300 | 94.8 | 100.0 | |

（22）制度信任度：是否愿意政府管理个人账户

为了衡量城乡居民对养老保险制度的信任度，问卷设计了"您是否愿意政府管理个人账户？"这一问题。统计结果显示，在1327位被调查对象中，表示"愿意"政府管理个人账户的有542人，占40.8%；表示"不愿意"政府管理个人账户的有455人，占34.3%；表示"说不清楚"的有330人，占24.9%，说明被调查对象对于政府管理个人账户意愿不是很强。这一结果也从一定程度上说明政府对个人账户的管理方式尚未得到大部分被调查对象的认可。

表4-66　是否愿意政府管理个人账户

| 是否愿意政府管理个人账户 | 频数 | 百分比 | 有效百分比 | 累积百分比 |
|---|---|---|---|---|
| 愿意 | 542 | 39.5 | 40.8 | 40.8 |
| 不愿意 | 455 | 33.2 | 34.3 | 75.1 |
| 说不清楚 | 330 | 24.1 | 24.9 | 100.0 |
| 合计 | 1327 | 96.8 | 100.0 | |

（23）制度信任度：是否相信政策出台是为解决养老需求

为了衡量城乡居民对养老保险制度的信任度，问卷设计了"您是否相信政策出台是为解决养老需求？"这一问题。统计结果显示，在1333位被调查对象中，表示"相信"政策出台是为解决养老需求的有817人，占61.3%；表示"不相信"政策出台是为解决养老需求的有148人，占11.1%；表示"说不清楚"的有368人，占27.6%。统计结果说明大部分被调查对象相信政策出台是为解决居民养老需求，是为了实现"老有所养"和"老有所乐"的政策目标。但仍有超过四分之一的被调查对象表示"说不清楚"，说明加强政策宣传的必要性，通过政策宣传使得城乡居民充分认识到国家政策实施的初衷，充分认识到城乡居民基本养老保险制度对于缓解养老忧虑，实现稳定养老预期所起到的积极作用。

表4-67　是否相信政策出台是为解决养老需求

| 是否相信政策出台是为解决养老需求 | 频数 | 百分比 | 有效百分比 | 累积百分比 |
|---|---|---|---|---|
| 相信 | 817 | 59.6 | 61.3 | 61.3 |
| 不相信 | 148 | 10.8 | 11.1 | 72.4 |
| 说不清楚 | 368 | 26.8 | 27.6 | 100.0 |
| 合计 | 1333 | 97.2 | 100.0 | |

（24）制度信任度：是否相信政策能够继续完善

为了衡量城乡居民对养老保险制度的信任度，问卷设计了"您是否相信政策能够继续完善？"这一问题。统计结果显示，在1335位被调查对象中，表示"相信"政策能够继续完善的有952人，占71.3%；表示"不相信"政策能够继续完善的有78人，占5.8%；表示"说不清楚"的有305人，占22.8%；统计结果说明被调查对象大部分相信政策能够继续完善，通过制度缴费方面、待遇方面的调整不断提高制度的保障水平，通过加强经办人员专业技能培训，不断提高专业和业务素养，通过加快基础设施和信息系统的建设，加快经办机构信息化建设进程。总而言之，通过制度不断地调整，切实发挥制度的养老保障作用。

表4-68　是否相信政策能够继续完善

| 是否相信政策能够继续完善 | 频数 | 百分比 | 有效百分比 | 累积百分比 |
|---|---|---|---|---|
| 相信 | 952 | 69.4 | 71.3 | 71.3 |
| 不相信 | 78 | 5.7 | 5.8 | 77.2 |
| 说不清楚 | 305 | 22.2 | 22.8 | 100.0 |
| 合计 | 1335 | 97.4 | 100.0 | |

（25）制度信任度：是否担心个人账户资金损失

为了衡量城乡居民对养老保险制度的信任度，问卷设计了"您是否担心个人账户资金损失？"这一问题。统计结果显示，在1330位被调查对象中，表示"担心"个人账户资金损失的有584人，占43.9%；表示"不担心"个人账户资金损失的有428人，占32.2%；表示"说不清楚"的有318人，占23.9%；统计结果说明被调查对象对个人账户资金损失较为担心，不担心的比例仅为30%左右。

表4-69　是否担心个人账户资金损失

| 是否担心个人账户资金损失 | 频数 | 百分比 | 有效百分比 | 累积百分比 |
|---|---|---|---|---|
| 担心 | 584 | 42.6 | 43.9 | 43.9 |
| 不担心 | 428 | 31.2 | 32.2 | 76.1 |
| 说不清楚 | 318 | 23.2 | 23.9 | 100.0 |
| 合计 | 1330 | 97.0 | 100.0 | |

（26）制度信任度：对弱势群体优惠政策满意度

为了衡量城乡居民对养老保险制度的信任度，问卷设计了"您对弱势群体优惠政策的满意度？"这一问题。统计结果显示，在1334位被调查对象中，对弱势群体优惠政策"非常满意"的有84人，占6.3%；对弱势群体优惠政策"比较满意"的有387人，占29.0%；对弱势群体优惠政策"满意"的有701人，占52.5%；三者合计达到87.9%，说明被调查对象对弱势群体优惠政策认可度非常高。对弱势群体优惠政策"比较不满意"的有142人，占10.6%；对弱势群体优惠政策"非常不满意"的有20人，占1.5%。

表4-70　对弱势群体优惠政策满意度

| 对弱势群体优惠政策满意度 | 频数 | 百分比 | 有效百分比 | 累积百分比 |
|---|---|---|---|---|
| 非常满意 | 84 | 6.1 | 6.3 | 6.3 |
| 比较满意 | 387 | 28.2 | 29.0 | 35.3 |
| 满意 | 701 | 51.1 | 52.5 | 87.9 |
| 比较不满意 | 142 | 10.4 | 10.6 | 98.5 |
| 非常不满意 | 20 | 1.5 | 1.5 | 100.0 |
| 合计 | 1334 | 97.3 | 100.0 | |

### 4.2.4 城乡居民的制度期望

（1）对养老保险制度的总体期望

为了衡量城乡居民对养老保险制度的期望，问卷设计了"您对养老保险制度的总体期望？"这一问题。统计结果显示，在1332位被调查对象中，对养老保险制度的总体期望"非常高"的有91人，占6.8%；对养老保险制度的总体期望"比较高"的有441人，占33.1%；对养老保险制度的总体期望"一般"的有631人，占47.4%；三者合计达到87.3%，说明被调查对象对养老保险制度的总体期望非常高，将其作为缓解养老担忧，提供养老保障的主要途径。对养老保险制度的总体期望"比较低"的有152人，占11.4%；对养老保险制度的总体期望"非常低"的有17人，占1.3%。

**表4-71 对养老保险制度的总体期望**

| 对养老保险制度的总体期望 | 频数 | 百分比 | 有效百分比 | 累积百分比 |
| --- | --- | --- | --- | --- |
| 非常高 | 91 | 6.6 | 6.8 | 6.8 |
| 比较高 | 441 | 32.2 | 33.1 | 39.9 |
| 一般 | 631 | 46.0 | 47.4 | 87.3 |
| 比较低 | 152 | 11.1 | 11.4 | 98.7 |
| 非常低 | 17 | 1.2 | 1.3 | 100.0 |
| 合计 | 1332 | 97.2 | 100.0 | |

（2）对养老保险制度的可持续期望

为了衡量城乡居民对养老保险制度的期望，问卷设计了"您对养老保险制度的可持续期望？"这一问题。统计结果显示，在1332位被调查对象中，对养老保险制度的可持续期望"非常高"的有84人，占6.3%；对养老保险制度的可持续期望"比较高"的有511人，占38.4%；对养老保险制度的可持续期望"一般"的有575人，占43.2%；三者合计达到87.8%，说明被调查对象对养老保险制度的可持续期望非常高。自2014年新农保和城居保合并为城乡居民基本养老保险制度以来，制度覆盖面不断扩展，基础养老金不断增长，制度保障水平不断提升，城乡居民对制度的未来发展寄予厚望，认为社会养老将逐渐成为提供养老保障的主要途径。对养老保险制度的可持续期望"比较低"的有143人，占10.7%；对养老保险制度的可持续期望"非常低"的有19人，占1.4%。

**表4-72　对养老保险制度的可持续期望**

| 对养老保险制度的可持续期望 | 频数 | 百分比 | 有效百分比 | 累积百分比 |
|---|---|---|---|---|
| 非常高 | 84 | 6.1 | 6.3 | 6.3 |
| 比较高 | 511 | 37.3 | 38.4 | 44.7 |
| 一般 | 575 | 41.9 | 43.2 | 87.8 |
| 比较低 | 143 | 10.4 | 10.7 | 98.6 |
| 非常低 | 19 | 1.4 | 1.4 | 100.0 |
| 合计 | 1332 | 97.2 | 100.0 | |

（3）对养老保险满足养老需求的期望

为了衡量城乡居民对养老保险制度的期望，问卷设计了"您对养老保险满足养老需求的期望？"这一问题。统计结果显示，在1332位被调查对象中，对养老保险满足养老需求的期望"非常高"的有84人，占6.3%；对养老保险满足养老需求的期望"比较高"的有344人，占25.8%；对养老保险满足养老需求的期望"一般"的有635人，占47.7%；三者合计达到79.8%，说明被调查对象对养老保险满足养老需求的期望非常高。家庭养老是中国农村传统的养老方式，随着经济社会的变迁，家庭养老方式受到冲击，保障能力呈现弱化的趋势，为了弥补家庭养老的不足，社会养老应运而生。作为一种社会化的养老方式，社会养老可以在更大的范围内分散养老风险，实现"老有所养"的养老目标。近年来，城乡居民基本养老保险制度发展迅速，保障水平不断提升，城乡居民对制度满足养老需求的期望不断提高。对养老保险满足养老需求的期望"比较低"的有228人，占17.1%；对养老保险满足养老需求的期望"非常低"的有41人，占3.1%。

表4-73　对养老保险满足养老需求的期望

| 对养老保险满足养老需求的期望 | 频数 | 百分比 | 有效百分比 | 累积百分比 |
| --- | --- | --- | --- | --- |
| 非常高 | 84 | 6.1 | 6.3 | 6.3 |
| 比较高 | 344 | 25.1 | 25.8 | 32.1 |
| 一般 | 635 | 46.3 | 47.7 | 79.8 |
| 比较低 | 228 | 16.6 | 17.1 | 96.9 |
| 非常低 | 41 | 3.0 | 3.1 | 100.0 |
| 合计 | 1332 | 97.2 | 100.0 | |

（4）对养老保险政策有抱怨的想法

城乡居民基本养老保险制度自2014年运行以来，制度覆盖面不断扩大，保障水平不断提升，制度发展较为迅速，由于制度运行时间尚短，运行过程中难免出现不太符合参保人意愿的地方，从而使得参保人对制度产生抱怨情绪。了解参保者的抱怨情绪，可以更好地找到制度改进的方向，促进制度不断优化。为了更好地了解城乡居民对制度的抱怨，问卷设计了"您是否对养老保险政策有抱怨想法？"这一问题。调查结果显示，"经常"对养老保险政策有抱怨想法的有95人，占7.2%；"偶尔"对养老保险政策有抱怨想法的有626人，占47.6%；"没有"对养老保险政策有抱怨想法的有593人，占45.1%。总体来看，制度运行顺畅，城乡居民对制度的抱怨程度较低。

表4-74　对养老保险政策有抱怨的想法

| 对养老保险政策有抱怨的想法 | 频数 | 百分比 | 有效百分比 | 累积百分比 |
| --- | --- | --- | --- | --- |
| 经常 | 95 | 6.9 | 7.2 | 7.2 |
| 偶尔 | 626 | 45.7 | 47.6 | 54.9 |
| 没有 | 593 | 43.3 | 45.1 | 100.0 |
| 合计 | 1314 | 95.8 | 100.0 | |

（5）对熟人抱怨政策的频率

为了更好地了解城乡居民对制度的抱怨，问卷设计了"您是否有对熟人抱怨政策的经历？"这一问题。调查结果显示，"经常"对熟人抱怨政策的有90人，占6.9%；"偶尔"对熟人抱怨政策的有524人，占39.9%；"没有"对熟人抱怨政策的有698人，占53.2%。总体来看，制度运行顺畅，城乡居民对熟人抱怨政策的经历较少。但制度运行过程中难免出现不太符合参保人意愿的地方，从而使得参保人"偶尔"会出现对熟人抱怨政策的经历。

表4-75　对熟人抱怨政策的频率

| 对熟人抱怨政策的频率 | 频数 | 百分比 | 有效百分比 | 累积百分比 |
| --- | --- | --- | --- | --- |
| 经常 | 90 | 6.6 | 6.9 | 6.9 |
| 偶尔 | 524 | 38.2 | 39.9 | 46.8 |
| 没有 | 698 | 50.9 | 53.2 | 100.0 |
| 合计 | 1312 | 95.7 | 100.0 | |

（6）对陌生人抱怨政策的频率

为了更好地了解城乡居民对制度的抱怨，问卷设计了"您是否有对陌生人抱怨政策的经历？"这一问题。调查结果显示，"经常"对陌生人抱怨政策的有29人，占2.2%；"偶尔"对陌生人抱怨政策的有208人，占15.8%；"没有"对陌生人抱怨政策的有1077人，占82.0%。总体来看，制度运行顺畅，城乡居民对陌生人抱怨政策的经历较少。鉴于制度运行时间尚短，难免出现不太符合参保人意愿的地方，当出现不满情绪时，城乡居民更多地会选择向熟人倾诉，而非选择陌生人去表达自己的观点和情绪。

表4-76　对陌生人抱怨政策的频率

| 对陌生人抱怨政策的频率 | 频数 | 百分比 | 有效百分比 | 累积百分比 |
| --- | --- | --- | --- | --- |
| 经常 | 29 | 2.1 | 2.2 | 2.2 |
| 偶尔 | 208 | 15.2 | 15.8 | 18.0 |
| 没有 | 1077 | 78.6 | 82.0 | 100.0 |
| 合计 | 1314 | 95.8 | 100.0 | |

（7）向相关部门建议或投诉

为了更好地了解城乡居民对制度的抱怨，问卷设计了"您是否会向相关部门建议或投诉？"这一问题。调查结果显示，"经常"向相关部门建议或投诉的有17人，占1.3%；"偶尔"向相关部门建议或投诉的有112人，占8.5%；"没有"向相关部门建议或投诉的有1185人，占90.2%。总体来看，制度运行顺畅，城乡居民向相关部门建议或投诉的经历较少。当制度运行出现不太符合参保人意愿的时候，城乡居民会出现抱怨情绪，会选择向熟人倾诉，而选择向陌生人去表达自己的观点和情绪较少，选择向相关部门建议或投诉的比例较低。

**表4-77  向相关部门建议或投诉**

| 向相关部门建议或投诉 | 频数 | 百分比 | 有效百分比 | 累积百分比 |
|---|---|---|---|---|
| 经常 | 1.2 | 1.3 | 1.3 | 17 |
| 偶尔 | 8.2 | 8.5 | 9.8 | 112 |
| 没有 | 86.4 | 90.2 | 100.0 | 1185 |
| 合计 | 95.8 | 100.0 |  | 1314 |

（8）对养老保险制度的总体满意度

为了更好地了解城乡居民对养老保险制度的满意度，问卷设计了"您对养老保险制度的总体满意度？"这一问题。调查结果显示，在1309位被调查对象中，对养老保险制度"非常满意"的有25人，占1.9%；对养老保险制度"比较满意"的有262人，占20.0%；对养老保险制度"满意"的有738人，占56.4%；三者合计达到78.3%，说明被调查对象对养老保险制度认可度非常高。对养老保险制度"比较不满意"的有267人，占20.4%；对养老保险制度"非常不满意"的有17人，占1.3%。

**表4-78  对养老保险制度的总体满意度**

| 对养老保险制度的总体满意度 | 频数 | 百分比 | 有效百分比 | 累积百分比 |
|---|---|---|---|---|
| 非常满意 | 25 | 1.8 | 1.9 | 1.9 |
| 比较满意 | 262 | 19.1 | 20.0 | 21.9 |

（续上表）

| 对养老保险制度的总体满意度 | 频数 | 百分比 | 有效百分比 | 累积百分比 |
|---|---|---|---|---|
| 满意 | 738 | 53.8 | 56.4 | 78.3 |
| 比较不满意 | 267 | 19.5 | 20.4 | 98.7 |
| 非常不满意 | 17 | 1.2 | 1.3 | 100.0 |
| 合计 | 1309 | 95.5 | 100.0 | |

（9）养老保险制度现状与预期的比较

为了更好地了解城乡居民对养老保险制度的满意度，问卷设计了"您对养老保险制度现状与预期的比较？"这一问题。调查结果显示，在1308位被调查对象中，通过制度现状与预期的比较，对养老保险制度"非常满意"的有23人，占1.8%；对养老保险制度"比较满意"的有182人，占13.9%；对养老保险制度"满意"的有659人，占50.4%；三者合计达到66.1%，说明通过制度现状与预期的比较，被调查对象对养老保险制度认可度不太高。对养老保险制度"比较不满意"的有404人，占30.9%；对养老保险制度"非常不满意"的有40人，占3.1%。

表4-79　养老保险制度现状与预期的比较

| 制度现状与预期的比较 | 频数 | 百分比 | 有效百分比 | 累积百分比 |
|---|---|---|---|---|
| 非常满意 | 23 | 1.7 | 1.8 | 1.8 |
| 比较满意 | 182 | 13.3 | 13.9 | 15.7 |
| 满意 | 659 | 48.1 | 50.4 | 66.1 |
| 比较不满意 | 404 | 29.5 | 30.9 | 96.9 |
| 非常不满意 | 40 | 2.9 | 3.1 | 100.0 |
| 合计 | 1308 | 95.4 | 100.0 | |

（10）养老保险制度现状与理想的比较

为了更好地了解城乡居民对养老保险制度的满意度，问卷设计了"您对养老保险制度现状与理想的比较？"这一问题。调查结果显示，在1308位被调查对象中，通过制度现状与理想的比较，对养老保险制度"非常满意"的有21人，占

1.6%；对养老保险制度"比较满意"的有164人，占12.5%；对养老保险制度"满意"的有604人，占46.2%；三者合计达到60.3%，说明通过制度现状与理想的比较，被调查对象对养老保险制度认可度不太高。对养老保险制度"比较不满意"的有456人，占34.9%；对养老保险制度"非常不满意"的有63人，占4.8%。

### 表4-80  养老保险制度现状与理想的比较

| 养老保险制度现状与理想的比较 | 频数 | 百分比 | 有效百分比 | 累积百分比 |
| --- | --- | --- | --- | --- |
| 非常满意 | 21 | 1.5 | 1.6 | 1.6 |
| 比较满意 | 164 | 12.0 | 12.5 | 14.1 |
| 满意 | 604 | 44.1 | 46.2 | 60.3 |
| 比较不满意 | 456 | 33.3 | 34.9 | 95.2 |
| 非常不满意 | 63 | 4.6 | 4.8 | 100.0 |
| 合计 | 1308 | 95.4 | 100.0 | |

（11）养老保险制度的公平性

为了衡量城乡居民基本养老保险制度的公平性，问卷设计了"您觉得养老保险制度是否公平？"这一问题。调查结果显示，在1346位被调查对象中，认为养老保险制度"非常公平"的有36人，占2.7%；认为养老保险制度"比较公平"的有462人，占34.3%；认为养老保险制度"一般公平"的有672人，占49.9%；三者合计达到86.9%，说明被调查对象对养老保险制度公平性认可度较高。城乡居民基本养老保险制度作为新农保和"城居保"合并而来的制度，消除了养老保险的城乡差别，实行统一的缴费标准和待遇计发办法，较好地保证了制度实施的公平性。认为养老保险制度"比较不公平"的有140人，占10.4%；认为养老保险制度"非常不公平"的有36人，占2.7%。

### 表4-81  养老保险制度的公平性

| 养老保险制度的公平性 | 频数 | 百分比 | 有效百分比 | 累积百分比 |
| --- | --- | --- | --- | --- |
| 非常公平 | 36 | 2.6 | 2.7 | 2.7 |
| 比较公平 | 462 | 33.7 | 34.3 | 37.0 |

（续上表）

| 养老保险制度的公平性 | 频数 | 百分比 | 有效百分比 | 累积百分比 |
|---|---|---|---|---|
| 一般公平 | 672 | 49.0 | 49.9 | 86.9 |
| 比较不公平 | 140 | 10.2 | 10.4 | 97.3 |
| 非常不公平 | 36 | 2.6 | 2.7 | 100.0 |
| 合计 | 1346 | 98.2 | 100.0 | |

（12）养老保险制度调节收入差距的效果

为了衡量城乡居民基本养老保险制度调节收入差距的效果，问卷设计了"您觉得养老保险制度调节收入差距的效果如何？"这一问题。调查结果显示，在1347位被调查对象中，认为养老保险制度调节收入差距的效果"非常大"的有17人，占1.3%；认为养老保险制度调节收入差距的效果"比较大"的有142人，占10.5%；认为养老保险制度调节收入差距的效果"一般"的有631人，占46.8%；三者合计达到58.6%，说明被调查对象对养老保险制度调节收入差距的效果认可度不高。城乡居民基本养老保险制度作为政府收入再分配的重要手段，通过缴费机制和待遇机制的调整，应该发挥出促进收入再分配，缩小收入差距效果，但目前制度的实施效果距离城乡居民的主观预期差距较大。认为养老保险制度调节收入差距的效果"比较小"的有445人，占33.0%；认为养老保险制度调节收入差距的效果"非常小"的有112人，占8.3%。

表4-82　养老保险制度调节收入差距的效果

| 调节收入差距的效果 | 频数 | 百分比 | 有效百分比 | 累积百分比 |
|---|---|---|---|---|
| 非常大 | 17 | 1.2 | 1.3 | 1.3 |
| 比较大 | 142 | 10.4 | 10.5 | 11.8 |
| 一般 | 631 | 46.0 | 46.8 | 58.6 |
| 比较小 | 445 | 32.5 | 33.0 | 91.7 |
| 非常小 | 112 | 8.2 | 8.3 | 100.0 |
| 合计 | 1347 | 98.2 | 100.0 | |

（13）养老保险制度减轻家庭经济负担的效果

为了衡量城乡居民基本养老保险制度减轻家庭经济负担的效果，问卷设计了"您觉得养老保险制度减轻家庭经济负担的效果如何？"这一问题。调查结果显示，在1347位被调查对象中，认为养老保险制度减轻家庭经济负担的效果"非常大"的有51人，占3.8%；认为养老保险制度减轻家庭经济负担的效果"比较大"的有246人，占18.3%；认为养老保险制度减轻家庭经济负担的效果"一般"的有628人，占46.6%；三者合计达到68.7%，说明被调查对象对养老保险制度减轻家庭经济负担的效果认可度较高。城乡居民基本养老保险制度包括个人账户养老金和基础养老金两部分，其中个人账户养老金由个人参保缴费和政府财政补贴收入组成，基础养老金主要来自于公共财政，稳定的养老金发放机制可以较好地增加家庭收入，减轻家庭经济负担。认为养老保险制度减轻家庭经济负担的效果"比较小"的有336人，占24.9%；认为养老保险制度减轻家庭经济负担的效果"非常小"的有86人，占6.4%。

表4-83　养老保险制度减轻家庭经济负担的效果

| 减轻家庭经济负担的效果 | 频数 | 百分比 | 有效百分比 | 累积百分比 |
|---|---|---|---|---|
| 非常大 | 51 | 3.7 | 3.8 | 3.8 |
| 比较大 | 246 | 17.9 | 18.3 | 22.0 |
| 一般 | 628 | 45.8 | 46.6 | 68.7 |
| 比较小 | 336 | 24.5 | 24.9 | 93.6 |
| 非常小 | 86 | 6.3 | 6.4 | 100.0 |
| 合计 | 1347 | 98.2 | 100.0 | |

## 4.3　小结

城乡居民基本养老保险制度的运行现状调查从宏观和微观两个层面展开。宏观层面采用政策分析方法，从政策文本形式（政策文本体例、结构、颁布时间、制定与颁布机构等）和政策内容规范（政策目标、政策任务、政策措施等）

两方面探讨我国31个省级行政区城乡居民基本养老保险政策的地区差异，并以陕西省、北京市、广东省、广州市为例，进行典型案例剖析，从宏观上把握制度的建设现状。微观层面，通过全国8个省份的田野调查，明晰城乡居民个人基本情况和制度实施基本情况、参保现状、政策认知及制度期望，为制度绩效评估奠定基础。

宏观层面：2014年2月，《关于建立统一的城乡居民基本养老保险制度的意见》由国务院发布后，全国31个省级行政区（不包括香港、澳门和台湾）都颁布了本地区方案。31个省级行政区颁布的地区政策虽有很多相同之处，但也存在一些不同点。通过对31个省（自治区、直辖市）有关城乡居民基本养老保险制度相关政策文本的对比分析，发现各地政策存在较多的相同点。第一，各地政策的任务目标相同。即2020年前，城乡居民基本养老保险制度在全国范围内规范运行，与社会救助、社会福利等制度相配套，与家庭养老等方式相配合，对城乡居民的老年生活发挥有效的保障作用。第二，参保范围一致。即年满16周岁（在校学生除外），非国家机关及事业单位工作人员，非职工基本养老保险覆盖范围的城乡居民，可以在户籍地进行参保。第三，基金筹集多层次。地方政府关于基金筹集都坚持了三方责任共担原则，即以个人缴费、集体补助、政府补贴作为基金筹集的主要来源，充分调动个人、集体和政府三方的积极性。第四，缴费档次有弹性。各地缴费档次的选择都充分考虑地区实际情况，制定了较为灵活的缴费档次。第五，待遇确定及调整方法一致。基础养老金最低标准由中央确定，并根据经济发展和物价变动进行适时调整。地方政府可根据本地实际对基础养老金标准进行提高；对于缴费年限超过最长15年缴费期限的城乡居民，地方政府可以提升基础养老金标准，资金来源于地方政府。第六，待遇领取条件相同。各地地方政府对于待遇领取条件的规定主要考虑15年的缴费年限和60岁的退休年龄，即制度实施时已年满60周岁，不需要缴费即可按月领取基础养老金；年龄超过45周岁的应逐年缴费，缴费年限累计不超过15年，同时允许补缴；年龄不超过45周岁的，缴费年限累计不少于15年，同时应该按年缴纳。第七，转移接续办法一致。城乡居保与职工养老保险、城乡居民低保制度、农村五保供养、优抚安置及农村部分计划生育家庭辅助政策的衔接都有相关政策的规定。第八，管理运营规定一致。各地区都将新农保和城居保基金进行合并管理，统一为城乡居民养老保险基金，并将其纳入财政专户，进行收支两条线管理，不得挤占挪用，虚报冒领。为了增强基金的统筹互济性，各地规定在制度逐步整合的过程中实现省级统筹；为了实现基金的保值增值，应按照国家统一规定对基金进行投资运营。

地方政策在与国务院《意见》保持一致的情况下，也根据本地实际情况进行了调整，因而地区政策之间也存在较大的差异性。第一，政策颁布机构不同。第二，政策颁布时间不同。第三，个人缴费标准不完全一致。第四，政府补贴标准不完全相同。第五，基础养老金标准不一致。第六，丧葬补助政策。完全建立丧葬补助金制度的有14个省（自治区、直辖市），分别是上海、天津、山东、陕西、浙江、重庆、云南、新疆、西藏、甘肃、宁夏、广西、安徽、青海。河北、河南、广东、江苏、内蒙古、贵州、湖南、山西、海南、吉林、四川、辽宁、江西13个省均鼓励建立丧葬补助金，但并未明确具体补助标准。此外、北京、湖北、黑龙江3省（市）的地方政策并未对丧葬补助金制度进行规定。第七，基金管理运营。实现省级统筹的只有上海、天津、海南、湖南、湖北、西藏6省（自治区、直辖市）。江苏、贵州、浙江3省实行市级统筹。广东、江西、福建、山东、甘肃、广西、陕西、黑龙江、宁夏、青海10省（自治区）实行区县统筹。安徽、内蒙古、河北、山西、吉林、四川、辽宁、新疆8省（自治区）的政策并未明确城乡居民基本养老保险基金的统筹层次，只是提到今后的发展目标是逐步过渡到省级统筹。北京、云南、重庆、河南4省（直辖市）并未明确规定城乡居民基本养老保险基金的统筹层次。

试点典型案例分析方面。陕西省城乡居民养老保险的制度特色突出表现为三个层面：一是缴费标准与中央保持一致；二是基础养老金高于中央标准；三是各市县制度执行存在差异。北京市城乡居民养老保险的制度特色表现为四个层面：一是实行固定比例缴费制；二是基础养老金待遇标准高；三是政府财政补贴水平高；四是集体补贴较为普遍。广东省城乡居民养老保险的制度特色表现为四个层面：一是个人缴费标准提高；二是基础养老金水平高于中央标准；三是政府补贴标准较高；四是试点地区丧葬补贴标准较高。广州市城乡居民养老保险的制度特色表现为四个层面：一是在制度变迁进程中，以群体诉求为导向进行政策建构；二是以上位政策为导向，在大的原则框架内进行适度制度创新；三是遵从"福利加法"，注重制度衔接；四是具体的制度设计凸显人性化特征。

　　微观层面：为了更加清晰地了解城乡居民基本养老保险制度的运行现状，我们组织调查员在全国8个省份进行一次大规模的问卷调查。共发放问卷1450份，实际回收1423份，回收率98.14%，剔除无效问卷后，实际回收有效问卷1371份，有效回收率94.6%。本研究采用SPSS21.0软件进行录入，根据统计学相关理论，对数据进行清洗、转化、提取和计算等，最终形成关于调查样本的数据库。

　　基本情况包括个人基本情况和制度实施基本情况。个人基本情况方面，被调查者年龄分布相对均衡；男女性别结构相对均衡，女性占比略高；民族构成中，汉族占比最高，占98.0%；政治面貌中，中共党员占5.5%，共青团员占10.8%；城乡居民的总体受教育程度不高；本科及以上学历占比仅为9.7%；婚姻状况中，有配偶群体占77.3%，无配偶占22.7%。宗教信仰中，无宗教信仰的占85.2%；居住地区中，居住在城区的占24.9%，居住在（集）镇的占23.3%，居住在农村的占51.7%；户口类型中，农业户口占67.8%，非农业户口占31.7%；家庭年收入中，家庭年收入在5万—10万元和10万—20万元的占比最高，分别为35.3%和23.6%；家庭总支出中，家庭总支出在3万—5万元和5万—10万元的占比最高，分别占25.1%和34.5%；2017年一年总储蓄额方面，总储蓄额在1万元以下和1万—3万元的占比最高，分别占35.1%和33.6%。目前家庭总储蓄额方面，家庭总储蓄额在1万元以下和5万—10万元的占比最高，分别占21.7%和20.7%。家庭经济状况评估方面，认为家庭经济状况"很富裕"的占0.9%，认为家庭经济状况"比较富裕"的占15.7%，认为家庭经济状况"大致够用"的占61.3%，认为家庭经济状况"有些困难"的占17.4%。制度实施基本情况方面，城乡居民基本养老保险制度实施以来，制度落实状况较好，得到被调查对象的高度认可。养老金领取周期方面，选择按月领取的占88.4%，说明城乡居民基本养老保险制度的养老金领取周期基本是按月领取。养老金发放情况方面，认为是足额发放的占58.3%，表示不清楚的占39.6%，说明城乡居民对制度的发放情况并不是特别了解，应该继续加大制度的宣传力度，让城乡居保制度这一惠民政策得到居民的充分了解，进而推动制度更加健康有效的发展。养老金领取情况方面，觉得60岁以上的老年居民会存在领取养老金的困难的占27.8%，表示"不知道"的占29.3%，说明城乡居民基本养老保险制度运行过程中，应该充分考虑60岁以上居民的领取困难，采取更加灵活多样的领取方式来供城乡老年居民来选择。城乡居民基本养老保险制度养老金的发放渠道主要是金融机构和社保机构，两者合计达到89.6%。有41.1%的被调查对象不清楚本村或者本社区的城乡居保工作是否有专门工作人员负责，说明城乡居民对制度的运行细节了解不多，今后需要着重加强宣传介绍，尤其是将制度具体业务经办流程等知识向各个行政村和各个社区进行详细的介绍。有52.7%的被调查对象不清楚本村或者本社区是否有指定的人帮助残疾、孤寡或困难老人通知或领取政府发的养老金，凸显制度宣传的不到位。城乡居民对基本养老保险政策的了解程度，选择了解"不充分"的占45.8%，即有接近一半的被调查对象对城乡居民基本养老保险政策了解不充分，充分说明加强制度普及宣传的紧迫性。社会保障的信息化程度，选择当地没有实现社会保障信息化的占54.3%。说明在城乡居民基本养老保险制度的建设进程中，应该尽快推进制度的信息化建设，加快实现县、乡镇（街道）、社区、行政村等基层组织的信息网络覆盖。城乡居民对养老保险账户查询方式的选择中，选择"网上查询"的占20.9%，选择"电话查询"的占16.9%，选择"银行将账户寄到居民手中"的占41.4%，选择"社保所查询"占10.1%，选择其他方式查询的占10.8%。

城乡居民的参保现状方面，参加了城乡居民基本养老保险制度的占63.6%，制度覆盖面有待继续扩大。城乡居民的养老费用来源中，储蓄养老、家庭养老和社会养老是当前城乡居民主要依赖的三种养老方式，是他们养老费用的主要来源。养老担忧问题上，被调查对象对自己的养老问题持"非常担心"态度的有201人，占14.7%；对自己的养老问题持"有点担心"态度的有473人，占34.5%；对自己的养老问题持"一般担心"态度的有343人，占25.0%；三者合计达到了74.2%，说明接近四分之三的被调查对象仍然担忧自己的养老问题。家庭养老地位的社会认知，认为子女养老发挥的作用"非常大"的占18.8%；认为子女养老发挥的作用"比较大"的占38.2%；认为子女养老发挥的作用"一般"的占30.3%，三者合计比例达到87.4%，说明接近90%的被调查对象认可家庭养老发挥的作用，家庭养老的社会认知较高。储蓄养老地位的社会认知，认为自己存钱养老发挥的作用"非常大""比较大""一般"的比例合计达到86.4%，说明自己存钱养老发挥的作用得到被调查对象的普遍认可，储蓄养老的社会认知较高。社会养老地位的社会认知，认为社会养老保险发挥的作用"非常大""比较大""一般"的比例合计达到74.8%，说明社会养老保险发挥的作用得到被调查对象的普遍认可，社会养老保险的社会认知较高。商业养老保险地位的社会认知相对较高，但明显低于家庭养老、社会养老和储蓄养老。城乡居民的身体健康状况总体较好，参保缴费者的缴费档次选择呈现两极分化的趋势，一方面选择较低档次缴费的人群比例较高，例如选择200元以下缴费档次的比例合计达到27.3%；另一方面，选择较高缴费档次的比例较高，例如选择1500元以上缴费档次的比例合计达到45.6%。大部分的参保缴费者对于退休后的待遇水平表示不太清楚，因此在政策的宣传过程中，应加强对待遇计发办法的讲解，使得城乡居民可以清楚个人的待遇水平，进而更加合理地安排自己的老年生活。养老金保障能力评估方面，表明城乡居民基本养老保险制度的养老金保障能力距离公众养老需求的满足尚有较大差距。参保缴费者的缴费标准直接影响到未来的养老金领取水平，缴费标准越高，个人账户积累的养老金就会越多，参保者将来退休时就可以领取更高的待遇水平。选择"会"更改缴费标准的被调查对象绝大多数选择会提高缴费标准，以增强未来的养老保障能力，这一比例达到88.5%。参保者中选择继续参保的比例高达93.4%，说明城乡居民基本养老保险制度的实施得到参保者的高度认可，继续参保意愿强烈。

城乡居民的政策认知方面，缴费档次划分的满意度评估，持"非常满意""比较满意""满意"的比例合计达到77.2%；缴费方式选择的满意度评估，持"非常满意""比较满意""满意"的比例合计达到80.5%；参保条件设置的满意度评估，持"非常满意""比较满意""满意"的比例合计达到75.8%；最低缴费年限设置的满意度评估，持"非常满意""比较满意""满意"的比例合计达到64.1%；待遇享受年限的满意度评估，持"非常满意""比较满意""满意"的比例合计达到65.0%；养老金领取年龄的满意度评估，持"非常满意""比较满意""满意"的比例合计达到59.3%；基金管理水平的满意度评估，持"非常满意""比较满意""满意"的比例合计达到68.2%；基金保值增值的满意度评估，持"非常满意""比较满意""满意"的比例合计达到59.6%；待遇调整机制的满意度评估，持"非常满意""比较满意""满意"的比例合计达到62.6%；现在养老金数额的满意度评估，持"非常满意""比较满意""满意"的比例合计达到49.2%；将来领取的养老金数额的满意度评估，持"非常满意""比较满意""满意"的比例合计达到51.2%；政府重视程度的满意度评估，持"非常满意""比较满意""满意"的比例合计达到71.5%；政策宣传效果的满意度评估，持"非常满意""比较满意""满意"的比例合计达到64.1%。财政补贴额度的满意度评估，持"非常满意""比较满意""满意"的比例合计达到58.0%；集体补助额度的满意度评估，持"非常满意""比较满意""满意"的比例合计达到55.2%；多缴多得政策的满意度评估，持"非常满意""比较满意""满意"的比例合计达到77.0%；经办机构信息化建设的满意度评估，持"非常满意""比较满意""满意"的比例合计达到66.4%；经办人员工作态度的满意度评估，持"非常满意""比较满意""满意"的比例合计达到67.0%；经办人员工作效率的满意度评估，持"非常满意""比较满意""满意"的比例合计达到60.8%；办事方便程度的满意度评估，持"非常满意""比较满意""满意"的比例合计达到60.8%；被调查对象中，表示"愿意"继续参保的占66.3%，说明被调查对象继续参保意愿较强，制度的运行情况得到被调查对象一定程度的认可；表示"愿意"政府管理个人账户的占40.8%；表示"相信"政策出台是为解决养老需求的占61.3%；表示"相信"政策能够继续完善的占71.3%；表示"担心"个人账户资金损失的占43.9%；对弱势群体优惠政策持"非常满意""比较满意""满意"的比例合计达到87.9%，说明被调查对象对弱势群体优惠政策认可度非常高。

城乡居民的制度期望方面，对养老保险制度的总体期望"非常高""比较高""一般"的比例合计达到87.3%；对养老保险制度的可持续期望"非常高""比较高""一般"的比例合计达到87.8%；对养老保险满足养老需求的期望"非常高""比较高""一般"的比例合计达到79.8%。"经常"对养老保险政策有抱怨想法的占7.2%；"偶尔"对养老保险政策有抱怨想法的占47.6%；"没有"对养老保险政策有抱怨想法的占45.1%；"经常"对熟人抱怨政策的占6.9%；"偶尔"对熟人抱怨政策的占39.9%；"没有"对熟人抱怨政策的占53.2%；"经常"对陌生人抱怨政策的占2.2%；"偶尔"对陌生人抱怨政策的占15.8%；"没有"对陌生人抱怨政策的占82.0%；"经常"向相关部门建议或投诉的占1.3%；"偶尔"向相关部门建议或投诉的占8.5%；"没有"向相关部门建议或投诉的占90.2%。对养老保险制度"非常满意"的占1.9%；对养老保险制度"比较满意"的占20.0%；对养老保险制度"满意"的占56.4%；三者比例合计达到78.3%，说明被调查对象对养老保险制度认可度非常高。通过制度现状与预期的比较，对养老保险制度"非常满意""比较满意""满意"的比例合计达到66.1%，说明通过制度现状与预期的比较，被调查对象对养老保险制度认可度不太高。通过制度现状与理想的比较，对养老保险制度"非常满意""比较满意""满意"的比例合计达到60.3%，说明通过制度现状与理想的比较，被调查对象对养老保险制度认可度不太高。城乡居民基本养老保险制度的公平性评估，认为养老保险制度"非常公平""比较公平""一般公平"的比例合计达到86.9%，说明被调查对象对养老保险制度公平性认可度较高。调节收入差距的效果评估，认为养老保险制度调节收入差距的效果"非常大""比较大""一般"的比例合计达到58.6%，说明被调查对象对养老保险制度调节收入差距的效果认可度不高。减轻家庭经济负担的效果评估，认为养老保险制度减轻家庭经济负担的效果"非常大""比较大""一般"的比例合计达到68.7%，说明被调查对象对养老保险制度减轻家庭经济负担的效果认可度较高。

# 5 城乡居民基本养老保险制度的建设绩效评估

## 5.1 政策供给视角下的建设绩效评估

评估一般指的是按照既定的标准对某一现象或者某一方案进行判断的过程。政府绩效评估是西方发达国家行政体制改革过程中逐渐形成和发展起来的，包括政府管理的各个方面，将追求政府效率、公共责任作为核心，对世界各国政府体制改革产生较大的影响。制度的绩效评估从性质上来看属于政府公共项目绩效评估的范畴。分为两类：第一类是"非正式评估"，非正式评估没有客观的评价指标体系，通常是评价人根据掌握的相关资料信息对某一制度的内容和设计进行相关的评估。第二类是学者通过设置一套完善客观的评价体系对制度进行"正式评估"。正式评估指标具体、流程标准。部分学者设置综合性的评估指标。具体而言，对社会政策的评估不仅包括对政策方案的评估，还包括对政策行动和政策效果的评估。本文对城乡居民基本养老保险的建设绩效评估涵盖政策方案、政策行动及政策效果。

### 5.1.1 政策供给视角下绩效评估框架与指标体系

政策评估一般需要设置客观的评价指标体系，指标相对比较具体、流程比较标准。本文从公平性、有效性及可持续性等三个方面构建绩效评估框架，对城乡居民基本养老保险制度进行全面评估。

表5-1　城乡居民基本养老保险制度绩效评估框架与指标体系

| | 一级指标 | 二级指标 |
|---|---|---|
| 绩效评估<br>指标体系 | 公平性评估 | 制度的价值取向 |
| | | 制度覆盖面 |
| | | 制度待遇水平 |
| | 有效性评估 | 制度运行的规范性 |
| | | 缴费档次的选择 |
| | | 养老需求的满足程度 |
| | | 基金保值增值情况 |
| | | 行政运行效率 |
| | 可持续性评估 | 财务的持续性 |
| | | 制度的发展性 |

（1）公平性评估

公平是社会学领域的概念。公即公共，指的是大家；平即平等，指的是一种平等存在。公平理论是美国心理学家斯塔西·亚当斯于1965年提出的。该理论的核心观点是：人的工作积极性受两方面因素影响。一是报酬多少，报酬越多积极性相对越高；二是人们对报酬分配状态的主观评价，如果觉得报酬分配比较公平，积极性就相对较高。人们在工作的过程中，总会与他人进行纵向的比较，衡量自己的劳动付出、劳动报酬等是否公平。人们的工作行为、工作状态以及工作积极性都会受到对比之后产生的公平感的影响。中国人民大学郑功成教授认为社会保障的核心价值理念是"公平、正义、共享"，并将"公平"放在最核心的地位。公平性评估主要涵盖三个方面：制度的价值取向、制度覆盖面、制度待遇水平等。

（2）有效性评价

有效是指能实现预期目的，有效果。如果制度仅仅是公平的，没有效率则是没有意义的。因此在制度建设过程中，在关注公平的同时还要关注制度的运行效率。因此，有效性是评价制度建设绩效的一个重要维度。制度的有效性指的是制度的运行效果和效应是否达到主观的预期。制度有效性的评估主要涵盖五个方面：运行的规范性、缴费档次的选择、养老需求的满足程度、基金保值增值情况、行政运行效率等。

（3）可持续性评价

可持续性指的是可以保持某种状态的稳定性。一项制度的实施运行仅仅达到公平和有效还是不够的，还需要可以长期保持良好运转状态的稳定性。社会保障作为制度化的政策安排，可持续性是评价制度建设绩效的一个重要维度。我国的养老保险制度实行的是社会统筹和个人账户相结合，社会统筹部分现收现付模式，实现的是代际收入的再分配，即年轻一代和年老一代之间的再分配。由于制度平衡周期较长，因此财务平衡问题需要重点考虑，制度的运行不仅需要解决年长一代的养老问题，还要考虑年轻一代参保对象未来的养老问题，因此可持续性就变得尤为重要。制度可持续性的评估主要涵盖两个方面：财务的持续性、制度的发展性（可衔接性）等。

## 5.1.2 政策供给视角下绩效评估的实证研究

### 5.1.2.1 公平性评估

（1）制度价值取向

制度公平性集中体现为公平与普惠的价值理念，使得个个可参保，人人有保障，百姓得实惠。2014年2月，《关于建立统一的城乡居民基本养老保险制度的意见》由国务院颁布，提出制度的参保对象为年满16周岁（不含在校学生）、未参加机关事业单位养老金体系和城镇职工养老保险的城乡居民，可以自愿在户籍所在地参保缴费。参保条件的规定打破了户籍限制，实现了城乡居民的同等参保条件。这一实施办法改变了之前农村居民和城镇居民在养老保险参保方面的城乡分割，向养老保险城乡统筹的前进方向迈出了一大步。可见，城乡居民基本养老保险制度的建制理念是基于公平价值，即"个个能参保、人人有保障、百姓得实惠"。概而言之，为公平与普惠。本项目所做的调研数据分析结果也支持这一结论。调查数据显示，认为城乡居民基本养老保险制度"非常公平""比较公平""一般公平"的被调查对象分别占2.7%、34.3%和49.9%，三者之和达到了86.9%；认为城乡居民基本养老保险制度"不公平""非常不公平"的被调查对象分别占10.4%和2.7%，即有13.1%的被调查者认为该制度设计或执行中存在不公平，甚至非常不公平的情况。可见，超过85%的被调查对象对目前城乡居民基本养老保险制度的公平性持肯定态度，也表明城乡居民基本养老保险制度"个个能参保、人人有保障、百姓得实惠"的建制理念即"公平与普惠"的价值理念得到了较好的体现和执行。

表5-2　您觉得城乡居民基本养老保险制度是否公平

| 是否公平 | 人数 | 比例 | 累积百分比 |
|---|---|---|---|
| 非常公平 | 36 | 2.7 | 2.7 |
| 比较公平 | 462 | 34.3 | 37.0 |
| 一般公平 | 672 | 49.9 | 86.9 |
| 不公平 | 140 | 10.4 | 97.3 |
| 非常不公平 | 36 | 2.7 | 100.0 |
| 合计 | 1346 | 100.0 | |

（2）制度覆盖面

城乡居民基本养老保险制度的覆盖面，我们使用城乡就业人员参保比率来衡量。通过查阅统计年鉴及人力资源与社会保障事业发展统计公报，我们得出2012—2017年的城乡就业人员参保比率。统计数据显示，2012年，城乡居民基本养老保险制度参保人数为48369万人，城乡就业人员数为76704万人，城乡就业人员参保比率为63.06%；2013年参保人数为49750万人，城乡就业人员数为76977万人，城乡就业人员参保比率为64.63%%；2014年参保人数为50170万人，城乡就业人员数为77253万人，城乡就业人员参保比率为64.86%；2015年参保人数为50472万人，城乡就业人员数为77451万人，城乡就业人员参保比率为65.17%；2016年参保人数为50847万人，城乡就业人员数为77603万人，城乡就业人员参保比率为65.52%；2017年参保人数为51255万人，城乡就业人员数为77640万人，城乡就业人员参保比率为66.02%。可以看出，从2012年至2017年，城乡居民基本养老保险制度的参保人数逐年增长，参保比率逐年上升，制度覆盖面不断扩大。

全国8省的实地调查数据与这一结果基本相符。调查结果显示，被调查地区的城乡居民基本养老保险制度的参保率为63.6%。这一结果表明，城乡居民养老保险制度虽然实现了"制度全覆盖"，公平理念在实践中得到了真实反映，但距离"参保全覆盖"即"人群全覆盖"尚有较大差距。近年来，断保现象有增多的趋势，而且年轻群体参保人数呈下降趋势，这将给制度公平带来挑战和压力。

表5-3　2012—2017年的城乡就业人员参保比率

| 年份 | 参保人数（万人） | 城乡就业人员数（万人） | 城乡就业人员参保比率 |
|------|------|------|------|
| 2017 | 51255 | 77640 | 66.02% |
| 2016 | 50847 | 77603 | 65.52% |
| 2015 | 50472 | 77451 | 65.17% |
| 2014 | 50107 | 77253 | 64.86% |
| 2013 | 49750 | 76977 | 64.63% |
| 2012 | 48369 | 76704 | 63.06% |

（3）制度待遇水平

城乡居民基本养老保险的养老金包括两部分：个人账户养老金和基础养老金。个人账户资金来源主要包括三部分：个人参保缴费、集体经济补助和政府财政补贴。个人账户储存额滚存积累，参保者达到领取年龄时的每月领取标准为个人账户储存额除以计发月数。为保证基础养老金的待遇水平，市财政和人保部分根据食品消费价格指数、人均可支配收入以及退休职工养老金增长状况进行调整。为了衡量制度的待遇水平，我们使用养老金替代率和养老金保障率两个指标。其中，年人均养老金支出指的是当年基金支出总额除以当年待遇领取人数，养老金替代率指的是当年城乡居民人均养老金支出占当年城乡居民人均可支配收入的比值，养老金保障率指的是当年城乡居民人均养老金支出占当年城乡居民人均消费支出的比值。通过查阅国家统计局年度数据并经过计算，可以得出2013—2017年城乡居民基本养老保险制度的待遇水平。结果显示，2013年，年人均养老金支出954.5元，养老金替代率为5.21%，养老金保障率为7.22%；2014年，年人均养老金支出1097.6元，养老金替代率为5.44%，养老金保障率为7.57%；2015年，年人均养老金支出1430.4元，养老金替代率为6.51%，养老金保障率为

9.10%；2016年，年人均养老金支出1408.0元，养老金替代率为5.91%，养老金保障率为8.23%；2017年，年人均养老金支出1520.7元，养老金替代率为5.85%，养老金保障率为8.30%。可以看出，从2013年到2017年，年人均养老金支出呈现逐步增加的趋势，但由于城乡居民人均可支配收入和人均消费支出也在逐年增长并且增长速度较快，所以养老金替代率和保障率均呈现先增长后下降的趋势。其中，2015年养老金替代率和养老金保障率双双达到最大值，分别为6.51%和9.10%。

此外，参保对象作为城乡居保制度的直接利益相关者，他们对制度的看法与态度是评价制度公平性、合理性与推进制度改革的一项重要指标。为了了解城乡居民对养老保险待遇水平的满意度，问卷设计了"您对现在养老金数额的满意度"这一问题。调查数据表明，被调查居民对当前城乡居保的制度待遇，持"非常满意""比较满意""满意"的比例分别为1.1%，9.9%和38.1%，总体满意度不高，三项之和仅为49.2%，而持"比较不满意""非常不满意"的比例分别为44.4%和6.4%。可以看出，城乡居民对制度待遇水平的总体期望较高，目前的养老金领取水平距离城乡居民的主观预期存在一定的差距，导致满意度不高。

表5-4  2013—2017年的养老金替代率和养老金保障率

| 年份 | 基金支出（亿元） | 领取待遇人数（万人） | 居民人均可支配收入（元） | 居民人均消费支出（元） | 年人均养老金支出（元） | 养老金替代率 | 养老金保障率 |
|---|---|---|---|---|---|---|---|
| 2017 | 2372 | 15598 | 25974 | 18322 | 1520.7 | 5.85% | 8.30% |
| 2016 | 2150 | 15270 | 23821 | 17111 | 1408.0 | 5.91% | 8.23% |
| 2015 | 2117 | 14800 | 21966 | 15712 | 1430.4 | 6.51% | 9.10% |
| 2014 | 1571 | 14313 | 20167 | 14491 | 1097.6 | 5.44% | 7.57% |
| 2013 | 1348 | 14122 | 18311 | 13220 | 954.5 | 5.21% | 7.22% |

表5-5　养老保险待遇方面的满意度

| 满意度 | 频率 | 有效百分比 | 累积百分比 |
|--------|------|-----------|-----------|
| 非常满意 | 15 | 1.1 | 1.1 |
| 比较满意 | 130 | 9.9 | 11.1 |
| 满意 | 499 | 38.1 | 49.2 |
| 比较不满意 | 582 | 44.4 | 93.6 |
| 非常不满意 | 84 | 6.4 | 100.0 |
| 合计 | 1310 | 100.0 | |

#### 5.1.2.2　有效性评价

（1）制度运行规范度

制度运行的规范性是指制度运行依据是否充分，运行程序是否规范，运行过程是否公开透明，等等。2014年2月7日，国务院总理李克强主持召开国务院常务会议，会议决定合并新农保和城居保，建立全国统一的城乡居民基本养老保险制度。在一定程度上，城乡居保制度获得国务院的批准和颁布，说明城乡居保制度具有一定的规范性和公开性。但是，由于城乡居保制度尚未上升到单独立法、立规的层面，由此可能影响其在保障金的筹集、基金运营以及养老金的发放等方面稳定性的发挥。

（2）缴费档次设置与缴费能力匹配度

为了衡量城乡居民基本养老保险制度缴费档次设置的合理性，我们用个人最高缴费率、个人最低缴费率、个人最大缴费能力三个指标来衡量缴费档次设置与缴费能力的匹配度。个人最高缴费率用最高缴费标准除以当年居民人均可支配收入来表示，个人最低缴费率用最低缴费标准除以当年居民人均可支配收入来表示，个人最大缴费能力用人均可支配收入和人均消费支出的差值除以城乡居民人均可支配收入来表示。2014年，《关于建立统一的城乡居民基本养老保险制度的意见》中关于个人缴费标准的规定，一共设置12个缴费档次，前10个档次从每年100元到每年1000元，每个档次之间递增100元，第11个档次和第12个档次分别为每年1500元和每年2000元，各地政府可以根据当地实际经济发展水平和人民收入水平适当增设缴费档次供参保人员选择，实行多缴多得的激励机制。通过查阅国家统计局年度数据并经过计算，可以得出2013—2017年的个人最高缴费率、个人最低缴费率、个人最大缴费能力。可以看出，2013—2017年，随着城乡居民人均可支配收入的增长，个人最高缴费率逐年下降，从2013年的10.92%下降至2017年的7.70%，个人最低缴费率也呈现逐年下降的趋势，从2013年的0.55%下降至2017年的0.39%。个人最大缴费能力逐年增长，从2013年的27.80%增加到2017年的29.46%。这一结果充分说明城乡居民完全有能力承担制度的缴费水平，基本养老保险制度的缴费档次设置具备可以调整的空间，可以适当增设较高的缴费档次，使城乡居民具有更大的选择自主权，较高缴费档次的选择意味着将来较高的养老金领取水平，充分发挥对老年生活的保障作用。

表5-6　2013—2017年个人最高缴费率、个人最低缴费率、个人最大缴费能力

| 年份 | 居民人均可支配收入（元） | 居民人均消费支出（元） | 最高缴费档次（元） | 最低缴费档次（元） | 个人最高缴费率 | 个人最低缴费率 | 个人最大缴费能力 |
|---|---|---|---|---|---|---|---|
| 2017 | 25974 | 18322 | 2000 | 100 | 7.70% | 0.39% | 29.46% |
| 2016 | 23821 | 17111 | 2000 | 100 | 8.40% | 0.42% | 28.17% |
| 2015 | 21966 | 15712 | 2000 | 100 | 9.10% | 0.46% | 28.47% |
| 2014 | 20167 | 14491 | 2000 | 100 | 9.92% | 0.50% | 28.14% |
| 2013 | 18311 | 13220 | 2000 | 100 | 10.92% | 0.55% | 27.80% |

为了了解城乡居民对缴费档次划分的看法，问卷设计了"您对养老保险缴费档次划分的满意度如何"这一问题。统计结果显示，持"非常满意"态度的有28人，占2.1%，持"比较满意"态度的有303人，占22.7%，持"满意"态度的有699人，占51%，三者合计达到77.2%，说明城乡居民基本养老保险制度的缴费档次划分符合大多数被调查对象的支付能力，满意度较高。持"比较不满意"的有275人，占20.1%，持"非常不满意"的有29人，占2.1%，说明仍有部分被调查对象对缴费档次划分不太满意。部分居民可能由于收入水平太低，负担最低缴费档次仍面临经济支付压力，部分居民可能由于收入水平较高，希望能够增设更高的缴费档次，较高缴费档次的选择可以使得城乡居民可以获得较多的政府补贴和

集体经济补助，从而提高自己的养老保险待遇水平，增强制度的有效性。

表5-7　对养老保险缴费档次划分的满意度

| 对养老保险缴费档次划分的满意度 | 人数 | 比例 | 累积百分比 |
|---|---|---|---|
| 非常满意 | 28 | 2.1 | 2.1 |
| 比较满意 | 303 | 22.7 | 24.8 |
| 一般满意 | 699 | 52.4 | 77.2 |
| 不满意 | 275 | 20.6 | 97.8 |
| 非常不满意 | 29 | 2.2 | 100.0 |
| 合计 | 1334 | 100.0 | |

（3）养老需求满足度

基本养老需求主要是满足城乡居民基本日常养老消费所需的支出，包括衣、食、住的支出，属于生存需求的范畴。本文用城乡居民人均消费支出中的衣着消费支出、食品烟酒消费支出、居住消费支出来衡量是否满足日常养老消费的衣、食、住支出。其中，我们将衣、食支出作为基本养老需求的下限，将衣、食、住支出作为基本养老需求的上限。根据国家统计局的相关数据，我们对城乡居民生存需求的上下限进行测算。统计结果显示，2013年，基本养老需求下限为每月430元，基本养老需求上限为每月679元，当年人均养老金月支出额仅为80元；2014年，基本养老需求下限为每月466元，基本养老需求上限为每月733元，而当年人均养老金月支出额仅为91元；2015年，基本养老需求下限为每月498元，基本养老需求上限为每月783元，而当年人均养老金月支出额仅为119元；2016年，基本养老需求下限为每月530元，基本养老需求上限为每月842元，而当年人均养老金月支出额仅为117元；2017年，基本养老需求下限为每月551元，基本养老需求上限为每月893元，而当年人均养老金月支出额仅为127元。可以看出，自2013年至2017年，城乡居民基本养老保险制度的养老金支出额距离基本养老需求的满足尚有较大差距。值得关注的是，城乡居民基本养老保险制度的平均养老金支出标准明显低于最低生活保障标准。根据国家统计局统计数据显示，2017年，农村低保标准全国最低的是青海省，每月为278元，最高的是上海市，每月为970元；城市低保标准全国最低为新疆维吾尔自治区，每月为408.96元，最高的是上海市，每月为970元。2018年，农村低保标准全国最低的是云南省，每月为304元，最高的是上海市，每月为1070元；城市低保标准全国最低为新疆维吾尔自治区，每月为433.5元，最高的是上海市，每月为1070元。

表5-8　城乡居民基本养老需求测算

| 年份 | 基金支出（亿元） | 领取待遇人数（万人） | 月人均养老金支出（元） | 食品烟酒消费支出（元） | 衣着消费支出（元） | 居住消费支出（元） | 月基本养老需求下限（元） | 月基本养老需求上限（元） |
|---|---|---|---|---|---|---|---|---|
| 2017 | 2372 | 15598 | 127 | 5374 | 1238 | 4107 | 551 | 893 |
| 2016 | 2150 | 15270 | 117 | 5151 | 1203 | 3746 | 530 | 842 |
| 2015 | 2117 | 14800 | 119 | 4814 | 1164 | 3419 | 498 | 783 |
| 2014 | 1571 | 14313 | 91 | 4494 | 1099 | 3201 | 466 | 733 |
| 2013 | 1348 | 14122 | 80 | 4127 | 1027 | 2999 | 430 | 679 |

问卷调研结果也明显支持这一结论。调研问卷设计"根据目前生活水平，您认为能满足您养老需要的最低养老金水平？"这一问题。被调查对象中选择"2000—3000元"的所占比例最高，为25.4%，其次是"1500—2000元"，所占比例为20.4%。"1000—1500元"所占比例为17.0%，"3000—4000元"所占比例为15.4%。认为"4000—6000元"所占比例为4.6%，认为"6000元以上"所占比例为4.0%，而认为1000元以下可以满足养老需求的比例仅为13.1%。2017年，城乡居民基本养老金的平均支出水平仅为每月127元，这一数据距离城乡居民期望的最低养老金水平差距非常大。问卷进一步设置了"您认为您现在领取到的社会养老保险金能保证您的日常生活需要么？"这一问题。统计结果显示，76.1%的被调查对象认为"不能"，说明目前的城乡居民基本养老保险制度的养老金支付水平偏低，很难有效保障基本养老需求。

表5-9　满足养老需要的最低养老金水平

| 最低养老金水平（元） | 频率 | 有效百分比 | 累积百分比 |
|---|---|---|---|
| 低于500 | 25 | 1.8 | 1.8 |
| 500—1000 | 154 | 11.3 | 13.1 |
| 1000—1500 | 233 | 17.0 | 30.1 |
| 1500—2000 | 279 | 20.4 | 50.5 |
| 2000—3000 | 348 | 25.4 | 76.0 |
| 3000—4000 | 211 | 15.4 | 91.4 |
| 4000—6000 | 63 | 4.6 | 96.0 |
| 6000以上 | 55 | 4.0 | 100.0 |
| 合计 | 1368 | 100.0 | |

（4）基金运行平稳度

2014年，《关于建立统一的城乡居民基本养老保险制度的意见》由国务院颁布，城乡居民养老保险基金由新农保基金和城居保基金合并而来，为保证基金的安全性，单独设立财政专户，实行收支两条线管理，任何单位和个人不得从中提取费用，不得挤占挪用基金。按照国家统一规定对基金进行投资运营，实现保值增值。根据国家统计局的相关数据，可以看出，从2012年到2018年，城乡居民基本养老保险制度的参保人数逐年增长，覆盖面不断扩大，从2012年的48369万人增长到2018年的52392万人，参保人数一共增长了4023万人，领取待遇人数从2012年的13382万人增加到2017年的15598万人，增加了2216万人。基金收入逐年增长，从2012年1829亿元增长到2018年的3808.6亿元，7年间增长了1979.6亿元。随着领取待遇人员的增多，基金支出从2012年的1150亿元增长到2018年的2919.5亿元。基金运行平稳程度主要取决于基金累计结余情况，统计数据显示，2012年城乡居民基本养老保险基金累计结余2302亿元，之后逐年增长，截至2018年，基金累计结余达到7207.1亿元，基金运行平稳。由于目前城乡居民基本养老保险基金运营主要是存在银行和购买国债，较低的银行定期利率和收益率很难抵消通货膨胀的影响，因此很难实现基金的保值增值。

表5-10　2012—2018年城乡居民养老保险收支情况

| 年份 | 参保人数（万人） | 领取待遇人数（万人） | 基金收入（亿元） | 个人缴费（亿元） | 基金支出（亿元） | 累计结余（亿元） |
|------|------|------|------|------|------|------|
| 2018 | 52392 | — | 3808.6 | — | 2919.5 | 7207.1 |
| 2017 | 51255 | 15598 | 3304 | 810 | 2372 | 6318 |
| 2016 | 50847 | 15270 | 2933 | 732 | 2150 | 5385 |
| 2015 | 50472 | 14800 | 2855 | 700 | 2117 | 4592 |
| 2014 | 50107 | 14313 | 2310 | 666 | 1571 | 3845 |
| 2013 | 49750 | 14122 | 2052 | — | 1348 | 3006 |
| 2012 | 48369 | 13382 | 1829 | — | 1150 | 2302 |

数据来源：2018年数据来源于2018年人力资源和社会保障统计快报数据。2014—2017年数据来源于2015—2018年人力资源和社会保障事业发展统计公报。2012—2013年数据来源于统计年鉴。

备注：自2012年8月起，新型农村社会养老保险和城镇居民社会养老保险制度全覆盖工作全面启动，合并为城乡居民社会养老保险。

调研问卷设计"您对养老保险基金保值增值的满意度"这一问题。结果显示，被调查对象持"非常满意""比较满意"的比例不高，分别为1.5%和13.3%，持"满意"的比例为44.8%，三者之和为59.6%。持"比较不满意"和"非常不满意"的比例分别为35.9%和4.5%，说明超过40%的被调查对象不认可基金目前的保值增值状态。城乡居民基本养老保险作为实现老有所养的制度安排，基金保值增值能力对实现充分的"老有所养"和"老有所乐"具有重要影响，也就是说，基金保值增值收益率会影响制度待遇。总的来看，当前基金的保值增值状况很难达到城乡居民的养老金期望。

表5-11 对养老保险基金保值增值方面的满意度

| 对养老保险基金保值增值方面的满意度 | 频率 | 有效百分比 | 累积百分比 |
|---|---|---|---|
| 非常满意 | 20 | 1.5 | 1.5 |
| 比较满意 | 177 | 13.3 | 14.8 |
| 满意 | 597 | 44.8 | 59.6 |
| 比较不满意 | 479 | 35.9 | 95.5 |
| 非常不满意 | 60 | 4.5 | 100.0 |
| 合计 | 1333 | 100.0 | |

（5）行政运行满意度

城乡居民基本养老保险制度的有效性在很大程度上取决于制度的行政运行效率，包括经办机构的信息化建设、经办人员的工作态度、经办人员的工作效率、业务办理的方便程度等。《国务院关于建立统一的城乡居民基本养老保险制度的意见》规定，各地区要切实加强经办能力建设，充分整合现有管理资源和服务资源，不断加强基层经办力量。要在整合新农保和城居保信息基础上，建立城乡居民基本养老保险制度信息管理系统，并逐步实现与其他公民信息系统共享资源，同时实现县、乡镇（街道）、社区、行政村等基层组织的信息网络覆盖。要对经办机构工作人员进行必要的专业培训，提高专业素养和服务意识，提升服务水平。地方政府要为城乡居民基本养老保险业务的顺利开展提供工作场地，相关的设备设施以及必要的经费保障。以广州市为例，按照《中共广州市委、广州市人民政府关于简政强区（县级市）事权改革的决定》（穗字〔2011〕8号）、《关于印发广州市推进行政审批"条块结合、四级联动、以区为主、重心下移、集成服务"改革实施方案》（穗办电〔2015〕17号）等文件要求，广州市推进简政放权、放管结合、优化服务改革。在此背景下，2011年广州市人社系统率先实施了"服务下沉，管理上移"的事权调整，将原来由市社保中心经办的业务，按照企业工商注册地分别移交给对应的区、县社保经办机构，实现参保单位的社保服务"属地化"管理。2013年开始各区逐步将社保业务下沉街（镇）公共服务机构。目前，广州市城乡居民基本养老保险的经办业务全部在区级或者街（镇）公共服务机构。现实表明，在广州市"简政强区、事权改革"的工作部署下，城乡居民基本养老保险的经办业务保持了较高的行政运行效率，基本解决了120多万参保居民的各项业务需求。

问卷调查结果显示，公众对于城乡居民基本养老保险制度的行政运行效率总体满意度较高。其中，经办机构信息化建设方面，持"非常满意"的比例为3.4%，持"比较满意"的比例为16.0%，持"满意"的比例为47.1%，三者合计达到66.4%，而持"比较不满意"和"非常不满意"的比例分别为29.6%和3.9%；经办人员工作态度方面，持"非常满意"的比例为2.8%，持"比较满意"的比例为16.5%，持"满意"的比例为47.7%，三者合计达到67.0%，而持"比较不满意"和"非常不满意"的比例分别为28.7%和4.3%；经办人员工作效率方面，持"非常满意"的比例为2.6%，持"比较满意"的比例为13.6%，持"满意"的比例为44.7%，三者合计达到60.8%，而持"比较不满意"和"非常不满意"的比例分别为34.3%和4.9%；办事方便程度方面，持"非常满意"的比例为2.9%，持"比较满意"的比例为14.1%，持"满意"的比例为43.8%，三者合计达到60.8%，而持"比较不满意"和"非常不满意"的比例分别为33.3%和6.0%。这一结果说明政府在充分整合现有相关资源加强经办机构能力建设的成效得到公众普遍的认可，总体满意度超过60%，但距离公众的主观预期尚有一定差距，因此，应该继续加强经办机构信息化建设，通过专业技能培训提高经办人员工作效率，提升服务专业化水平，改善工作态度，并尽可能简化工作流程，提高办事的方便化程度。

表5-12　养老保险经办服务方面满意度

| 评价内容 | 非常满意 | | 比较满意 | | 满意 | | 比较不满意 | | 非常不满意 | |
|---|---|---|---|---|---|---|---|---|---|---|
| | N | % | N | % | N | % | N | % | N | % |
| 经办机构信息化建设 | 45 | 3.4 | 211 | 16.0 | 624 | 47.1 | 393 | 29.6 | 52 | 3.9 |
| 经办人员工作态度 | 37 | 2.8 | 219 | 16.5 | 634 | 47.7 | 381 | 28.7 | 57 | 4.3 |
| 经办人员工作效率 | 34 | 2.6 | 181 | 13.6 | 593 | 44.7 | 455 | 34.3 | 65 | 4.9 |
| 办事方便程度 | 38 | 2.9 | 187 | 14.1 | 581 | 43.8 | 441 | 33.3 | 79 | 6.0 |

### 5.1.2.3 可持续性评价

（1）基金的可持续性

社会保险基金是社会保障制度顺畅发展的关键因素，城乡居民基本养老保险制度的可持续性在很大程度上取决于基金的可持续性。我们从基金收入与基金支出比、基金可支付月数、制度赡养率三个指标来对城乡居民基本养老保险制度的基金可持续进行评估。其中，基金收入与基金支出比使用当年城乡居保基金收入除以当年基金支出来表示，基金可支付月数等于当年基金结余除以下一年基金支出再乘以12，制度赡养率等于当年待遇领取人数除以当年参保人数乘以100%。可以看出，从2012年到2018年，基金收入和基金支出都呈现逐年增加的趋势，其中，基金收入从2012年的1829亿元增加到2018年的3808.6亿元，基金支出从2012年的1150亿元增加到2919.5亿元。但是基金收入与基金支出比呈现逐年下降的趋势。2012年，基金收入与基金支出比为1.59，之后整体呈现下降的趋势，2018年基金收入与基金支出比降为1.30，说明自2012年到2018年，基金收入增长速度低于基金支出增长速度。自2012年到2018年，基金可支付月数逐年增加，从2012年的20个月增加到2017年的26个月。制度赡养率从2012年到2018年呈现逐年增加的趋势，2012年制度赡养率为27.7%，2018年制度赡养率增加到30.4%。总体来看，随着城乡居民基本养老保险制度的发展，制度参保人数和待遇领取人数逐年增加，基金收入和基金支出都呈现逐步增加的趋势，但是基金收入和基金支出比小幅度逐年下降，说明基金支出增长速度快于基金收入增长速度。受到人口老龄化的影响，制度赡养率逐年提升，但并未对基金总体结余产生较大影响，自2012到2018年，基金结余额从2302亿元迅速增加到7207亿元，而且基金可支付月数不断增加，说明目前基金的运行保持了较好的可持续性。

表5-13 养老保险基金的可持续性评估

| 年份 | 参保人数（万人） | 领取待遇人数（万人） | 基金收入（亿元） | 基金支出（亿元） | 累计结余（亿元） | 基金收入与基金支出比 | 基金可支付月数 | 制度赡养率 |
|---|---|---|---|---|---|---|---|---|
| 2018 | 52392 | — | 3808.6 | 2919.5 | 7207.1 | 1.30 | — | — |
| 2017 | 51255 | 15598 | 3304 | 2372 | 6318 | 1.39 | 26 | 30.4% |

（续上表）

| 年份 | 参保人数（万人） | 领取待遇人数（万人） | 基金收入（亿元） | 基金支出（亿元） | 累计结余（亿元） | 基金收入与基金支出比 | 基金可支付月数 | 制度赡养率 |
|------|------|------|------|------|------|------|------|------|
| 2016 | 50847 | 15270 | 2933 | 2150 | 5385 | 1.36 | 27 | 30.0% |
| 2015 | 50472 | 14800 | 2855 | 2117 | 4592 | 1.35 | 26 | 29.3% |
| 2014 | 50107 | 14313 | 2310 | 1571 | 3845 | 1.47 | 22 | 28.6% |
| 2013 | 49750 | 14122 | 2052 | 1348 | 3006 | 1.52 | 23 | 28.4% |
| 2012 | 48369 | 13382 | 1829 | 1150 | 2302 | 1.59 | 20 | 27.7% |

（2）制度的发展性

2014年，《关于建立统一的城乡居民基本养老保险制度的意见》由国务院颁布，对城乡居民基本养老保险制度的转移接续和制度衔接的办法做了原则性规定。一是参保人员在缴费期间发生户籍迁移，需要对城乡居民基本养老保险关系进行跨地区转移的，可以对个人账户全部储存额进行一次性转移并在迁入地按照相关规定继续参保缴费，缴费年限实行迁出地和迁入地的累积计算。二是对已经开始领取城乡居民基本养老保险待遇的人员，如果发生户籍迁移，其养老保险关系不用进行转移。城乡居保和城镇职工养老保险制度的衔接在2014年颁布的《城乡养老保险制度衔接暂行办法》中做了规定。一是城镇职工和城乡居民参保人员，当达到城镇职工的法定退休年龄并且在城镇职工养老保险制度下缴费达到15年，可以从城乡居保转入城镇职保，并享受城镇职工养老保险待遇，如果城镇职工养老保险制度下缴费没有达到15年，需要从城镇职工养老保险制度转入城乡居民基本养老保险制度，并按城乡居保制度相关规定领取养老待遇。二是需要办理城乡居保和城镇职保衔接手续的，先按照城镇职保规定确定待遇领取地，再向待遇领取地归集养老保险关系。如果办理从城乡居保转入城镇职保的，在城镇职保待遇领取地申请办理，如果办理从城镇职保转入城乡居保的，在城乡居保待遇领取地申请办理。三是从城乡居保转入城镇职保时，城乡居保个人账户额并入城镇职保个人账户，缴费年限不合并计算或者进行折算。四是从城镇职保转入城乡居保的，城镇职保个人账户并入城乡居保个人账户，缴费年限合并计算。五是如果同一年度参保人员同时参加城乡居保和城镇职保，只计算城镇职保的缴费时段，城乡居保重复缴费时段的集体补助以及个人缴费部分返还本人。六是城乡居保和城镇职保的相关待遇不得重复领取。如同时领取情况发生，需要终止并解除城乡居保关系并返还已经领取的城乡居保的基础养老金，个人账户余额除政府补贴外返还个人。城乡居保与低保制度、农村五保供养、优抚安置及农村部分计划生育家庭辅助政策的衔接按政府相关规定执行。

综合以上制度描述可以看出，城乡居保制度能够很好地与城镇职工基本养老保险制度相衔接，还能兼顾特殊人群，如农村"五保"、低保制度、优抚安置对象等。这说明，城乡居保制度具有较好的制度延展性或发展性。

### 5.1.3 小结

基于公平性、有效性和可持续性的三维制度评估框架对城乡居民基本养老保险制度进行全面评估，评估发现以下特征：公平性总体较高、有效性总体一般、可持续性总体平稳。具体结论如下：

第一，公平性总体较高，即公平理念得到贯彻，参保比率逐年上升，待遇水平尚需提高。

价值理念方面，城乡居民基本养老保险制度的核心价值理念是公平与普惠，个个能参保，人人有保障，百姓得实惠，这一理念在实践中得到切实的贯彻执行；参保比率方面，制度推行有力，城乡居民基本养老保险制度的参保人数逐年增长，参保比率逐年上升，制度覆盖面不断扩大，但年轻群体参保积极性面临挑战，有待提高；待遇水平方面，城乡居民对制度待遇水平的总体期望较高，目前的养老金领取水平距离城乡居民的主观预期存在一定的差距，今后要注重养老保险待遇水平的提升，逐步实现"老有所养"和"老有所乐"的制度目标。

第二，有效性总体一般，即制度运行规范性高，缴费档次设置基本适合城乡居民缴费能力，待遇水平总体偏低，基金运行相对平稳，但保值增值能力有限，行政运行效率较高，群众满意度高。

制度运行规范度方面，制度运行有国务院颁布的相关文件作为依据，运行程序规范合理，运行过程公开透明，规范性较高；缴费档次设置与缴费能力匹配度方面，城乡居民目前完全有能力承担制度设置的12个缴费档次，基本养老保险制度的缴费档次设置具备可以调整的空间。可以通过增设更多的缴费档次选择使城乡居民具有更大的选择自主权，同时较高缴费档次的选择意味着将来较高的养老金领取水平，充分发挥对老年生活的保障作用。基本养老需求满足度来看，城乡居民基本养老保险制度的平均养老金支出标准明显低于最低生活保障标准，养老金支出额距离基本养老需求的满足尚有较大差距；基金运行平稳度方面，基金收入、基金支出、基金累计结余不断增长，基金运行平稳。由于目前城乡居民基本养老保险基金运营主要是存在银行和购买国债，较低的银行定期利率和收益率很难抵消通货膨胀的影响，因此很难实现基金的保值增值。行政运行满意度方面，通过对现有管理资源和服务资源的整合，对经办机构能力建设的支持，行政运行效率较高，群众满意度较高。

第三，可持续性总体平稳，基金运行比较平稳，财务可靠性较高，与其他相关制度衔接留有接口，制度发展性较强。

基金的可持续性方面，在市本级财政、区级财政和集体补助不断下降的情况下，基金结余额仍然保持相对稳定，基金运行比较平稳，财务可靠性较高；与其他养老保险制度衔接留有接口，制度发展性较强。随着城乡居民基本养老保险制度的发展，制度参保人数和待遇领取人数逐年增加，基金收入和基金支出都呈现逐步增加的趋势，但是基金收入和基金支出比小幅度逐年下降，制度赡养率虽逐年提升，但并未对基金总体结余产生较大影响，基金可支付月数不断增加，说明目前基金的运行保持了较好的可持续性，财务可靠性较高。制度的发展性方面，城乡居保制度能够很好地与城镇职工基本养老保险制度相衔接，还能兼顾特殊人群，如农村五保、低保制度、优抚安置对象等。这说明，城乡居保制度具有较好的制度延展性或发展性。

## 5.2　公众需求视角下的建设绩效评估

### 5.2.1　城乡居民基本养老保险制度的满意度评估

#### 5.2.1.1　数据来源

本研究数据来源于2018年广东、广西、山东、黑龙江、内蒙古、湖南、贵州、四川8省的一线田野调查，调查采用经验分层和非严格随机抽样。本次调查由经过严格挑选培训的本科生和研究生担任调查员，进行入户问卷调查和深入访谈。本次调查共发放问卷1450份，回收有效问卷1371份，有效回收率94.6%。本次调查受到2016年度国家社科基金项目"城乡居民基本养老保险制度的绩效评估与优化路径研究"经费支持。被调查对象的基本情况如表1所示。

**表5-14  调查样本的基本情况**

| 统计指标 | | 频数（个） | 百分比 | 统计指标 | | 频数（个） | 百分比 |
|---|---|---|---|---|---|---|---|
| 性别 | 男 | 596 | 43.5 | 文化程度 | 没上过学 | 89 | 6.5 |
| | 女 | 775 | 56.5 | | 小学 | 288 | 21.0 |
| 年龄 | 18岁以下 | 1 | 0.1 | | 初中 | 483 | 35.2 |
| | 18—30岁 | 259 | 18.9 | | 高中 | 191 | 13.9 |
| | 31—45岁 | 333 | 24.3 | | 中专、职高 | 94 | 6.9 |
| | 46—60岁 | 551 | 40.2 | | 大专 | 93 | 6.8 |
| | 60岁以上 | 226 | 16.5 | | 本科 | 128 | 9.3 |
| 居住地区 | 城区 | 342 | 24.9 | | 研究生 | 5 | 0.4 |
| | （集）镇 | 320 | 23.3 | 婚姻状况 | 已婚 | 1057 | 77.3 |
| | 农村 | 709 | 51.7 | | 非在婚 | 311 | 22.7 |

可以看出，被调查对象中，女性占比略高，为56.5%；年龄结构中，31—45岁和46—60岁两组占比略高，分别为24.3%和40.2%；居住地区中，农村占比略高，为51.7%；文化程度中，初中和高中占比略高，分别为35.2%和13.9%；婚姻状况中，已婚占比较高，为77.3%，非再婚（未婚、离婚、丧偶）占比22.7%。从调查样本的信度和效度结果来看，调查数据具有较好的代表性。

### 5.2.1.2　满意度分析

本研究在政府支持、缴费、待遇和经办服务四个层面上的满意度进行描述性统计分析。首先，从政府支持满意度层面上看，大部分调查对象对政府重视程度、宣传效果、补贴额度、集体补助额度和多缴多得政策均表现满意及以上。其中，调查对象对多缴多得政策政策认可度最高，满意及以上百分比达74.8%；分别有34.9%、40.9%和43.5%的调查对象对政府在宣传效果、财政补贴额度和集体补助额度方面表示不满意。

表5-15　政府支持满意度的描述性统计表

| 评价内容 | 非常满意 | | 比较满意 | | 满意 | | 比较不满意 | | 非常不满意 | |
|---|---|---|---|---|---|---|---|---|---|---|
| | N | % | N | % | N | % | N | % | N | % |
| 政府重视程度 | 41 | 3.0 | 240 | 17.5 | 672 | 49.0 | 333 | 24.3 | 46 | 3.4 |
| 政府宣传效果 | 26 | 1.9 | 204 | 14.9 | 624 | 45.5 | 414 | 30.2 | 64 | 4.7 |
| 财政补贴额度 | 20 | 1.5 | 180 | 13.1 | 573 | 41.8 | 504 | 36.8 | 56 | 4.1 |
| 集体补助额度 | 16 | 1.2 | 154 | 11.2 | 566 | 41.3 | 527 | 38.4 | 70 | 5.1 |
| 多缴多得政策 | 48 | 3.5 | 269 | 19.6 | 709 | 51.7 | 276 | 20.1 | 31 | 2.3 |

其次，从缴费满意度层面上看，调查对象对缴费方式选择和缴费档次的划分认可度最高，满意及以上百分比分别为78.3%和75.1%。但是，调查对象对城乡基本养老保险制度的最低缴费年限设置的规定意见较大，比较不满意和非常不满意百分比共为35.0%。

表5-16　缴费满意度的描述性统计表

| 评价内容 | 非常满意 | | 比较满意 | | 满意 | | 比较不满意 | | 非常不满意 | |
|---|---|---|---|---|---|---|---|---|---|---|
| | N | % | N | % | N | % | N | % | N | % |
| 缴费档次划分 | 28 | 2.0 | 303 | 22.1 | 699 | 51.0 | 275 | 20.1 | 29 | 2.1 |
| 缴费方式选择 | 32 | 2.3 | 289 | 21.1 | 753 | 54.9 | 244 | 17.8 | 16 | 1.2 |
| 参保条件设置 | 29 | 2.1 | 255 | 18.6 | 727 | 53.0 | 297 | 21.7 | 26 | 1.9 |
| 最低缴费年限设置 | 27 | 2.0 | 208 | 15.2 | 620 | 45.2 | 428 | 31.2 | 51 | 3.8 |

再次，从待遇满意度层面的七个方面上看，调查对象满意度最高的是基金管理水平，非常满意、比较满意和满意的总百分比为66.3%，其次是待遇享受年限（63.2%）；满意度最低的是现在养老金的领取数额和将来养老金的领取数额，

不满意（比较不满意和非常不满意）百分比分别为48.6%和47.2%。

表5-17 待遇满意度的描述性统计表

| 评价内容 | 非常满意 | | 比较满意 | | 满意 | | 比较不满意 | | 非常不满意 | |
|---|---|---|---|---|---|---|---|---|---|---|
| | N | % | N | % | N | % | N | % | N | % |
| 待遇享受年限 | 45 | 3.3 | 231 | 16.8 | 591 | 43.1 | 426 | 31.1 | 41 | 3.0 |
| 养老金领取年龄 | 31 | 2.3 | 196 | 14.3 | 564 | 41.1 | 472 | 34.4 | 70 | 5.1 |
| 基金管理水平 | 21 | 1.5 | 191 | 13.9 | 698 | 50.9 | 387 | 28.2 | 37 | 2.7 |
| 基金保值增值 | 20 | 1.5 | 177 | 12.9 | 597 | 43.5 | 479 | 34.9 | 60 | 4.4 |
| 待遇调整机制 | 25 | 1.8 | 212 | 15.5 | 598 | 43.6 | 468 | 34.1 | 31 | 2.3 |
| 现在养老金数额 | 15 | 1.1 | 130 | 9.5 | 499 | 36.4 | 582 | 42.5 | 84 | 6.1 |
| 将来养老金数额 | 17 | 1.2 | 133 | 9.7 | 531 | 38.7 | 572 | 41.7 | 76 | 5.5 |

最后，在经办服务满意度层面上，超过六成调查对象对经办机构信息化建设和经办人员工作态度表现出较高的满意度。而经办人员工作效率和办事方便程度尚有欠缺，接近四成调查对象表示不满意。

表5-18 养老保险经办服务方面满意度的描述性统计表

| 评价内容 | 非常满意 | | 比较满意 | | 满意 | | 比较不满意 | | 非常不满意 | |
|---|---|---|---|---|---|---|---|---|---|---|
| | N | % | N | % | N | % | N | % | N | % |
| 经办机构信息化建设 | 45 | 3.3 | 212 | 15.5 | 624 | 45.5 | 393 | 28.7 | 52 | 3.8 |
| 经办人员工作态度 | 37 | 2.7 | 219 | 16.0 | 634 | 46.2 | 381 | 27.8 | 57 | 4.2 |
| 经办人员工作效率 | 34 | 2.5 | 181 | 13.2 | 593 | 43.3 | 455 | 33.2 | 65 | 4.7 |
| 办事方便程度 | 38 | 2.8 | 187 | 13.6 | 581 | 42.4 | 441 | 32.2 | 79 | 5.8 |

### 5.2.1.3　满意度综合评价

为详细了解各调查对象关于城乡居民基本养老保险制度的总体满意度情况，本研究拟对城乡居民基本养老保险制度的受众满意度运用因子分析法和多元回归法，进行满意度综合评价。

（1）数据信度与效度分析

信度是指问卷的可靠性或者稳定性，对各个变量进行内部一致性的信度检验，本次研究采用的是克朗巴哈α系数检验，各维度克朗巴哈α系数越高，说明量表的内部一致性越高，量表的信度越佳。表5-19为各维度信度检验结果，结果发现，缴费满意度、待遇满意度、政府支持满意度、经办服务满意度的克朗巴哈α系数分别为0.876、0.891、0.883和0.908，各个变量的信度系数均大于0.80，表明问卷的数据具有非常高的可靠性。

**表5-19　各维度信度分析**

| 维度 | 克朗巴哈α系数 | 分析指标数 |
|---|---|---|
| 缴费满意度 | 0.876 | 4 |
| 待遇满意度 | 0.891 | 7 |
| 政府支持满意度 | 0.883 | 5 |
| 经办服务满意度 | 0.908 | 4 |

效度表示问卷测试结果的有效性程度，也就是测量所得到结果是否与研究者所预测结果的吻合程度。文章主要从结构效度出发，来探讨问卷的效度。对上述的20个变量进行探索性因子分析，得出KMO值为0.917，远大于0.7，Bartlett球形检验的卡方为18473.662，显著性概率为0.000<0.01，自由度为190，因此各个观测变量适合做因子分析。

通过最大方差旋转法发现4个结构变量的特征值都大于1，其方差百分比分别是19.794、17.550、16.273和15.783，总计解释力达到69.400，解释了多数方差，即这4个结构变量都可以验证为公因子。并且因子1待遇满意度的因子载荷为0.560—0.784，因子2政府支持满意度的因子载荷为0.694—0.794，因子3经办服务满意度的因子载荷为0.678-0.863，因子4筹资满意度的因子载荷为0.698-0.817，由此，表明问卷的有效度比较好。

### 表5-20  旋转后的因子负载矩阵

| | 公因子 | | | |
|---|---|---|---|---|
| | 1 | 2 | 3 | 4 |
| 待遇满意度（基金保值增值） | 0.784 | | | |
| 待遇满意度（基金管理水平） | 0.741 | | | |
| 待遇满意度（待遇调整机制） | 0.697 | | | |
| 待遇满意度（现在养老金数额） | 0.673 | | | |
| 待遇满意度（将来领取养老金数额） | 0.661 | | | |
| 待遇满意度（养老金领取年龄） | 0.623 | | | |
| 待遇满意度（待遇享受年限） | 0.560 | | | |
| 政府支持满意度（财政补贴额度） | | 0.794 | | |
| 政府支持满意度（集体补贴额度） | | 0.767 | | |
| 政府支持满意度（政策宣传效果） | | 0.731 | | |
| 政府支持满意度（政府重视程度） | | 0.711 | | |
| 政府支持满意度（多缴多得政策） | | 0.694 | | |
| 经办服务满意度（经办人员工作态度） | | | 0.863 | |
| 经办服务满意度（经办人员工作效率） | | | 0.859 | |
| 经办服务满意度（办事方便程度） | | | 0.833 | |
| 经办服务满意度（经办机构信息化建设） | | | 0.678 | |
| 缴费满意度（缴费方式选择） | | | | 0.817 |
| 缴费满意度（缴费档次划分） | | | | 0.811 |
| 缴费满意度（参保条件设置） | | | | 0.796 |
| 缴费满意度（最低缴费年限设置） | | | | 0.698 |

备注：提取方法：主成分。

旋转法：具有Kaiser标准化的正交旋转法。

a．旋转在6次迭代后收敛。

（2）总体满意度评价

总体满意度是对20个方面的综合，本研究并不采用综合尺度法将各项得分相加来求综合得分，而是根据四个公因子在总的解释方差中所在比例权重以及公因子得分计算出满意评价综合因子得分。计算表达公式如下：19.794/69.400*公因子1+17.550/69.400*公因子2+16.273/69.400*公因子3+15.783/69.400*公因子4。

为直观地比较结论，尝试将公因子和综合因子转换为［1，100］的取值再进行简单描述，表14显示待遇满意度因子得分平均值最高，其次是经办服务满意度因子和缴费满意度因子平均值，最低的是政府支持满意度因子得分。综合因子平均值和中位值都是55.1236，标准差比除了经办服务满意度因子外的其他因子都偏高。综合因子得分的离散系数为13.46754/55.1236，这说明数据有一定离散，那究竟是什么因素导致了不稳定呢？表5-22是通过对性别、户籍、年龄、受教育程度、家庭总收入、兄弟姐妹人数、子女个数与综合因子进行单因素方差分析发现，户口、年龄、受教育程度、家庭总收入和兄弟姐妹人数这五个变量在满意度综合因子得分平均值上存在显著差异（$p<0.05$）。

表5-21　4个公因子与综合因子的基本描述统计

| | 中位值 | 均值 | 标准差 |
|---|---|---|---|
| 待遇满意度因子得分百分值 | 62.0478 | 62.0478 | 11.41279 |
| 政府支持满意度因子得分百分值 | 52.7837 | 53.5796 | 12.87056 |
| 经办服务满意度因子得分百分值 | 55.5678 | 56.3715 | 13.63961 |
| 缴费满意度因子得分百分值 | 55.0396 | 54.4702 | 13.17292 |
| 满意度综合因子得分百分值 | 55.1236 | 55.1236 | 13.46754 |

表5-22　满意度综合因子得分均值比较的单因素方差分析

| 变量 | 变量取值 | 平均值 | F检验 | 显著性 |
|---|---|---|---|---|
| 性别 | 男 | 55.0664 | 0.019 | 0.890 |
| | 女 | 55.1677 | | |
| 户籍 | 农业户口 | 55.9421 | 9.984 | 0.002 |

（续上表）

| 变量 | 变量取值 | 平均值 | F检验 | 显著性 |
|---|---|---|---|---|
| 户籍 | 非农业户口 | 53.4721 | | |
| | 其他 | 42.6984 | | |
| 年龄分组 | 45岁以下 | 56.3296 | 11.746 | 0.000 |
| | 45—60岁 | 55.0127 | | |
| | 60岁以上 | 51.1347 | | |
| 受教育程度 | 没上过学 | 52.8546 | 2.889 | 0.005 |
| | 小学 | 53.9953 | | |
| | 初中 | 56.3314 | | |
| | 高中 | 53.8177 | | |
| | 技校、职高、中专 | 58.4170 | | |
| | 大专 | 56.4749 | | |
| | 本科 | 53.5102 | | |
| | 研究生 | 47.9761 | | |
| 家庭总收入 | 1万元以下 | 52.6937 | 2.641 | 0.022 |
| | 1万—3万元 | 54.3741 | | |
| | 3万—5万元 | 51.7278 | | |
| | 5万—10万元 | 54.8322 | | |
| | 10万—20万元 | 52.5455 | | |
| | 20万元以上 | 57.4340 | | |
| 兄弟姐妹人数 | 0人 | 49.5399 | 3.266 | 0.003 |
| | 1人 | 53.1838 | | |
| | 2人 | 55.4959 | | |
| | 3人 | 57.2190 | | |
| | 4人 | 54.3268 | | |

（续上表）

| 变量 | 变量取值 | 平均值 | F检验 | 显著性 |
|---|---|---|---|---|
| 兄弟姐妹人数 | 5人 | 54.9567 | | |
| | 6人及以上 | 55.2507 | | |
| 子女个数 | 0人 | 56.9877 | 1.984 | 0.065 |
| | 1人 | 54.8233 | | |
| | 2人 | 53.5090 | | |
| | 3人 | 55.4923 | | |
| | 4人 | 55.3636 | | |
| | 5人 | 57.0467 | | |
| | 6人及以上 | 55.7050 | | |

注：因变量是满意度综合因子。

表5-23是满意度综合因子得分与各变量之间的两两相关分析，年龄分组与满意度综合因子的相关系数为-0.123，且通过了0.01水平的显著性检验，表示年龄越大对城乡居民养老保险制度满意度的可能性显著偏低；户口类型与满意度综合因子的相关系数为-0.085，表示非农业户口的比农业户口的居民对城乡居民养老保险制度满意度的可能性显著偏低。受教育程度、家庭总收入和兄弟姐妹人数这三个变量与满意度综合因子得分的相关系数则没有通过0.05的显著性水平。

表5-23 满意度综合因子得分与各变量之间的两两相关分析

| 变量 | 满意度综合因子得分 |
|---|---|
| 年龄分组 | -0.123** |
| 户口类型 | -0.085** |
| 受教育程度 | 0.015 |
| 家庭总收入 | 0.048 |
| 兄弟姐妹人数 | 0.037 |

注：皮尔逊相关系数中，*表示P≤0.05；**表示P≤0.01；双侧检验。

（3）数据统计结果分析

从上述简单描述性统计结果可以看出，1371名调查对象对城乡基本养老保险制度基本满意，但是还有相当一部分城乡居民认为该制度在部分方面存在不足。例如，在政府主体发挥作用方面，居民们对政府在宣传效果、财政补贴额度和集体补助额度方面三方面表示不满意；同时，对"最低缴费年限"的规定意见较大；在待遇领取方面，对现在养老金领取的数额和将来养老金领取的数额表示不尽如人意；而在经办方面，满意度比较低的是经办人员的工作效率和办事方便程度。

可以看出，4个公因子得分均值的排序是：待遇满意度＞经办服务满意度＞缴费满意度＞政府支持满意度，其中缴费满意度和政府支持满意度的均值不相上下，待遇满意度和经办满意度相差较大，据此得出以下结论：

一是待遇满意度对整体满意度的影响最大。长期以来，我国传统的养老方式是以家庭为基础，年长一代养育子女，等子女长大以后赡养父母，是一种代际的"抚养—赡养"关系。随着经济社会的变革，传统养老方式受到冲击，社会养老应运而生。社会养老强调传统养老方式衰落的经济和社会因素，强调政府和社会对于保障居民"老有所养"应该承担的责任。社会养老方式的推行在一定程度上减轻了家庭的养老经济负担，养老金的发放为城乡居民提供一定的养老经济保障，得到居民的高度认可。制度实施初期，待遇领取者对制度满意度认可较高，随着制度的推行、物价水平的提高，居民对养老金的主观预期必定越来越高，因此，政府必然需要制定动态的养老金调整机制，以满足居民不断增长的养老需求，才能提高居民对待遇的满意度。

二是经办满意度对整体满意度的影响较大，而且高于政府支持满意度，说明居民对经办机构的办事能力有一定的要求，办事机构办事效率不高、人员态度太差、制度可及性低的话会引起居民的不满，但这种不满并非完全是对整体养老保险制度的不满，也与局部地区、局部机构和局部人员的满意程度相关。

三是缴费满意度对整体满意度的影响较低。随着人口老龄化，养老保险基金的压力逐渐增大，居民担忧未来领取养老保险的条件愈加严格，领取养老保险金的额度减少，无法满足其退休后的生活需求。因此，需要进一步细分人群以及养老金申请和领取的条件，界定各类人群领取保险金的优先性，提高养老保险金的使用效率。

四是政府支持满意度对整体满意度影响最低。从理性经济人角度考虑，城乡居民追求的是稳定的老年生活保障，追求养老质量的最优化。政策宣传、制度设计等政府形象虽没有带来直接的养老收益，但良好的政府形象增加了居民对政府的信任和对养老保险的期待。

### 5.2.2　城乡居民基本养老保险制度的建设绩效评估

本文从制度建设的总体评价、政策认知和实施效果三个层面对城乡居民基本养老保险制度进行绩效评估。

（1）制度的总体评估

为了衡量城乡居民基本养老保险制度的总体评价，问卷设计了"您对城乡居民基本养老保险制度的总体满意度"这一问题。统计结果显示，公众对制度持满意态度的比例为78.3%，说明新农保和城居保合并实施后，制度的实施效果得到了大多数公众的认可。制度的公平性是影响制度满意度的关键因素，为了衡量制度公平性对制度总体满意度的影响，我们做了两者的交互分析（表5-24）。统计结果显示，制度的公平性得到了被调查对象的高度认可，认为制度"非常公平""比较公平"和"一般公平"的比例分别为2.6%、34.6%和49.4%，三者合计达到了86.6%，充分说明新农保和城居保的合并实施，在一定程度上打破了养老保险制度的城乡二元格局，促进了制度结构的逐步整合，其公平性得到了被调查对象的普遍认可。交互分析结果显示，公众对制度的公平性评估直接影响到制度的满意度。认为制度"非常公平"的被调查对象持满意态度的比例为88.2%，认为制度"比较公平"的被调查对象持满意态度的比例高达96.7%。这一结果从侧面印证了新农保和城居保的合并实施，作为打破制度碎片化、去除身份制与地域制的途径，在一定程度上增强了制度的公平性，带来了制度总体满意度的提升。

表5-24　城乡居民基本养老保险制度的总体评估

| | | 制度公平性评估（%） | | | | | 合计（%） |
|---|---|---|---|---|---|---|---|
| | | 非常公平 | 比较公平 | 一般 | 不公平 | 非常不公平 | |
| 制度满意度评估 | 不满意 | 1.4 | 5.3 | 54.2 | 28.9 | 10.2 | 100 |
| | | 11.8 | 3.3 | 23.8 | 59.0 | 80.6 | 21.7 |
| | 满意 | 2.9 | 42.8 | 48.0 | 5.6 | 0.7 | 100 |
| | | 88.2 | 96.7 | 76.2 | 41.0 | 19.4 | 78.3 |
| 合计：N=1308 | | 2.6 | 34.6 | 49.4 | 10.6 | 2.8 | 100 |
| | | 100 | 100 | 100 | 100 | 100 | 100 |

（2）制度的政策认知

我们从缴费层面、待遇层面、政策支持、经办服务四个层面来评估制度的政策认知。缴费层面的评估是公众基于缴费档次划分、缴费方式选择、参保条件设置、最低缴费年限设置等综合因素考量而做出的评估。问卷统计结果显示，被调查对象中对缴费层面持"非常满意""比较满意""一般"的比例分别为1.2%、14.9%和56.6%，合计达到了72.7%。待遇层面的评估是公众基于待遇享受年限、养老金领取年龄、基金管理水平、基金保值增值、待遇调整机制、现在养老金领取数额、将来领取的养老金数额等综合因素考量而做出的判断。问卷统计结果显示，被调查对象中对待遇层面持"非常满意""比较满意""一般"态度的比例分别为0.6%、8.8%和46.2%，三项合计仅为55.6%；而持"不太满意"和"很不满意"态度的比例合计达到了44.3%。政策支持层面的评估是公众基于政府重视程度、政策宣传效果、财政补贴额度、集体补助额度、多缴多得政策等综合因素考量而做出的判断。问卷统计结果显示，被调查对象中对政策支持表示"非常满意""比较满意""一般"的比例分别为0.9%、12.0%和52.6%，三项合计为65.5%。经办服务层面的评估是公众基于经办机构信息化建设、经办人员工作态度、经办人员工作效率、办事方便程度等综合因素考量而做出的判断。问卷统计结果显示，被调查对象中对经办服务表示"非常满意""比较满意""一般"的比例分别为2.3%、11.3%和46.9%，三项合计为60.5%。综合来看，衡量制度政策认知的四个指标中，缴费层面的满意度评估相对较高，政策支持、经办服务的满意度评估相对较低，待遇层面的满意度评估最低。缴费和待遇层面的设计是制度顺畅发展的内在因素，政策支持和经办服务是影响制度发展的外在因素。制度运行状况的平稳取决于四个层面因素的共同作用，因此，通过制度调整优化不断增强公众对这些因素的认可度，可以显著提升制度的建设绩效。

**表5-25　城乡居民基本养老保险制度的政策认知评估**

| | 评估维度 | 评估指标与比例（％） | | | | |
|---|---|---|---|---|---|---|
| 制度政策认知 | 缴费层面 | 非常满意 | 比较满意 | 一般 | 不太满意 | 很不满意 |
| | | 1.2 | 14.9 | 56.6 | 26.0 | 1.3 |
| | 待遇层面 | 非常满意 | 比较满意 | 一般 | 不太满意 | 很不满意 |
| | | 0.6 | 8.8 | 46.2 | 42.2 | 2.1 |
| | 政策支持 | 非常满意 | 比较满意 | 一般 | 不太满意 | 很不满意 |
| | | 0.9 | 12.0 | 52.6 | 31.1 | 3.1 |
| | 经办服务 | 非常满意 | 比较满意 | 一般 | 不太满意 | 很不满意 |
| | | 2.3 | 11.3 | 46.9 | 35.1 | 4.3 |

（3）制度的实施效果

我们从制度信任度、养老担忧度、制度减负作用、制度缩差效果四个层面来评估制度的实施效果。为了考察公众对制度的信任度，问卷设计了"是否愿意继续参保？"这一问题。89.7%的被调查对象表示愿意继续参保，说明城乡居民基本养老保险制度的全面实施使公众在一定程度上感受到了制度带来的积极影响，制度信任度较高。养老担忧度衡量被调查对象对自己老年生活是否有稳定的安全预期，从一个侧面可以反映城乡居民基本养老保险制度在保证老年生活方面所起到的作用。为了考察养老担忧度，问卷设计了"你是否担心自己的养老问题"这一问题。统计结果显示，持"非常担心"和"比较担心"态度的被调查对象比例分别为14.7%和34.5%，而完全不担心的比例仅为6%，说明作为缓解城乡居民养老后顾之忧的制度安排，其实施效果距离公众预期尚有较大差距。为了衡量制度减负作用，问卷设计了"您觉得制度减轻家庭经济负担的效果如何？"这一问题。调查结果显示，认为制度减负作用"非常大""比较大""一般"的比例分别为3.8%、18.3%和46.6%，三者合计达到了68.7%，说明制度减轻家庭经济负担的作用在一定程度上得到公众的认可。为了衡量制度的缩差效果，问卷设计了"您觉得制度调节收入差距的效果如何"这一问题。统计结果显示，认为制度缩差效果"非常大""比较大""一般"的比例分别为1.3%、10.5%和46.8%，三者合计为58.6%，说明尚有超过40%的被调查对象并不认可制度缩小收入差距的效果。综合来看，城乡居民的参保意愿较强，但养老担忧度依然较高，制度的减负作用和缩差效果距离公众预期尚有一定差距。自2014年城乡居民基本养老保险制度试点开始，公众的参保意愿不断增强，制度信任度较高，但并没有从根本上消除城乡居民的养老担忧度。一方面是由于社会养老保险制度的减负作用和缩差效果距离公众预期尚有一定差距；另一方面是由于我国处于快速的社会转型期，传统的家庭保障、土地保障等模式面临较大的社会冲击，其发挥的养老保障作用也日渐式微。因此，缓解城乡居民养老担忧度，真正实现"老有所养、老有所乐"的政策目标，不仅需要社会化养老保险制度的不断健全完善，也需要不断重塑传统的家庭保障及土地保障功能，最终建立起多元化的养老保障体系。

表5-26　城乡居民基本养老保险制度的实施效果评估

| 评估维度 | | 评估指标与比例（%） | | | | |
|---|---|---|---|---|---|---|
| 制度实施效果 | 制度信任度 | 愿意 | | | 不愿意 | |
| | | 89.7 | | | 10.3 | |
| | 养老担忧度 | 非常担心 | 比较担心 | 一般 | 不太担心 | 完全不担心 |
| | | 14.7 | 34.5 | 25.0 | 19.8 | 6.0 |
| | 制度减负作用 | 非常大 | 比较大 | 一般 | 比较小 | 非常小 |
| | | 3.8 | 18.3 | 46.6 | 24.9 | 6.4 |
| | 制度缩差效果 | 非常大 | 比较大 | 一般 | 比较小 | 非常小 |
| | | 1.3 | 10.5 | 46.8 | 33.0 | 8.3 |

### 5.2.3 影响制度总体评价的因素分析

#### 5.2.3.1 模型构建与变量选择

（1）模型构建

因变量是被调查对象对城乡居民基本养老保险制度的满意度评估，问卷设计的是"您对城乡居民基本养老保险制度的总体满意度"，答案为"满意"或"不满意"。其中"满意"表示被调查对象对城乡居民基本养老保险制度持肯定态度，赋值为"1"；"不满意"表示被调查对象对城乡居民基本养老保险制度持否定态度，赋值为"0"。

设城乡居民i对基本养老保险制度持"肯定态度"的概率为p（y=1|X）=pi，1－pi表示持"否定态度"的概率，它们均是由自变量向量X构成的非线性函数：

$$p_i = \frac{1}{1 + e^{(\alpha + \sum\limits_{i=1}^{m}\beta_i x_i)}} = \frac{e^{(\alpha + \sum\limits_{i=1}^{m}\beta_i x_i)}}{1 + e^{(\alpha + \sum\limits_{i=1}^{m}\beta_i x_i)}}, 1 - p_i = 1 - \frac{e^{(\alpha + \sum\limits_{i=1}^{m}\beta_i x_i)}}{1 + e^{(\alpha + \sum\limits_{i=1}^{m}\beta_i x_i)}} = \frac{1}{1 + e^{(\alpha + \sum\limits_{i=1}^{m}\beta_i x_i)}} \quad (1)$$

对上述非线性函数进行适当变换，得到Logistic回归模型的线性表达式：

$$Ln(\frac{p_i}{1 - p_i}) = \alpha + \sum_{i=1}^{m}\beta_i x_i \quad (2)$$

（2）变量选择

自变量从制度实施效果、制度政策认知、个人层面因素、社会层面因素等四个方面进行选择。其中制度实施效果中制度减负作用、制度缩差效果、制度公平性属于有序多分类变量，制度信任度属于二分类虚拟变量；制度政策认知中的缴费层面、待遇层面、政策支持、经办服务属于有序多分类变量；个人层面因素的性别、婚姻状况属于二分类虚拟变量，年龄、文化程度属于有序多分类变量；社会层面因素中的居住地区、收入水平、家庭储蓄属于有序多分类变量，子女数量属于连续变量。本研究采用SPSS21.0软件对自变量进行描述统计，可以看出数据的基本特征。

表5-27 变量设定及统计描述

| 变量类型 | 变量名称 | | 变量赋值 | 最大值 | 最小值 | 均值 | 标准差 |
|---|---|---|---|---|---|---|---|
| 因变量 | 满意度 | | 1=满意；0=不满意 | 1 | 0 | 0.78 | 0.412 |
| 自变量 | 制度实施效果 | 减负作用 | 1=非常大；2=比较大；3=一般；4=比较小；5=非常小 | 5 | 1 | 3.12 | 0.909 |
| | | 缩差效果 | 1=非常大；2=比较大；3=一般；4=比较小；5=非常小 | 5 | 1 | 3.37 | 0.828 |
| | | 制度公平性 | 1=非常公平；2=比较公平；3=一般；4=不公平；5=非常不公平 | 5 | 1 | 2.76 | 0.780 |
| | | 制度信任度 | 信任度（是否愿意继续参保？）1=愿意；2=不愿意 | 2 | 1 | 1.10 | 0.304 |
| | 制度运行状况 | 缴费层面 | 1=非常满意；2=比较满意；3=满意；4=不太满意；5=很不满意 | 5 | 1 | 3.11 | 0.704 |
| | | 待遇层面 | 1=非常满意；2=比较满意；3=满意；4=不太满意；5=很不满意 | 5 | 1 | 3.37 | 0.698 |
| | | 政策支持 | 1=非常满意；2=比较满意；3=满意；4=不太满意；5=很不满意 | 5 | 1 | 3.23 | 0.735 |
| | | 经办服务 | 1=非常满意；2=比较满意；3=满意；4=不太满意；5=很不满意 | 5 | 1 | 3.28 | 0.807 |
| | 个体层面因素 | 性别 | 1=男；2=女 | 2 | 1 | 1.57 | 0.496 |
| | | 年龄 | 0=18岁以下；1=18—30岁；2=31—45岁；3=46—60岁；4=60岁以上 | 4 | 0 | 2.54 | 0.980 |

（续上表）

| 变量类型 | 变量名称 | | 变量赋值 | 最大值 | 最小值 | 均值 | 标准差 |
|---|---|---|---|---|---|---|---|
| 个体层面因素 | 文化程度 | | 1=没上过学；2=小学；3=初中；4=高中；5=中专、职高；6=大专；7=本科；8=研究生 | 8 | 1 | 3.53 | 1.673 |
| 社会层面因素 | 婚姻状况 | | 1=有配偶；0=无配偶 | 1 | 0 | 0.77 | 0.419 |
| | 居住地区 | | 1=城区；2=（集）镇；3=农村 | 3 | 1 | 2.27 | 0.834 |
| | 收入水平 | | 1=2万及以下；2=2万以上至4万；3=4万以上至6万；4=6万以上至10万；5=10万以上 | 5 | 1 | 3.36 | 1.363 |
| | 家庭储蓄 | | 1=1万及以下；2=1万以上至3万；3=3万以上至5万；4=5万以上至10万；5=10万以上 | 5 | 1 | 3.05 | 1.546 |
| | 子女数量 | | 您共有子女几人？ | 9 | 0 | 1.91 | 1.426 |

### 5.2.3.2　模型估计结果

由于模型存在16个自变量，为了避免不同变量之间可能存在的多重共线性，同时为了验证模型估计结果的稳健性，本研究采用逐步回归的方法来验证自变量对制度满意度的影响。模型1分析制度实施效果层面4个因素对公众满意度的影响；模型2分析制度政策认知层面4个因素对公众满意度的影响；模型3分析制度实施效果和制度政策认知层面8个因素对公众满意度的影响；模型4和模型5在模型3的基础上，分别加入个人层面因素和社会层面因素来分析其分别对公众满意度的影响；模型6将制度实施效果、制度政策认知、个人层面因素、社会层面因素同时纳入模型，进一步检验回归结果的稳定性。

从表5-28回归结果来看，6个模型都通过了显著性检验，说明制度实施效果、制度政策认知、个人层面因素及社会层面因素都对城乡居民基本养老保险制度的公众满意度产生不同程度的显著影响。

**表5-28 公众满意度影响因素的Logistic回归分析结果**

| 变量 | | 模型1β Exp(β) | 模型2β Exp(β) | 模型3β Exp(β) | 模型4β Exp(β) | 模型5β Exp(β) | 模型6β Exp(β) |
|---|---|---|---|---|---|---|---|
| 制度实施效果 | 减负作用 | −0.325***(0.722) | | −0.341***(0.711) | −0.351***(0.704) | −0.383***(0.682) | −0.368***(0.692) |
| | 缩差效果 | −0.554***(0.574) | | −0.374***(0.688) | −0.371***(0.690) | −0.582***(0.559) | −0.616***(0.540) |
| | 制度公平性 | −1.384***(0.251) | | −0.990***(0.372) | −0.998***(0.372) | −0.491***(0.612) | −0.572***(0.565) |
| | 制度信任度 | −0.596***(0.551) | | −0.408***(0.665) | −0.427***(0.652) | −0.559***(0.572) | −0.607***(0.545) |
| 制度政策认知 | 缴费层面 | | −1.157***(0.314) | −0.990***(0.372) | −0.978***(0.376) | −1.216***(0.296) | −1.282***(0.277) |
| | 待遇层面 | | −1.099***(0.333) | −0.898***(0.408) | −0.906***(0.404) | −0.966***(0.381) | −0.899***(0.411) |
| | 政策支持 | | −0.956***(0.384) | −0.698***(0.497) | −0.686***(0.503) | −0.298***(0.742) | −0.253***(0.777) |
| | 经办服务 | | −0.638***(0.528) | −0.536***(0.585) | −0.585***(0.557) | −0.723***(0.485) | −0.776***(0.460) |
| 个体层面因素 | 性别 | | | | −0.053(0.949) | | 0.166(1.181) |
| | 年龄 | | | | −0.207(0.813) | | 0.056(1.058) |
| | 文化程度 | | | | −0.106*(0.900) | | −0.100*(0.905) |
| | 婚姻状况 | | | | −0.289*(0.749) | | −0.873**(0.418) |

（续上表）

| 变量 | | 模型1β Exp（β） | 模型2β Exp（β） | 模型3β Exp（β） | 模型4β Exp（β） | 模型5β Exp（β） | 模型6β Exp（β） |
|---|---|---|---|---|---|---|---|
| 社会层面因素 | 居住地区 | | | | | −0.019（0.981） | −0.095（0.909） |
| | 收入水平 | | | | | 0.243**（1.276） | 0.326**（1.385） |
| | 家庭储蓄 | | | | | −0.250（0.779） | −0.296（0.743） |
| | 子女数量 | | | | | −0.114（0.892） | −0.073（0.930） |
| 模型拟合优度 | 常数 | 9.503 | 14.680 | 18.324 | 19.686 | 18.674 | 19.626 |
| | Sig. | 0.000 | 0.000 | 0.000 | 0.000 | 0.000 | 0.000 |
| | −2Log | 985.083 | 878.716 | 761.656 | 753.280 | 334.113 | 327.344 |
| | Chi-square | 368.689 | 456.473 | 559.473 | 565.890 | 194.101 | 200.112 |
| | Cox & Snell R square | 0.248 | 0.301 | 0.358 | 0.362 | 0.286 | 0.295 |

注：***、**、*分别表示在1%、5%和10%统计水平下显著。

### 5.2.4　制度满意度影响因素的理论阐释

（1）制度实施效果对制度满意度的影响

制度减负作用在1%的统计水平上显著负向影响制度的满意度，即被调查对象对制度的减负作用认可度越高，满意度评价越高［Exp（β）=0.692］。统计结果显示，认为制度减负作用"非常大"和"比较大"的被调查对象中，对制度持满意态度的比例分别为85.7%和94.2%，而认为制度减负作用"非常小"的被调查对象持满意态度的比例仅为48.8%，说明提高制度减轻家庭经济负担的作用可以在一定程度上显著提升制度的建设绩效。制度缩差效果在1%的统计水平上显著负向影响制度的满意度，即被调查对象对制度的缩差效果认可度越高，满意度评价越高［Exp（β）=0.540］。统计结果显示，认为制度缩差效果"非常大"和"比较大"的被调查对象中，对制度持满意态度的比例分别为94.1%和94.9%，而认为制度缩差效果"非常小"的被调查对象持满意态度的比例仅为59.0%。因此在城乡居民基本养老保险制度不断完善的过程中，应该注重制度缩小收入差距作用的发挥，较好的提升制度的建设绩效。制度公平性在1%的统计水平上显著负向影响制度的满意度，即被调查对象对制度的公平性认可度越高，满意度评价越高［Exp（β）=0.565］。统计结果显示，认为制度"非常公平"和"比较公平"的被调查对象中，对制度持满意态度的比例分别为88.2%和96.7%，而认为制度"不公平"和"非常不公平"的被调查对象持满意态度的比例仅为41.0%和19.4%。"公平、正义、共享"作为社会保障的核心价值理念，其中公平居首，充分说明我国社会保障制度在不断建设完善的过程中，应该逐步致力于消除制度实施过程中存在的地区差异、城乡差异以及人群差异，较好地实现公平性的建设理念。制度信任度在1%的统计水平上显著负向影响制度的满意度，即被调查对象对制度的信任度越高，满意度评价越高［Exp（β）=0.545］。统计结果显示，表示愿意继续参保的被调查对象中有81.2%对制度持满意态度，而表示不愿意继续参保的被调查对象中这一比例仅为53%。城乡居民愿意继续参保，说明他们在较大程度上认可制度的建设绩效，是制度能够持续稳定健康发展的关键因素。

（2）制度政策认知对制度满意度的影响

制度缴费层面因素在1%的统计水平上显著负向影响制度的满意度，即被调查对象对制度的缴费层面的因素认可度越高，满意度评价越高［Exp（β）=0.277］。统计结果显示，对制度缴费层面因素"非常满意"和"比较满意"的被调查对象中，对制度持满意态度的比例分别为100%和99.0%，而对制度缴费层面因素"很不满意"的被调查对象持满意态度的比例仅为31.3%。说明政府可以通过在缴费档次划分、缴费方式选择、参保条件设置、最低缴费年限设置等方面更加灵活的政策调整来适应城乡居民的实际情况，由此带来公众满意度的提升。制度待遇层面因素在1%的统计水平上显著负向影响制度的满意度，即被调查对象对制度的待遇层面的因素认可度越高，满意度评价越高［Exp（β）=0.411］。统计结果显示，对制度待遇层面因素"非常满意"和"比较满意"的被调查对象中，对制度持满意态度的比例分别为87.5%和98.3%，而对制度待遇层面因素"很不满意"的被调查对象持满意态度的比例仅为24.0%。说明通过灵活的待遇调整机制不断提高养老金的领取水平，继续加强基金的管理水平以实现基金的保值增值可以较好的提升制度的建设绩效。政策支持层面因素在1%的统计水平上显著负向影响制度的满意度，即被调查对象对制度的政策支持层面的因素认可度越高，满意度评价越高［Exp（β）=0.777］。统计结果显示，对制度政策支持层面因素"非常满意"和"比较满意"的被调查对象中，对制度持满意态度的比例分别为100%和97.5%，而对制度政策支持层面因素"很不满意"的被调查对象持满意态度的比例仅为35.9%。说明不断加强制度的政策宣传效果，使城乡居民对制度有较为深刻的认识和了解，并在精算平衡的原则下不断增加财政补贴额度和集体补助额度，增强多缴多得政策的激励效果可以带来制度满意度的提升；经办服务层面因素在1%的统计水平上显著负向影响制度的满意度，即被调查对象对制度的经办服务层面的因素认可度越高，满意度评价越高［Exp（β）=0.460］。统计结果显示，对制度经办服务层面因素"非常满意"和"比较满意"的被调查对象中，对制度持满意态度的比例分别为96.7%和99.3%，而对制度经办服务层面因素"很不满意"的被调查对象持满意态度的比例仅为45.3%。说明应加快经办机构信息化建设、提升经办人员工作态度和工作效率并增加办事方便程度可以显著的提升公众的满意度评估。

（3）个人层面因素和社会层面因素对制度满意度的影响

文化程度在10%的统计水平上显著负向影响制度的满意度，即被调查对象中文化程度越高，他们对制度的满意度评价越低［Exp（β）=0.905］。调查结果显示，没上过学和小学文化程度的被调查对象对制度持满意态度的比例分别为82.7%和77.7%，而中专和大专文化程度的被调查对象中持满意态度的比例则分别为70.3%和75.3%。说明文化程度越高的被调查对象对制度的期望值越高，当现实情况与理想预期出现偏差时，不满情绪更容易出现。婚姻状况在5%的统计水平上显著负向影响制度的满意度，即被调查对象中非在婚群体的满意度高于已婚群体［Exp（β）=0.418］，调查结果也支持这一结论。非在婚的被调查对象中持满意态度的比例为80.7%，而已婚的被调查对象中持满意态度的比例为77.5%。这在很大程度上与一些地区城乡居民基本养老保险制度的"捆绑缴费政策"有关。该政策规定达到领取养老金年龄的老年人，只有当其符合参保条件的所有子女都参保缴费时，他才能领取养老金，这在一定程度上提高了已婚并有子女的老年人领取养老金的政策门槛，可能会降低他们对政策的满意度评估。收入水平在5%的统计水平上显著正向影响制度的满意度，即被调查对象年收入水平越高，对制度的满意度评价越高［Exp（β）=1.385］。统计结果显示，年收入水平在2万元以下的被调查对象中持满意态度的比例为72.5%，而年收入水平在10万元以上的被调查对象中持满意态度的比例为81.6%。城乡居民年收入水平越高，其养老的自我保障能力越强，对政府实施的社会化养老保险制度的依赖度相对较低，在感受到政策实惠的同时更容易肯定制度的建设绩效。

### 5.2.5　研究结论

基于广东、广西、山东、黑龙江、内蒙古、湖南、贵州、四川8省1371份调查数据，实证分析城乡居民基本养老保险制度的建设绩效以及影响因素。研究结论与启示如下：

一是，城乡居民基本养老保险制度的建设绩效得到被调查对象的普遍认可，总体满意度较高。统计结果显示，公众对制度持满意态度的比例为78.3%，说明"新农保"和"城居保"合并实施后，制度的实施效果得到了大多数受众的认可。制度的公平性与制度总体满意度的交互分析结果显示，公众对制度的公平性评估直接影响到制度的满意度。因此，城乡居民基本养老保险制度的建设过程中应该始终坚持"公平"的价值取向，逐步消除我国社会保障制度建设中存在的城乡差异、地区差异和人群差异，从而带来制度建设绩效的提升。

二是，制度实施效果四个层面的公众评估存在差异。首先，制度信任度较高，89.7%的被调查对象表示愿意继续参保。其次，养老担忧度较高，仅有25.8%的被调查对象表示"不太担心"和"完全不担心"。制度减负作用和缩差效果距离公众预期尚存在一定差距，认为制度减负作用"比较小"和"非常小"的比例达到31.7%，而认为制度缩差效果"比较小"和"非常小"的比例更高达41.4%。可以看出，城乡居民基本养老保险制度自2014年试点开始，取得了较大的制度建设绩效，公众的参保意愿较强，制度信任度较高，但并没有从根本上消除城乡居民的养老担忧度。因此，城乡居民养老担忧度的缓解不仅需要社会化养老保险制度的不断健全完善，同时也需要不断重塑传统的家庭保障及土地保障功能，最终建立起多元化的养老保障体系，真正实现"老有所养、老有所乐"的政策目标。

三是，制度政策认知四个层面的公众评估存在差异。首先，缴费层面的满意度评估相对较高，说明城乡居民基本养老保险制度在缴费档次划分、缴费方式选择、参保条件设置、最低缴费年限设置等方面做出的政策调整更加适应城乡居民的实际情况，得到公众的普遍认可。其次，政策支持、经办服务的满意度评估相对较低，说明政策支持层面的政府重视程度、政策宣传效果仍然有待继续加强，公众对财政补贴额度和集体补助额度仍有抱有较大预期，多缴多得政策的激励效果有待继续加强；经办服务层面的经办机构信息化建设、经办人员工作态度、经办人员工作效率、办事方便程度等没有得到公众较大程度上的认可，说明各省在快速推进服务型政府建设的进程中，城乡居民基本养老保险制度的经办服务质量有待继续加强。最后，待遇层面的满意度评估最低，说明目前城乡居民基本养老保险制度仍然缺乏较为灵活的待遇调整机制，养老金领取水平仍距离公众预期差距较大，基金的管理水平有待继续加强以实现基金的保值增值。

四是，个人因素的文化程度、婚姻状况，社会因素的收入水平，制度政策认知的四个因素，制度实施效果的四个因素显著影响公众对于制度的满意度评估。首先，被调查对象中文化程度越高，他们对制度的满意度评价越低，说明文化程度越高的被调查对象对制度的期望值越高，当现实情况与理想预期出现偏差时，不满情绪更容易出现。因此，应加强政策宣传，使城乡居民更加清晰基本养老保险制度的目标定位，基本养老保险作为社会化的一种养老保障形式，只能提供基本的养老经济所需，它只有和传统的养老保障形式一起并辅之以健全的养老服务体系才能有效地缓解城乡居民的老年生活所需。非在婚群体的满意度高于已婚群体，这在很大程度上与一些地区城乡居民基本养老保险制度的"捆绑缴费政策"有关。该政策规定，达到领取养老金年龄的老年人，只有当其符合参保条件的所有子女都参保缴费时，他才能领取养老金，这在一定程度上提高了已婚并有子女的老年人领取养老金的政策门槛，可能会降低他们对政策的满意度评估。因此应尽快修改并取消"捆绑缴费政策",使城乡居民切实体会到政策的公平性和普惠性。其次,被调查对象年收入水平越高,对制度的满意度评价越高。城乡居民年收入水平越高,其养老的自我保障能力越强,对政府实施的社会化养老保险制度的依赖度相对较低,在感受到政策实惠的同时更容易肯定制度的建设绩效。再次,制度公平性越高,公众信任度越高,满意度评价越高。因此,逐步消除制度建设中存在的城乡差异、地区差异和人群差异,从而提升公众的制度信任感,可以带来公众满意度的提升。提高制度减负作用和缩差效果可以提升制度的建设绩效,但同时可能意味着政府公共投入的增加和财政压力的增加,因此应同时兼顾公众的现实需求和经济的承受能力,坚持适度原则,保持财政支出的可持续。最后,缴费和待遇层面的设计是制度顺畅发展的内在因素,政策支持和经办服务是影响制度发展的外在因素。制度政策认知的平稳取决于四个层面因素的共同作用,公众对这些因素的认可度越高,制度建设的满意度越高。因此,在城乡居民基本养老保险制度不断完善的过程中,缴费层面应该根据不断变化的实际情况,在缴费档次划分、缴费方式选择、参保条件设置、最低缴费年限设置等方面制定更加灵活的政策;待遇层面应改变当前不够灵活的待遇调整机制,不断提高养老金的领取水平,继续加强基金的管理水平以实现基金的保值增值;政策支持层面应不断加强制度的政策宣传效果,使城乡居民对制度有较为深刻的认识和了解,并在精算平衡的原则下不断增加财政补贴额度和集体补助额度,增强多缴多得政策的激励效果;经办服务层面应加快经办机构信息化建设、提升经办人员工作态度和工作效率并增加办事方便程度。

# 6 城乡居民基本养老保险制度的福利效应评估

作为基于原始血缘关系的亲情养老方式，我国农村的家庭养老是基于代际"抚养—赡养"关系的"反馈"模式[①]，这种过度依赖子女的养老模式在快速的经济社会变革中面临越来越严峻的挑战。传统"孝悌"文化的衰落，大量青壮年劳动力的外流，生育理念的转变带来出生人口的下降，这些因素的共同作用导致家庭保障功能的弱化[②]。2009年新农保的试点运行在一定程度上减轻了家庭养老的压力，社会养老作为新兴事物嵌入家庭养老的运行环境，两者之间必然会产生互动机制。

20世纪60年代，美国社会学家Litwak等提出"平衡协调论"和"功能分区论"，用于阐释非正规组织和正规组织在养老照护上的互动机制，即养老领域的正规组织（社会养老）的发展并不能降低非正规组织（家庭养老）的重要性，相反两者之间会存在功能互补的作用。政府和家庭是两类功能不同的组织。政府作为正规组织，其优势在于国家强制力，可以在整个社会调动资源，通过制度构建，实现社会养老。社会养老突破家庭或宗族的范围，将物资和人力等实现全社会的有机整合。家庭作为非正规组织，其优势在于亲情凝聚力，通过代际经济支持、生活照顾、情感慰藉等方式，直面老人需求，实现个性化的家庭养老。其

---

① 费孝通. 家庭结构变动中的老年赡养问题——再论中国家庭结构的变动[J]. 北京大学学报(哲学社会科学版), 1983(03): 7–16.

② 丁士军. 经济发展与转型对农村家庭养老保障的影响[J]. 中南财经大学学报, 2000(04): 82–86.

实，政府和家庭虽然结构有别，但可通过相互配合实现责任分担和功能互补，共同完成养老任务，社会养老和家庭养老的关系可以概括为"共担、互补、协调"机制①。社会养老会对家庭养老产生"挤出"效应，享受社会养老的老人在获得养老金支付的同时，来自子女的经济支持将会减少②，社会养老的养老金收入在一定程度上降低了老人对子女的经济依赖，使得"养儿防老"的观念逐渐淡化，社会养老对家庭养老存在一定程度的替代③，但是家庭养老的精神慰藉功能难以被社会养老替代，因此应重视家庭养老功能的发挥，最终形成社会养老和家庭养老互补并协调发展的局面④。

"老有所养"目标的实现需要两大保障体系的合力推动：一是传统家庭保障，即家庭资源因素，侧重家庭储蓄、子女数量等影响服务提供的因素，这是养老功能代际转移和养老预期安全稳定的重要保障。家庭储蓄的增多带来经济上独立性增强，通过购买生活照顾服务以及外出休闲旅游等方式可以较好地解决生活照顾和精神空虚等问题，满足养老所需⑤。随着经济社会变革，生育理念转变，独生子女增多，家庭结构逐渐改变，家庭养老面临的困难逐渐增加⑥，独生子女家庭的养老观念逐渐转变，"独立养老"开始渐渐取代"依赖养老"⑦。子女数量越多，家庭子女对老年人提供经济支持和生活照顾的可能性越大⑧，子

---

① 董红亚. "共担·互补·协调"的新型养老保障体系研究——以浙江省为例[J]. 中共浙江省委党校学报, 2010, 27(03): 98–103.

② 陈华帅, 曾毅. "新农保"使谁受益: 老人还是子女?[J]. 经济研究, 2013, 48(08): 55–67+160.

③ 张川川, 陈斌开. "社会养老"能否替代"家庭养老"?——来自中国新型农村社会养老保险的证据[J]. 经济研究, 2014, 49(11): 102–115.

④ 杨政怡. 替代或互补: 群体分异视角下新农保与农村家庭养老的互动机制——来自全国五省的农村调查数据[J]. 公共管理学报, 2016, 13(01): 117–127+158–159.

⑤ 周长洪. 大量独生子女家庭将导致社会性养老困境[J]. 探索与争鸣, 2009(07): 18–19.

⑥ 于长永. 疾病类型、医疗保险与农民就医机构选择行为研究[J]. 农业技术经济, 2017(02): 82–92.

⑦ 风笑天. 从"依赖养老"到"独立养老"——独生子女家庭养老观念的重要转变[J]. 河北学刊, 2006(03): 83–87.

⑧ 陈卫, 杜夏. 中国高龄老人养老与生活状况的影响因素——对子女数量和性别作用的检验[J]. 中国人口科学, 2002(06): 51–57.

女每增加一人，老年人每年多得39元供养费①，存活女儿数量显著改善老年人生活质量②。也有学者提出，子女数量的增多并不一定带来家庭支持的增多③，子女数量体现潜在照顾者数量，向实际照顾者转变还受到子女经济状况、家庭居住模式、子女孝心等多重因素的影响④。二是现代社会保障，偏向社会养老等制度化提供的因素。社会养老作为正式的社会支持系统，通过退休金和养老补贴的发放，带来老年人经济收入的提高，缓解经济压力，新农保参保人员的家庭日常生活消费支出水平高于未参保人员⑤，社会养老的参保缴费会增加老年人的经济负担，从而带来子女经济转移支付的增加，产生"协同效应"⑥。在养老风险既定的情况下，实现"老有所养"进而达到"老有所乐"，切实提高居民生活质量，需要传统的家庭养老和现代的社会养老共同构筑起双重保障体系来完成。

城乡居民的福利状况可以用生活质量这一指标来衡量。相比生活水平指标，生活质量指标更加全面，它不仅涵盖物质生活方面、精神生活方面，还涵盖生命质量方面，可以很好地衡量城乡居民的福利状况。物质生活方面，一些学者利用CGSS2015年数据，借助有序Probit回归模型实证分析社会养老保险对相对剥夺感的影响，认为社会养老保险通过改善健康状况，提高政治参与度和社会信任感来降低相对剥夺感，并提出通过弘扬"孝悌"文化、适度提高基础养老金、精准扶贫向老年群体倾斜等措施来逐步消除相对剥夺感。精神生活方面，农村老年人的养老担忧主要体现在经济支持方面，家庭存款、家庭规模、代际关系等因素显著影响农村老年人养老风险，家庭存款越多、规模越大、代际关系越好的农村老年

---

① 郭志刚，张恺悌. 对子女数在老年人家庭供养中作用的再检验——兼评老年经济供给"填补"理论[J]. 人口研究, 1996(02): 7–15.

② 刘晶. 子女数对农村高龄老人养老及生活状况的影响[J]. 中国人口科学, 2004(S1): 50–56+176–177.

③ 周律，陈功，王振华. 子女性别和孩次对中国农村代际货币转移的影响[J]. 人口学刊, 2012(01): 52–60.

④ 夏传玲，麻凤利. 子女数对家庭养老功能的影响[J]. 人口研究, 1995(01): 10–16.

⑤ 岳爱，杨矗，常芳，田新，史耀疆，罗仁福，易红梅. 新型农村社会养老保险对家庭日常费用支出的影响[J]. 管理世界, 2013(08): 101–108.

⑥ 胡宏伟，栾文敬，杨睿，祝明银. 挤入还是挤出：社会保障对子女经济供养老人的影响——关于医疗保障与家庭经济供养行为[J]. 人口研究, 2012, 36(02): 82–96.

人面临的养老风险越小，养老担忧越低，家庭仍是化解农村老年人养老担忧的主要途径①。生命质量方面，部分学者利用中国健康与养老追踪调查（CHARLS）数据，发现家庭养老呈现弱化趋势，社会养老明显促进老年人健康状况的改善②③。可以看出，当前研究成果多是集中在福利效应的某一方面展开，缺乏将福利效应作为整体的全面考量，本文研究城乡居民的福利效应，将其构建为包括相对剥夺感、养老担忧度、身体健康度三个指标的综合体系。本文的贡献主要有两点：一是从经济状况、社会心态、生命质量三个维度构建城乡居民福利状况的理论模型，将其具体操作为相对剥夺感、养老担忧度、身体健康度三个指标，进而利用全国8个省1371份田野调查数据进行实证分析；二是将社会养老、家庭养老共同纳入城乡居民福利状况影响因素模型，考察两种不同的养老方式对城乡居民福利状况的影响效应。

## 6.1　分析框架与研究假设

城乡居民的福利状况可以用生活质量这一指标来衡量。1958年，美国著名经济学家约翰·肯尼思·加尔布雷斯在《富裕社会》中最早提出生活质量（Quality of Life，QOL）概念，该书一方面描写满足美国居民物质生活的富足，一方面揭示满足社会需求、精神需求的公共服务的短缺，由此提出"私人的富足和公共的短缺"这样一个二元命题。随后生活质量这一术语被引入医学、心理学领域，主要用于评估个体的生理、心理状态，即健康质量。进而经济学、社会学等学科也参与研究，认为生活质量是经济发展和社会政策实施的一种结果，是对生活优劣全面评估的概念，它不仅反映经济发展，同时体现社会进步。迄今为止，生活质量的研究已超过半个世纪，目前仍未形成统一的定义、指标体系和评价准则。目前学界普遍认可生活质量指标要更加全面于生活水平指标，它不仅涵盖经济状

---

① 于长永. 传统保障、医疗保险与农村老年人疾病风险担心度[J]. 中国人口科学, 2018(04): 93–104+128.

② 张苏, 王婕. 健康老龄化与养老服务体系构建[J]. 教学与研究, 2013(08): 21–29.

③ 任勤, 黄洁. 社会养老对老年人健康影响的实证分析——基于城乡差异的视角[J]. 财经科学, 2015(03): 109–120.

况方面、社会心态方面，还涵盖生命质量方面，它是个人基于物质生活、精神生活、身体健康等方面的客观状况和主观感受所进行的总体评估。其中，经济状况是个人生存和发展的物质基础，社会心态是个人生存和发展的精神保障，生命质量（身体健康）是个人生存和发展的自然基础。本文研究城乡居民的福利状况，将它理解为特定时期内城乡居民的物质生活、精神生活和身体健康状态。其中，物质生活方面的经济状况我们用相对剥夺感来衡量，精神生活方面的社会心态我们用养老担忧度来衡量，身体健康方面的生命质量我们用身体健康度来衡量。因此，本文分析城乡居民的福利状况，将其具体操作为相对剥夺感、养老担忧度、身体健康度三个指标来进行研究（图6-1所示）。

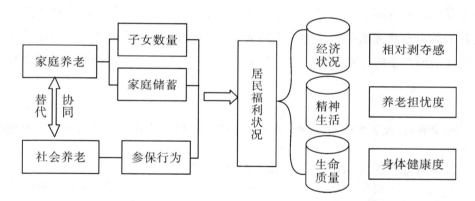

**图6-1　社会养老、家庭养老与城乡居民福利状况的逻辑关系图**

### 6.1.1　社会养老、家庭养老与城乡居民的相对剥夺感

相对剥夺感（Relative Deprivation）一词最早是美国学者S.A.斯托弗在《美国士兵》中提出，后来经过R.K.默顿的系统阐述逐步发展成为一种群体行为理论，即个人或者群体通过将自己的处境与周围他人进行比较后而产生的一种自身处于劣势的被剥夺感。自2003年以来，我国的基尼系数一直维持在0.45之上，说明我国居民之间收入差距较大，收入的不平等将导致不同群体之间相对剥夺感的产生，进而发展成为中国社会一种较为普遍的社会心态。相对剥夺感源自社会比较，参照对象多是类似群体，是对自身不利地位的一种主观感知。收入分配体

制存在的问题是相对剥夺感产生的客观原因[①]，高收入者畸形消费观对低收入者心理防线的冲击是相对剥夺感产生的直接原因[②]，低收入者的心理偏差和心态失衡是相对剥夺感产生的主观原因[③]。相对剥夺感会影响个体的心理健康和个体行为。相对剥夺感的提升会增加个体的心理健康障碍[④]，大学生相对剥夺感的提升会带来较高的抑郁水平和自杀意念[⑤]。相对剥夺感会导致个体产生越轨行为，例如偷窃、攻击性行为等[⑥]和逃避行为[⑦]。相对剥夺感会增加弱势群体对抗议行为的支持，降低他们的生活满意度[⑧]。

相对剥夺感是从物质生活方面衡量城乡居民生活质量的重要指标。影响相对剥夺感的因素很多，不仅包括性别、年龄、文化程度、婚姻状况、户口类型等个人特征和社会特征变量[⑨][⑩]，还包括程序公正、社会支持等社会环境变量。社会养老和家庭养老属于影响相对剥夺感的社会环境因素。2009年，新农保作为全新的社会养老方式开始在农村试点，2014年新农保和城居保合并实施，迈出了社会养老保险城乡统筹的重要一步。由于制度实行"自愿参保"的原则，因此仍有部

---

① 罗桂芬. 社会改革中人们的"相对剥夺感"心理浅析[J]. 中国人民大学学报, 1990(04): 84–89.

② 周明宝. 浅析"相对剥夺感"[J]. 社会, 2002(05): 37–38.

③ 王宁. 相对剥夺感: 从横向到纵向——以城市退休老人对医疗保障体制转型的体验为例[J]. 西北师大学报(社会科学版), 2007(04): 19–25.

④ Eibner C, Sturn R, Gresenz C R. Does relative deprivation predict the need for mental health services? [J]. The journal of mental health policy and economics, 2004, 7(4): 167–175.

⑤ Zhang J, Tao M. Relative deprivation and psychopathology of Chinese college students[J]. Journal of Affective Disorders, 2013, 150(3): 903–907.

⑥ 孙时进. 社会心理学导论[M]. 复旦大学出版社, 2011.

⑦ Callan M J, Shead N W, Olson J M. Personal relative deprivation, delay discounting, and gambling[J]. Journal of personality and social psychology, 2011, 101(5): 955.

⑧ Birt C M, Dion K L. Relative deprivation theory and responses to discrimination in a gay male and lesbian sample[J]. British Journal of Social Psychology, 1987, 26(2): 139–145.

⑨ Moore D. Perceptions of sense of control, relative deprivation, and expectations of young Jews and Palestinians in Israel[J]. The Journal of social psychology, 2003, 143(4): 521–540.

⑩ Smith, H. J., Pettigrew, T. F., Pippin, G. M., & Bialosiewicz, S. Relative deprivation: A theoretical and metaanalytic review. Personality and Social Psychology Review, 2012, 16(3): 203–232.

分群体游离于制度之外，农村老年人的参保率仅为75.6%[①]。社会养老参保行为将会在较大程度上影响城乡居民的相对剥夺感。参保群体通过养老金的发放提高了收入水平，相对剥夺感降低。我国传统的家庭养老是以子女为核心辅之以自我储蓄，子女数量和家庭储蓄额作为家庭养老的两大重要资源，会在一定程度上影响居民的相对剥夺感。子女数量越多，家庭储蓄额越多，通常意味着家庭经济状况越好，相对剥夺感越弱。基于上述分析，我们提出假设1和假设2。

假设1：社会养老的参保行为降低居民的相对剥夺感。

假设2：子女数量增加降低居民的相对剥夺感，家庭储蓄额增加降低居民的相对剥夺感。

### 6.1.2  社会养老、家庭养老与城乡居民的养老担忧度

1986年，乌尔里希·贝克在《风险社会：新型现代的未来出路》一书中首次提出"风险社会"这一概念，有利于人们更好理解现代社会的结构特点和风险成因，进而进行系统治理[②]。目前，风险充满社会生活各个角落，可以说无时不在，无处不在，从自然灾害、环境污染到食品安全、安全事故，风险正在改变现代社会的运行规则和重塑人类社会的价值理念和行为方式。在经济社会的快速变革转型过程中，中国逐步进入风险社会甚至高风险社会[③]。在人类面临的诸多风险中，由于计划生育政策推行和人们生育理念转变带来人口出生率下降，人口年龄结构失衡，老龄化程度逐步加深的"少子老龄化"问题，已经成为一种严重的风险形式。中国快速的工业化、城市化进程以及政府在重塑公民意识中所做的努力逐步打破了传统"长者统治"的旧式家庭秩序，削弱了家庭长者的权威和权利。传统孝道文化衰落、子女经济独立意识增强、劳动力大规模城乡流动趋势的增强，使得家庭子女的养老能力和养老意愿都呈现弱化趋势，如何应对城乡居民

---

[①] 汪连杰. 社会养老保险对农村老年人相对剥夺感的影响研究[J]. 经济经纬, 2019(02): 1–15.

[②] 范如国. "全球风险社会"治理: 复杂性范式与中国参与[J]. 中国社会科学, 2017(02): 65–83+206.

[③] 薛晓源, 刘国良. 全球风险世界: 现在与未来——德国著名社会学家、风险社会理论创始人乌尔里希·贝克教授访谈录[J]. 马克思主义与现实, 2005(01): 44–55.

"贫困化"和"老无所养"风险，不仅关系城乡社会秩序的稳定，更是关系全面建设小康社会战略目标的实现。养老风险指的是"老无所养"的可能性或者"老有所养"的不确定性[1]。针对养老风险测量难的问题，一些学者将养老风险界定为居民对自己老年生活面临问题的主观担心程度，并进一步操作化为"您担心自己的养老问题吗"，即养老担忧度[2]。

养老担忧度是从精神生活方面衡量城乡居民生活质量的重要指标。养老担忧度不仅受性别、年龄、文化程度、婚姻状况等个人特征变量影响，还受子女数量、家庭存款等内部保障能力和养老保险、医疗保险、邻里互助等外部保障能力影响。参加社会养老保险首先提供制度化的养老预期，其次养老金发放还可以带来收入水平提高，将会缓解养老担忧度。子女数量和家庭储蓄作为家庭重要的内部保障能力，作为家庭养老的两大重要资源，会在一定程度上影响居民的养老担忧度。子女数量越多，老年人得到子女经济支持、生活照顾、精神慰藉的可能性越大，因此养老担忧度会随之下降。家庭储蓄额越多，经济保障越强，通过社会购买可以获得更多的养老资源，选择更好的养老服务，因而养老担忧度较低。基于上述分析，我们提出假设3和假设4。

假设3：社会养老的参保行为降低居民的养老担忧度。

假设4：子女数量增加降低居民的养老担忧度，家庭储蓄额增加降低居民的养老担忧度。

### 6.1.3　社会养老、家庭养老与城乡居民的身体健康度

随着经济社会的发展和人民生活的改善，对健康问题的研究越来越多。传统上健康问题的研究集中在医学和老年学，近20年来跨学科研究尤其是基于经济学视角的研究成果颇丰。1972年，格罗斯曼（Grossman）在健康效用函数分析中引入贝克尔（Becker）的家庭生产函数，成功构建健康需求模型，该模型逐渐成为老年人健康研究的基准模型，该模型提出老年人健康水平的三大决定因素分别

---

① 于长永. 传统保障、医疗保险与农村老年人疾病风险担心度[J]. 中国人口科学, 2018(04): 93-104+128.

② 乐章. 风险与保障：基于农村养老问题的一个实证分析[J]. 农业经济问题, 2005(09): 68-73.

是医疗治疗服务、生活照护服务以及精神慰藉服务。医疗治疗服务主要包括门诊治疗、住院治疗以及一些预防性治疗等，它主要取决于医疗技术的进步和诊疗理念的转变等。生活照护服务主要是对老年人日常食、衣、住、行等生活起居的照护。精神慰藉服务主要是基于老年人情感需求层次，通过陪伴、聊天、互动式项目和娱乐节目提供来给予老人更多的精神关怀，缓解他们的孤独寂寞以及精神空虚等情感方面的问题。子女作为老年人生活照护服务和精神慰藉服务的主要提供者，子女数量的多少会在一定程度上影响生活照护服务和精神慰藉服务的提供以及水平，进而对健康状况产生影响。对收入状况与健康水平的关系，学界已经达成共识：收入水平的提高会带来健康水平的改善[①]。老年人收入水平一方面受到家庭储蓄和代际转移支付的影响，另一方面会受到社会养老保险的影响，财政支持的基础养老金的发放会提高老年人的收入水平。这些因素通过对收入水平的影响进而影响健康状况。此外，性别、年龄、文化程度、婚姻状况等个人特征变量也会对健康状况产生影响。

身体健康度是从生命质量方面衡量城乡居民生活质量的重要指标。根据格罗斯曼（Grossman）的健康需求模型，医疗治疗服务、生活照护服务、精神慰藉服务是影响身体健康的三大因素。在我国当前的社会情境下，子女仍然是老年人生活照顾服务和精神慰藉服务的主要提供者，子女数量越多，意味着老年人获得相关服务的可能性越大，进而带来身体健康状况的改善。收入多少显著影响健康水平，社会养老保险通过养老金的发放机制会带来城乡居民收入的提高，进而促进健康水平的改善。家庭储蓄的增多意味着风险保障能力的提升，生活水平的改善，会带来健康水平的提升。基于上述分析，我们提出假设5和假设6。

假设5：社会养老的参保行为增强居民的身体健康度。

假设6：子女数量增加增强居民身体健康度，家庭储蓄额增加增强居民身体健康度。

---

① 张琳. 我国中老年人健康需求实证研究——基于性别和城乡的分析[J]. 财经问题研究, 2012(11): 100–105.

## 6.2 研究设计与数据介绍

### 6.2.1 数据来源

本研究数据来源于2018年全国8个省份的一线田野调查。数据调研充分考虑地区分布，调查地区涉及东部广东、广西、山东三省，中部黑龙江、内蒙古、湖南三省，西部贵州、四川两省，本次调查采用经验分层和非严格随机抽样相结合的方法。调查之前，首先对经过严格挑选的本科生和研究生进行系统培训，随后进行入户问卷调查和深入访谈。本次调查共发放问卷1450份，回收有效问卷1371份，有效回收率94.6%。本次调查是2016年度国家社科基金项目"城乡居民基本养老保险制度的绩效评估与优化路径研究"社会调查的重要组成部分，调研过程受到项目经费支持。

调查样本分布如下：性别结构来看，男性596人，占43.5%，女性775人，占56.5%；年龄结构来看，18岁及以下占比15.4%，19岁到30岁之间占比16.8%，31岁到45岁之间占比45.4%，46岁到60岁之间占比15.0%，60岁以上占比7.4%。婚姻状况来看，有配偶的被调查对象占比较高，占77.3%，无配偶占比22.7%。文化程度来看，没上过学的占比6.5%，小学占比21%，初中占比35.2%，高中占比13.9%，技校、职高和高中的占比6.9%，大专占比6.8%，本科占比9.3%，研究生占比0.4%；户口类型来看，农业户口929人，占比68.2%，非农业户口434人，占比31.8%。从社会养老保险的参保率来看，参保比例为63.6%，尚有36.4%的被调查对象没有参保，制度覆盖率有待继续提高。

### 6.2.2 变量测量

目前，关于生活质量的研究虽然已经超过半个世纪，但仍未形成统一的定义、指标体系和评价准则。本文将城乡居民的福利状况具体操作为相对剥夺感、养老担忧度、身体健康度三个指标来进行分析。因此，本研究的因变量有三个，一是相对剥夺感，从物质生活方面衡量城乡居民福利状况。问卷中设计了"您觉得您的家庭经济状况如何？"这一问题来评估城乡居民的经济状况，出于研究的需要，我们将"很宽裕""比较宽裕""大致够用"归纳为家庭"经济状况良好"，进而操作化为"相对剥夺感较弱"，将"有些困难""很困难"归纳为家庭"经济状况不好",进而操作化为"相对剥夺感较强"。二是养老担忧度,从精神生活方面衡量城乡居民福利状况。问卷中设计了"您是否担心自己的养老问题?"来评估城乡居民的社会心态,出于研究的需要,我们将"非常担心""比较担心""一般担心"归纳为"担心"养老问题,进而操作化为"养老担忧度较强",将"不太担心""完全不担心"归纳为"不担心"养老问题,进而操作化为"养老担忧度较弱"。三是身体健康度,从身体健康方面衡量城乡居民福利状况。问卷中设计了"您目前的身体健康状况怎么样?"来评估城乡居民的生命质量,出于研究的需要,我们将"非常健康""基本健康"归纳为"健康状况较好",将"不太健康""很不健康"归纳为"健康状况较差"。

核心自变量设置方面,社会养老保险方面,我们选取参保行为,将"参保"设置为1,"不参保"设置为0;家庭养老方面,子女数量变量取实际调查数值,家庭储蓄额我们采用取实际调查值对数的方法;控制变量方面,主要选取被调查对象的个人特征变量,包括性别、年龄、文化程度、婚姻状况、户口类型5个变量。本研究采用SPSS21.0软件对自变量进行描述统计,数据的基本特征如表1所示。

表6-1  变量设定及统计描述

| 类型 | 变量名称 | 变量赋值 | 最大值 | 最小值 | 均值 | 标准差 |
|---|---|---|---|---|---|---|
| 因变量1 | 相对剥夺感 | 0=较弱;1=较强 | 1 | 0 | 0.22 | 0.415 |
| 因变量2 | 养老担忧度 | 0=较弱;1=较强 | 1 | 0 | 0.74 | 0.438 |
| 因变量3 | 身体健康度 | 0=较差;1=较好 | 1 | 0 | 0.93 | 0.247 |
| 自变量 | 参保行为 | 1=参保;0=不参保 | 1 | 0 | 0.64 | 0.481 |
| | 子女数量 | 您共有子女几人 | 9 | 0 | 1.91 | 1.426 |
| | 家庭储蓄 | 家庭储蓄额(对数) | 6.28 | 0 | 4.28 | 0.646 |
| | 户口类型 | 1=农业户口;2=非农业户口 | 2 | 1 | 1.32 | 0.466 |

（续上表）

| 类型 | 变量名称 | 变量赋值 | 最大值 | 最小值 | 均值 | 标准差 |
|------|----------|----------|--------|--------|------|--------|
| 自变量 | 性别 | 1=男；0=女 | 1 | 0 | 0.43 | 0.496 |
| | 年龄 | 被调查对象的实际年龄 | 86 | 17 | 36.58 | 14.88 |
| | 文化程度 | 1=没上过学；2=小学；3=初中；4=高中；5=中专、职高；6=大专；7=本科；8=研究生 | 8 | 1 | 3.53 | 1.673 |
| | 婚姻状况 | 1=有配偶；0=无配偶 | 1 | 0 | 0.77 | 0.419 |

### 6.2.3　理论模型

本文的因变量为城乡居民的福利状况，我们将其操作化为相对剥夺感、养老担忧度、身体健康度三个指标并进行赋值。三个因变量皆为二分类变量，用 $Y_k$ 表示，k=1表示对被解释变量持肯定态度，即相对剥夺感较强，养老担忧度较强，身体健康度较好，k=0表示对被解释变量持否定态度，即相对剥夺感较弱，养老担忧度较弱，身体健康度较差。设城乡居民i持"肯定态度"的概率为 $p(y=1|X)=pi$，$1-pi$ 表示持"否定态度"的概率，它们均是由自变量向量 X 构成的非线性函数：

$$p_i = \frac{1}{1 + e^{(\alpha + \sum\limits_{i=1}^{m}\beta_i x_i)}} = \frac{e^{(\alpha + \sum\limits_{i=1}^{m}\beta_i x_i)}}{1 + e^{(\alpha + \sum\limits_{i=1}^{m}\beta_i x_i)}}, 1 - p_i = 1 - \frac{e^{(\alpha + \sum\limits_{i=1}^{m}\beta_i x_i)}}{1 + e^{(\alpha + \sum\limits_{i=1}^{m}\beta_i x_i)}} = \frac{1}{1 + e^{(\alpha + \sum\limits_{i=1}^{m}\beta_i x_i)}} \quad (1)$$

对上述非线性函数进行适当变换，得到Logistic回归模型的线性表达式：

$$Ln\left(\frac{p_i}{1 - p_i}\right) = \alpha + \sum_{i=1}^{m}\beta_i x_i \quad (2)$$

公式中，$\alpha$ 为常数项，$\beta i$ 是自变量xi的回归系数，m是自变量个数，m=9。

## 6.3　城乡居民基本养老保险制度的福利效应评估

### 6.3.1　城乡居民基本养老保险制度的经济效应评估

相对剥夺感是从经济状况方面衡量居民福利状况的重要指标。基于研究假设1和假设2，我们建立社会养老、家庭养老影响相对剥夺感的二元Logistic回归模型，并利用SPSS21.0软件进行分析，模型回归结果如表6-2所示。由于模型存在8个自变量，为了避免不同变量之间可能存在的多重共线性，同时为了验证模型估计结果的稳健性，本研究采用逐步回归的方法来进行验证。模型1分析家庭养老（子女数量、家庭储蓄）、社会养老（参保行为）两个层面的3个因素对相对剥夺感的影响；模型2在模型1的基础上，引入户口类型变量，验证农业户口和非农业户口是否会对相对剥夺感产生影响，即验证相对剥夺感的城乡差异；模型3在模型2的基础上，进一步引入性别、年龄、文化程度、婚姻状况等个人特征变量，分析个人特征变量对相对剥夺感的影响，3个回归模型均在1%的统计水平上显著，模型估计结果具有较好的稳健性。

表6-2　相对剥夺感影响因素的Logistic回归分析结果

| 变量 | 模型1 | | 模型2 | | 模型3 | |
|---|---|---|---|---|---|---|
| | β | S.E | β | S.E | β | S.E |
| 参保行为 | −0.665*** | 0.234 | −0.603*** | 0.239 | −0.481** | 0.246 |
| 子女数量 | 0.113* | 0.075 | 0.092* | 0.077 | 0.208** | 0.108 |
| 家庭储蓄 | −0.942*** | 0.188 | −0.931*** | 0.186 | −0.922*** | 0.188 |
| 户口类型 | | | −0.330 | 0.270 | −0.171 | 0.289 |
| 性别 | | | | | 0.040 | 0.231 |
| 年龄 | | | | | −0.013 | 0.012 |
| 文化程度 | | | | | −0.112 | 0.094 |
| 婚姻状况 | | | | | −0.629** | 0.300 |
| 常数 | 2.522*** | .838 | −0.931*** | 0.186 | 3.674*** | 1.028 |
| Sig. | 0.000 | | 0.000 | | 0.000 | |

（续上表）

| 变量 | 模型1 | | 模型2 | | 模型3 | |
|---|---|---|---|---|---|---|
| | β | S.E | β | S.E | β | S.E |
| −2Log | 509.332 | | 507.290 | | 500.151 | |
| Chi−square | 38.212 | | 39.518 | | 45.930 | |
| Nagelkerke R square | 0.102 | | 0.106 | | 0.123 | |

注：***、**、*分别表示在1%、5%和10%统计水平下显著。

从社会养老对相对剥夺感的影响效应来看，被调查对象的参保行为显著影响相对剥夺感。其中，参保群体的相对剥夺感是未参保群体的0.618倍（e-0.481=0.618），即未参保群体的相对剥夺感更强。这说明社会养老保险参保可以使城乡居民获得相对稳定的养老预期，增强了他们的社会信任感和政治参与度，养老金的发放提高了老年居民的收入水平，健康状况不断改善，因此经济剥夺感和社会剥夺感逐步得到缓解。因此假设1得到验证。

从家庭养老对相对剥夺感的影响效应来看，子女数量显著影响相对剥夺感。子女数量每增加一个，居民的相对剥夺感增强23.2%（e0.208=1.232），家庭储蓄每增加一个等级，居民的相对剥夺感降低60.2%（e-0.922=0.398），这与假设2不太符合，即子女数量的增加并未带来相对剥夺感的降低。可能的解释是，虽然我国传统的"多子多福观"将子女数量作为衡量家庭财富的重要指标，然而近年来的经济结构快速转型使得"啃老"现象日益普遍，父母需要承担儿子的建房或者买房支出，结婚甚至需要支付巨额彩礼费用[①]，女儿出嫁也要准备丰厚嫁妆，子女数量越多尤其儿子数量越多父母经济压力越大，家庭经济状况越差，相对剥夺感就会越强。而家庭储蓄作为储备资金，可以有效化解家庭面临的不确定性风险，储蓄额越多，家庭经济状况越好，相对剥夺感越弱。因此假设2部分得到验证。

---

① 石智雷. 多子未必多福——生育决策、家庭养老与农村老年人生活质量[J]. 社会学研究, 2015, 30(05): 189–215.

从个人特征变量对相对剥夺感的影响效应来看，婚姻状况显著影响相对剥夺感。已婚群体的相对剥夺感是未婚群体的0.533倍（e-0.629=0.533），即未婚群体的相对剥夺感更强。婚姻对相对剥夺感的影响主要体现在社会支持方面，已婚群体通过组建家庭，获得的社会支持明显增强，婚姻不仅是夫妻二人的结合，更是夫妻双方社会资源和社会支持力量的整合，因此会在一定程度上降低相对剥夺感。性别、年龄、文化程度对相对剥夺感的影响不太显著。

## 6.3.2　城乡居民基本养老保险制度的社会效应评估

养老担忧度是从精神生活方面衡量居民福利状况的重要指标。基于研究假设3和假设4，我们建立社会养老、家庭养老影响养老担忧度的二元Logistic回归模型，并利用SPSS21.0软件进行分析，模型回归结果如表6-3所示。为了避免8个自变量之间可能存在的多重共线性，同时为了验证模型估计结果的稳健性，我们采用逐步回归的方法来进行验证。模型1分析家庭养老（子女数量、家庭储蓄）、社会养老（参保行为）两个层面的3个因素对养老担忧度的影响；模型2在模型1的基础上，引入户口类型变量，验证养老担忧度的城乡差异；模型3在模型2的基础上，进一步引入性别、年龄、文化程度、婚姻状况等个人特征变量，分析个人特征变量对养老担忧度的影响，3个回归模型均在1%的统计水平上显著，模型估计结果具有较好的稳健性。

表6-3　养老担忧度影响因素的Logistic回归分析结果

| 变量 | 模型1 | | 模型2 | | 模型3 | |
|---|---|---|---|---|---|---|
| | β | S.E | β | S.E | β | S.E |
| 参保行为 | -.404** | .208 | -.354* | .212 | -.373** | .217 |
| 子女数量 | -.135** | .065 | -.149** | .067 | -.114* | .093 |
| 家庭储蓄 | -.561*** | .161 | -.563*** | .161 | -.601*** | .164 |
| 户口类型 | | | -.237 | .207 | -.168 | .221 |
| 性别 | | | | | .105 | .193 |
| 年龄 | | | | | -.015* | .010 |

（续上表）

| 变量 | 模型1 | | 模型2 | | 模型3 | |
|---|---|---|---|---|---|---|
| | β | S.E | β | S.E | β | S.E |
| 文化程度 | | | | | −.033 | .075 |
| 婚姻状况 | | | | | .303 | .261 |
| 常数 | 4.032*** | .774 | 4.345*** | .824 | 4.712*** | .922 |
| Sig. | 0.000 | | 0.000 | | 0.000 | |
| −2Log | 675.545 | | 673.085 | | 668.616 | |
| Chi−square | 18.088 | | 19.364 | | 22.645 | |
| Nagelkerke R square | 0.043 | | 0.046 | | 0.054 | |

注：***、**、*分别表示在1%、5%和10%统计水平下显著。

从社会养老对养老担忧度的影响效应来看，被调查对象的参保行为显著影响养老担忧度。其中，参保群体的养老担忧度是未参保群体的0.689倍（$e^{-0.373}=0.689$），即未参保群体的养老担忧度更强。社会养老的参保行为意味着加入制度化的保障机制，意味着居民的养老风险将通过社会化的风险分散机制予以化解，稳定的安全预期和财政支持的基础养老金发放机制将会在较大程度上缓解参保群体的养老担忧度。因此假设3得到验证。

从家庭养老对养老担忧度的影响效应来看，子女数量显著影响养老担忧度。子女数量每增加一个，居民的养老担忧度降低10.8%（$e^{-0.114}=0.892$）。家庭储蓄显著影响养老担忧度，家庭储蓄每增加一个等级，居民的养老担忧度降低45.2%（$e^{-0.601}=0.548$）。因此，假设4得到验证。一些学者的研究成果也印证了这一结论。子女数量越多，农村老人越有可能获得来自子女的经济支持[1][2]，子女数量

---

① 尹银. 养儿防老和母以子贵：是儿子还是儿女双全?[J]. 人口研究, 2012, 36(06): 100–109.

② 聂建亮. 子女越多农村老人越幸福吗?——兼论代际支持对农村老人主观幸福感的影响[J]. 西北大学学报(哲学社会科学版), 2018, 48(06): 91–101.

每增加一个，老年人获得代际支持的概率增加25.7%[1]，代际支持的增多可以较好地缓解居民的养老担忧度。子女数量越少，在传统的"养儿防老"观念影响下，老年人对生活费用来源、医疗费用来源越担心，对生活照顾问题越担心，对老年的精神陪伴问题越担心[2]。家庭储蓄越多，意味着经济上的独立性越强，可以通过购买生活照顾服务以及外出休闲旅游等方式来解决生活照顾和精神空虚等问题，因而养老担忧度越低。

从个人特征变量对养老担忧度的影响效应来看，年龄显著影响养老担忧度。年龄每增加一岁，居民养老担忧度降低1.4%（$e^{-0.015}=0.986$），即随着年龄的增长，养老担忧度逐步下降。年龄的增长伴随着退休年龄的临近，居民会更多的考虑自己的退休生活，思考自己的养老问题。在可以得到的养老资源既定的情况下，年长者通常会选择更适合自己的养老方式或养老方式组合，会更合理的统筹各种养老资源，来实现较好的养老保障，较成熟的考虑带来相对稳定的养老预期，从而有效降低养老担忧度。性别、文化程度、婚姻状况对养老担忧度的影响不太显著。

### 6.3.3　城乡居民基本养老保险制度的健康效应评估

身体健康度是从生命质量方面衡量居民福利状况的重要指标。基于研究假设5和假设6，我们建立社会养老、家庭养老影响身体健康度的二元Logistic回归模型，并利用SPSS21.0软件进行分析，模型回归结果如表6-4所示。为了避免自变量之间可能存在的多重共线性，同时为了验证模型估计结果的稳健性，我们采用逐步回归的方法来进行验证。模型1分析性别、年龄、文化程度、婚姻状况等个人特征变量对身体健康度的影响，模型2在模型1的基础上，引入社会养老（参保行为）变量，分析社会养老参保行为对居民身体健康度的影响，模型3在模型2的基础上，进一步引入家庭养老（子女数量、家庭储蓄）和户口类型变量，研究子女数量和家庭储蓄对居民身体健康度的影响，并验证身体健康度的城乡差异。3

---

① 胡仕勇, 石人炳. 代际投入与农村老年人代际经济支持: 代际合作与家庭效用[J]. 人口研究, 2016, 40(05): 92–103.

② 衡元元. 子女数量、养老担忧与养老方式偏好探索[J]. 广西经济管理干部学院学报, 2018, 30(04): 21–27.

个回归模型均在1%的统计水平上显著，模型估计结果具有较好的稳健性。

表6-4　身体健康度影响因素的Logistic回归分析结果

| 变量 | 模型1 | | 模型2 | | 模型3 | |
|---|---|---|---|---|---|---|
| | β | S.E | β | S.E | β | S.E |
| 参保行为 | | | 0.195* | 0.239 | 0.045* | 0.389 |
| 子女数量 | | | | | −0.051* | 0.147 |
| 家庭储蓄 | | | | | 0.186* | 0.260 |
| 性别 | 0.175 | 0.236 | 0.179 | 0.236 | −0.544 | 0.369 |
| 年龄 | −0.049*** | 0.009 | −0.050*** | 0.009 | −0.026* | 0.016 |
| 文化程度 | 0.148 | 0.101 | 0.143 | 0.101 | 0.285* | 0.159 |
| 婚姻状况 | 0.832*** | 0.266 | 0.826*** | 0.266 | 1.178*** | 0.414 |
| 常数 | 3.531 | .654 | 3.446 | 0.654 | 1.635 | 1.446 |
| Sig. | 0.000 | | 0.000 | | 0.000 | |
| −2Log | 575.548 | | 574.534 | | 238.058 | |
| Chi-square | 75.024 | | 75.498 | | 23.989 | |
| Nagelkerke R square | 0.141 | | 0.142 | | 0.111 | |

注：***、**、*分别表示在1%、5%和10%统计水平下显著。

从社会养老对身体健康度的影响效应来看，被调查对象的参保行为显著影响身体健康度。其中，参保群体的身体健康度是未参保群体的1.046倍（$e^{0.045}=1.046$），即参保群体的身体健康状况更好。一些学者的研究成果也证实了这一结论。社会养老保险通过养老金的发放机制会带来城乡居民收入的提高，进而促进健康水平的改善[1]，应该加大财政对农村社会养老的支持，确保资金稳定充足，通过社会养老的收入保障作用促进居民健康水平的提升。因此假设5得

---

① 李实, 杨穗. 养老金收入与收入不平等对老年人健康的影响[J]. 中国人口科学, 2011(03): 26-33.

到验证。

从家庭养老对身体健康度的影响效应来看，子女数量显著影响身体健康度。子女数量每增加一个，居民的身体健康度降低5%（$e^{-0.114}=0.950$）。家庭储蓄显著影响身体健康度，家庭储蓄每增加一个等级，居民的身体健康度增加20.5%（$e^{0.186}=1.205$）。这与假设6不太符合，即子女数量的增多并未带来身体健康度的提升。可能的解释是：一方面子女数量的增多并不必然带来生活照护服务、精神慰藉服务的增多。子女为了更好的教育机会和就业机会去大城市求学或就业，空间距离的增大减小了生活照护服务和精神慰藉服务的提供，空巢老人逐渐增多[1]。另一方面子女数量越多，子女成长过程中需要父母投入的时间精力和照顾成本就越多，过度的辛劳和持续的付出引起健康状况的下滑，子女长大成人后，父母又需要承担儿子的建房或者买房支出，结婚甚至需要支付巨额彩礼费用[2]，较大的经济支付压力意味着超负荷的付出，进而影响身体健康。家庭储蓄的增多意味着风险保障能力的提升，生活水平的改善，会带来健康水平的提升。

从个人特征变量对身体健康度的影响效应来看，年龄显著影响身体健康度。年龄每增加一岁，居民身体健康度降低2.6%（$e^{-0.026}=0.974$），即随着年龄的增长，身体健康度逐步下降。这一结论比较容易理解，即随着年龄的增长，身体机能逐渐退化，老年人患病概率不断提升，健康状况受到影响，生命质量逐步下降。文化程度显著影响身体健康度。文化程度每增加一个等级，居民身体健康度增加33%（$e^{0.285}=1.330$），即随着文化程度的提高，身体健康状况逐步改善。教育通常被视为人力资本投资的重要手段，受教育水平的提高意味着较好的人力资本存量，进入劳动力市场后通常可以获得相对较好的工资水平，进而进行个人健康投资的可能性更大，而且文化程度的提高意味着对疾病的认知能力的提升，从而会更加积极地进行健康锻炼、疾病预防来改善身体的健康状况[3]。婚姻状况

---

[1] 任勤，黄洁. 社会养老对老年人健康影响的实证分析——基于城乡差异的视角[J]. 财经科学, 2015(03): 109–120.

[2] 石智雷. 多子未必多福——生育决策、家庭养老与农村老年人生活质量[J]. 社会学研究, 2015, 30(05): 189–215.

[3] 陈锟，马君. 影响健康状况差异诸因素的经济学分析——基于Grossman扩展模型的解释[J]. 人口与经济, 2005(04): 57–61.

显著影响身体健康度。其中，有配偶群体的身体健康度是无配偶群体的3.248倍（$e^{1.178}$=3.248），即有配偶群体的身体健康状况更好。一方面，健康状况好的人选择结婚组成家庭的概率高于不健康的群体，另一方面，婚姻意味着夫妻双方组成共同的家庭，其所增加的社会支持以及夫妻双方的共同监督会改变单身状态时的物质环境、社会环境和心理环境，进而促进健康信息的传递和健康生活方式的养成。

## 6.4　研究结论

福利状况是从社会发展的角度考察人口生活状况的综合指标，是可持续发展中"以人为本"理念的集中体现。本文从经济状况、社会心态、生命质量三个维度构建城乡居民福利状况的理论模型，并将其操作化为相对剥夺感、养老担忧度、身体健康度三个指标，利用全国8个省份1371份田野调查数据实证分析社会养老、家庭养老两种不同的养老方式对城乡居民福利状况的影响效应。研究结论和政策启示如下所述：

第一，社会养老保险显著提高城乡居民的福利状况。从影响效应来看，参保群体的相对剥夺感更弱，养老担忧度更低，身体健康度更高，因而生活质量更高，社会养老保险参保行为显著提升城乡居民福利状况。社会养老的参保行为意味着加入制度化的保障机制，意味着居民的养老风险将通过社会化的风险分散机制予以化解，财政支持的基础养老金发放机制和稳定的安全预期增强了他们的社会信任感和政治参与度，养老金的发放提高了老年居民的收入水平，改善了经济状况和健康状况，从而带来福利状况的提升。

第二，家庭养老中家庭储蓄显著提高城乡居民的福利状况，但子女数量并不一定带来福利状况的提升。从影响效应来看，家庭储蓄越多，被调查对象的相对剥夺感越弱，养老担忧度越低，身体健康度越高，因而生活质量越高，家庭储蓄显著提升城乡居民福利状况。家庭储蓄作为储备资金，可以有效化解家庭面临的不确定性风险，储蓄额越多，意味着经济上的独立性越强，风险保障能力越强，会带来生活水平的改善和健康水平的提升，提高城乡居民的福利状况。子女数量越多，养老担忧度越低，但相对剥夺感增强，身体健康度降低，因而子女数量并不一定带来福利状况的提升。子女数量越多，来自子女的代际支持增多，可以较好地缓解居民的养老担忧度。然而近年来的经济结构快速转型使得"啃老"现象日益普遍，子女数量增多带来父母经济压力增大，家庭经济状况变差，相对剥夺感就会越强。子女数量的增多并不必然带来生活照护服务、精神慰藉服务的增多。子女为了更好的教育机会和就业机会去大城市求学或就业，空间距离的增大减小了生活照护服务和精神慰藉服务的提供，同时子女成长过程中需要父母投入的时间精力和照顾成本就越多，过度的辛劳和持续的付出引起健康状况的下滑。

第三，家庭养老需由关注子女数量向注重子女质量方向发展。子女数量增多并不必然带来福利状况的改善，即"多子未必多福"。子女数量作为家庭养老的重要资源，子女数量越多，代际经济支持、生活照顾、精神慰藉的可能性越大，但要实现潜在养老资源向现实养老资源的转变，还需要注重子女质量的发展，进行子女教育投资和人力资本积累，减少"啃老"现象的发生。

# 7 城乡居民基本养老保险与家庭养老的互动机制探讨

在中国传统的农村社会，家庭养老一直发挥着非常重要的作用。与西方的"接力"养老模式不同，我国农村的家庭养老是基于代际"抚养—赡养"关系的"反馈模式"[①]，这种过度依赖子女的养老模式在快速的经济社会变革中面临越来越严峻的挑战。2009年新农保的试点运行在一定程度上减轻了家庭养老的压力，自此社会养老和家庭养老开始共同运行。作为异质性事物，社会养老和家庭养老的共同运行必然会产生互动机制，厘清家庭养老和社会养老的互动机制有助于实现"老有所养""老有所乐"的养老目标。

作为基于原始血缘关系的亲情养老方式[②]，我国传统的家庭养老根植于年长一代对年轻一代的"抚养"，回馈于年轻一代对年长一代的"赡养"，社会经济结构和人口年龄结构的相对稳定是传统家庭养老模式良性运行的基础。然而计划生育政策的推行在减少子女数量的同时使得家庭作为传统的养老风险分散单位其稳定性逐步下降，"反馈"模式有效运行的基础受到冲击[③][④]。经济快速发展的

---

① 费孝通. 家庭结构变动中的老年赡养问题——再论中国家庭结构的变动[J]. 北京大学学报(哲学社会科学版), 1983(03): 7–16.

② 张文范. 坚持和完善家庭养老积极创造居家养老的新环境[J]. 中国老年学杂志, 1998(03): 4–6.

③ 丁士军. 经济发展与转型对农村家庭养老保障的影响[J]. 中南财经大学学报, 2000(04): 82–86.

④ 彭庆超. 我国农村计划生育家庭养老困境与对策研究[J]. 陕西理工学院学报(社会科学版), 2015, 33(04): 18–23.

同时，大量青壮年劳动力外流弱化了家庭赡养老人的能力，部分空巢老人的养老状况堪忧[①]。孝文化作为中国传统文化的核心，作为家庭养老的文化根基[②]，在经济社会的急速变革中也面临冲击和弱化。在诸多因素的共同作用下，家庭养老作为传统的养老方式面临前所未有的挑战。为了更好地解决农村居民的养老问题，2014年新农保和城居保合并实施，但合并运行过程中较多问题不断显现，在自愿参保的政策规定下，中青年群体较低的参保意愿导致总体参保率不高[③]，较低缴费档次的普遍选择导致退休时偏低的待遇水平[④]，政策宣传和人员配置的不到位影响办事效率的提高，养老保险待遇与城镇职工差距悬殊等[⑤]。针对存在的问题，制度优化的措施也被不断提出。城乡居民满足15年最低缴费年限后，增大激励力度，实行多缴多补制度，根据居民收入水平适当增设更高缴费档次[⑥]，改固定档次缴费制为固定比例缴费制[⑦]，加大宣传力度，明确各级政府的责任归属，加快经办机构的信息化建设，不断提升经办人员专业素质[⑧]，建立基础养老金正常调整机制，并采取措施实现基金保值增值。

社会养老作为新兴事物嵌入家庭养老的运行环境，会对家庭养老产生"挤出"效应，享受社会养老的老人在获得养老金支付的同时，来自子女的经济支持将会减少，在平均养老金的基础上，老人每多领取一元养老金，来自子女的转移

---

① 余碧岩. 我国农村家庭养老的基本现状及主要发展思路[J]. 宁夏大学学报(人文社会科学版), 2004(06): 51–53+127.

② 程静. 农村家庭养老的孝文化剖析[J]. 农业经济, 2014(02): 88–89.

③ 赵海平. 城乡一体化社会养老保险制度模式及成效评估——以宁波市城乡居民社会养老保险制度为例[J]. 经济研究参考, 2013(01): 41–47.

④ 向运华, 袁璐雯. 浙江省城乡居民基本养老保险制度改革研究[J]. 合作经济与科技, 2016(02): 190–192.

⑤ 王伟俊. 城乡居民社会养老保险制度实施存在的问题及对策——以安化县为例[J]. 湖南行政学院学报, 2015(02): 16–19.

⑥ 胡芳肖, 张美丽, 李蒙娜. 新型农村社会养老保险制度满意度影响因素实证[J]. 公共管理学报, 2014, 11(04): 95–104+143.

⑦ 徐强. 供需均衡视角下我国农民社会养老保险合意模式构建[J]. 经济管理, 2013, 35(04): 164–174.

⑧ 张欣丽, 睢党臣, 董莉. 城乡居民养老保险制度的满意度分析——以陕西省洛南县为例[J]. 西北人口, 2014, 35(06): 83–87+93.

支付将减少0.808元[①]，社会养老的养老金收入在一定程度上降低了老人对子女的经济依赖，使得"养儿防老"的观念逐渐淡化[②]。在农村地区，快速老龄化，老年人口占比的不断提升是社会养老逐渐替代家庭养老的重要推力，自2023年开始社会养老将在农村养老保障体系中超越家庭养老并居于主导地位[③]。社会养老对家庭养老的"替代效应"主要体现在经济支持上，而在精神慰藉方面不能被替代，家庭养老仍将在农村地区占据主导地位[④]。可以看出，现有关于社会养老和家庭养老互动机制的研究主要围绕"替代效应"展开，多从代际经济转移支付的视角进行实证探讨，而关于两者之间"协同效应"的实证研究较为少见。本文基于全国8个省份1371份调查数据，运用Logistic回归模型将"协同效应"和"替代效应"作为整体进行探讨，通过社会养老参保行为对公众养老担忧度和家庭养老地位的影响效应，厘清社会养老和家庭养老的互动机制，从而有助于推进"老有所养"和"老有所乐"养老目标的实现。

## 7.1　分析框架与研究假设

脆弱性（vulnerability）这一概念最早由罗伯特·基欧汉和约瑟夫·奈提出，纳西姆·尼古拉斯·塔勒布将其界定为事物应对风险波动后表现出来的一种不稳定的状态，即事物不能很好地应对随机性和波动性等变化趋势而呈现出来的一种状态，并将其和强韧性、反脆弱性定义为事物的三元属性[⑤][⑥]。家庭养老是我国传统的养老方式，在较长历史时期内发挥主体作用，有效保障老年群体的生活所

① 陈华帅, 曾毅. "新农保" 使谁受益: 老人还是子女?[J]. 经济研究, 2013, 48(08): 55–67+160.

② 张川川, 陈斌开. "社会养老" 能否替代 "家庭养老" ?——来自中国新型农村社会养老保险的证据[J]. 经济研究, 2014, 49(11): 102–115.

③ 穆怀中, 陈曦. 人口老龄化背景下农村家庭子女养老向社会养老转变路径及过程研究[J]. 人口与发展, 2015, 21(01): 2–11.

④ 杨政怡. 替代或互补: 群体分异视角下新农保与农村家庭养老的互动机制——来自全国五省的农村调查数据[J]. 公共管理学报, 2016, 13(01): 117–127+158–159.

⑤ 罗伯特·基欧汉, 约瑟夫·奈. 权力与相护依赖[M]. 北京大学出版社, 2011.

⑥ 纳西姆·尼古拉斯·塔勒布. 反脆弱[M]. 中信出版社, 2014.

需。然而随着社会经济结构的变迁，家庭养老的脆弱性逐步呈现。家庭养老的脆弱性指的是家庭养老在面对"内"（身体机能衰退老化、疾病风险冲击）"外"（青壮年劳动力外出务工、家庭结构核心化）多重风险波动时呈现出来的不稳定状态，即"老有所依"和"老有所养"的理想养老状态面临时代变革的冲击。社会养老方式正是在这一时代背景下出现的，2009年以新农保为代表的社会养老方式开始发挥积极作用，2014年新农保和城居保合并，然而由于制度仍处于优化完善阶段，所以社会养老也呈现出脆弱性。社会养老的脆弱性指的是社会养老在特定时期面临外部经济社会快速转型、老龄化持续加速和内部制度建设（缴费、待遇等）不断优化、体系保障（政策支持、经办服务等）加快完善时所呈现出来的不稳定状态，不能有效消除老年群体的养老担忧。根据美国社会学家马克·格兰诺维特的"嵌入性"理论①，社会养老和家庭养老作为异质性事物，社会养老嵌入家庭养老的社会情境，必然会与家庭养老产生互动机制（图1）。社会养老作为全新的制度化保障机制，是与家庭养老产生"协同效应"，从而呈现相扶共长的发展趋势？还是逐步"替代"家庭养老的功能，从而呈现此消彼长的发展趋势？本文将运用在全国8省的调查数据来进行相关探讨。

家庭养老的脆弱性决定了当风险波动发生时，家庭会因为必要处理能力的缺乏而陷入养老困境。社会养老作为一种稳定性更强的保障方式，目前还处在不断建设完善的过程之中，并不能完全消除风险波动所带来的不稳定性。由于缺乏稳定的安全预期，养老担忧便应运而生。公众的养老担忧度受多种因素的影响：一是个体条件（性别、年龄、婚姻状况、文化程度、健康状况等）和家庭资源（户口类型、子女数量、家庭储蓄等）构成的传统保障体系；二是社会养老保险（通过参保缴费获得养老金支付）构成的社会保障体系。在养老风险既定的情况下，公众的养老担忧度主要取决于传统保障和社会保险共同构筑的安全网的稳定程度②。因而，家庭养老和社会养老组成的双重保障体系可以缓解公众的养老忧虑。基于上述分析，我们提出假设1：

---

① 马克·格兰诺维特. 镶嵌: 社会网与经济行动[M]. 社会科学文献出版社, 2007.

② 于长永. 传统保障、医疗保险与农村老年人疾病风险担心度[J]. 中国人口科学, 2018(04): 93–104+128.

假设1：公众的养老担忧度受多重因素影响，社会养老参保行为显著降低养老担忧度，与家庭养老产生"协同效应"。

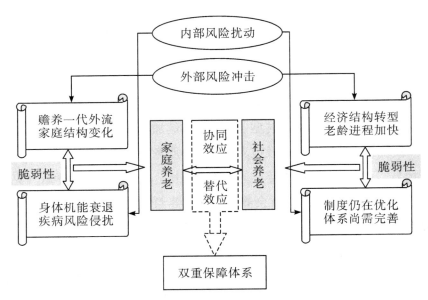

**图7-1　脆弱性视角下社会养老与家庭养老的互动机制**

我国著名社会学家费孝通提出中国农村传统的家庭养老是一种代际"抚养—赡养"的"反馈模式"。传统农村这种以子女为核心辅之以自我储蓄的家庭养老模式作为一种原生养老状态在较长时期内运转平稳，子女数量越多，自我储蓄越多，年长一代的养老越有保障。社会养老方式出现后，作为制度化的保障机制，可以在较大的范围内分担养老风险。社会养老的嵌入，使得老年群体在领取养老金的同时，获得子女的经济支持可能会相对减少，社会养老的养老金收入在一定程度上降低了老人对子女的经济依赖，使得"养儿防老"的观念逐渐淡化，社会养老对家庭养老存在一定程度的替代。基于上述分析，我们提出假设2：

假设2：家庭养老的地位受多种因素影响，社会养老的转移支付可以有效缓解养老经济风险，从而对家庭养老产生一定的"替代效应"。

## 7.2　数据变量与方法

### 7.2.1　数据来源及样本特征

本研究数据来源于2018年广东、广西、山东、黑龙江、内蒙古、湖南、贵州、四川8个省的一线田野调查，调查采用经验分层和非严格随机抽样。本次调查由经过严格挑选培训的本科生和研究生担任调查员，进行入户问卷调查和深入访谈。本次调查共发放问卷1450份，回收有效问卷1371份，有效回收率94.6%。本次调查受到2016年度国家社科基金项目"城乡居民基本养老保险制度的绩效评估与优化路径研究"经费支持。被调查对象的基本情况如表1所示。

表7-1　样本的基本特征

| 变量 | 选项 | 有效样本数（个） | 比例（%） | 变量 | 选项 | 有效样本数（个） | 比例（%） |
|---|---|---|---|---|---|---|---|
| 参保行为 | 参保 | 869 | 63.6 | 户口类型 | 农业户口 | 929 | 68.2 |
| | 未参保 | 498 | 36.4 | | 非农业户口 | 434 | 31.8 |
| 性别 | 男 | 596 | 43.5 | 文化程度 | 未上过学 | 89 | 6.5 |
| | 女 | 775 | 56.5 | | 小学 | 288 | 21.0 |
| 婚姻状况 | 有配偶 | 1057 | 77.3 | | 初中 | 483 | 35.2 |
| | 无配偶 | 311 | 22.7 | | 高中 | 191 | 13.9 |
| 健康状况 | 完全将康 | 334 | 24.7 | | 职高或中专 | 94 | 6.9 |
| | 基本健康 | 931 | 68.8 | | 大专 | 93 | 6.8 |
| | 不太健康 | 86 | 6.4 | | 本科 | 128 | 9.3 |
| | 很不健康 | 2 | 0.1 | | 研究生 | 5 | 0.4 |

可以看出，被调查对象中，养老保险的参保比例为63.6%，尚有36.4%的被调查对象没有参保，制度覆盖率有待继续提高。性别结构来看，男性占比略低，为43.5%；婚姻状况中，有配偶的被调查对象占比较高，为77.3%，无配偶

占比22.7%；从健康状况来看，完全健康占比24.7%，基本健康占比68.8%，不太健康占比6.4%，很不健康占比0.1%；从户口类型来看，农业户口占比较高，为68.2%；从文化程度中，初中和高中占比略高，分别为35.2%和13.9%。从调查样本的信度和效度结果来看，调查数据具有较好的代表性。

## 7.2.2　变量描述

本研究探讨家庭养老和社会养老的互动机制，因变量有两个：一是公众的养老担忧度，分析自变量社会养老参保行为是否可以有效地缓解公众的养老担忧；二是家庭养老地位的社会认知，分析自变量社会养老参保行为是否会对家庭养老的地位产生影响。

本研究的自变量包括社会养老保险的参保行为，以子女为核心辅之以自我储蓄的家庭养老相关因素（子女数量、家庭储蓄），控制变量主要包括被调查对象的性别、年龄、婚姻状况、文化程度、户口类型、健康状况等个人特征。本研究采用SPSS21.0软件对自变量进行描述统计，数据的基本特征如表7-2所示。

### 表7-2　变量设定及统计描述

| 类型 | 变量名称 | 变量赋值 | 最大值 | 最小值 | 均值 | 标准差 |
|---|---|---|---|---|---|---|
| 因变量1 | 公众养老担忧 | 1=担心；0=不担心 | 1 | 0 | 0.74 | 0.438 |
| 因变量2 | 家庭养老地位 | 1=高；0=低 | 1 | 0 | 0.87 | 0.332 |
| 自变量 | 参保行为 | 1=参保；0=不参保 | 1 | 0 | 0.64 | 0.481 |
|  | 性别 | 1=男；0=女 | 1 | 0 | 0.43 | 0.496 |
|  | 年龄 | 被调查对象的实际年龄 | 86 | 17 | 36.58 | 14.876 |
|  | 婚姻状况 | 1=有配偶；0=无配偶 | 1 | 0 | 0.77 | 0.419 |
|  | 文化程度 | 1=没上过学；2=小学；3=初中；4=高中；5=中专、职高；6=大专；7=本科；8=研究生 | 8 | 1 | 3.53 | 1.673 |

（续上表）

| 类型 | 变量名称 | 变量赋值 | 最大值 | 最小值 | 均值 | 标准差 |
|---|---|---|---|---|---|---|
| 自变量 | 户口类型 | 1=农业户口；2=非农业户口 | 2 | 1 | 1.32 | 0.466 |
| | 子女数量 | 您共有子女几人 | 9 | 0 | 1.91 | 1.426 |
| | 健康状况 | 1=完全健康；2=基本健康；3=不太健康；4=很不健康 | 4 | 1 | 1.82 | 0.533 |
| | 家庭储蓄 | 家庭储蓄额（对数） | 6.28 | 0 | 4.28 | 0.646 |

### 7.2.3　理论模型

（1）公众养老担忧度的理论模型

根据前文理论分析，被解释变量为公众养老担忧度，即公众对自己将来养老的担忧程度，用Yk表示，k=1表示公众非常担心自己的养老问题，养老担忧度高，k=0表示公众不担心自己的养老问题，养老担忧度低。设城乡居民i对养老担忧持"肯定态度"的概率为p（y=1|X）=pi，1-pi表示持"否定态度"的概率，它们均是由自变量向量X构成的非线性函数：

$$p_i = \frac{1}{1 + e^{(\alpha + \sum\limits_{i=1}^{m} \beta_i x_i)}} = \frac{e^{(\alpha + \sum\limits_{i=1}^{m} \beta_i x_i)}}{1 + e^{(\alpha + \sum\limits_{i=1}^{m} \beta_i x_i)}}, 1 - p_i = 1 - \frac{e^{(\alpha + \sum\limits_{i=1}^{m} \beta_i x_i)}}{1 + e^{(\alpha + \sum\limits_{i=1}^{m} \beta_i x_i)}} = \frac{1}{1 + e^{(\alpha + \sum\limits_{i=1}^{m} \beta_i x_i)}} \quad (1)$$

对上述非线性函数进行适当变换，得到Logistic回归模型的线性表达式：

$$Ln(\frac{p_i}{1 - p_i}) = \alpha + \sum_{i=1}^{m} \beta_i x_i \quad (2)$$

公式中，α为常数项，βi是自变量xi的回归系数，m是自变量个数，m=9。

（2）家庭养老地位社会认知的理论模型

根据前文理论分析，被解释变量为家庭养老地位的社会认知，即家庭养老发挥的作用如何，用Yk表示，k=1表示家庭养老地位认知度高，作用重要；k=0表示家庭养老地位认知度低，作用不重要。设城乡居民i对家庭养老地位持"肯定态度"的概率为p（y=1|X）=pi，1- pi表示持"否定态度"的概率，它们均是由

自变量向量X构成的非线性函数：

$$p_i = \frac{1}{1 + e^{(\alpha + \sum_{i=1}^{m} \beta_i x_i)}} = \frac{e^{(\alpha + \sum_{i=1}^{m} \beta_i x_i)}}{1 + e^{(\alpha + \sum_{i=1}^{m} \beta_i x_i)}}, 1 - p_i = 1 - \frac{e^{(\alpha + \sum_{i=1}^{m} \beta_i x_i)}}{1 + e^{(\alpha + \sum_{i=1}^{m} \beta_i x_i)}} = \frac{1}{1 + e^{(\alpha + \sum_{i=1}^{m} \beta_i x_i)}} \quad (1)$$

对上述非线性函数进行适当变换，得到Logistic回归模型的线性表达式：

$$Ln(\frac{p_i}{1 - p_i}) = \alpha + \sum_{i=1}^{m} \beta_i x_i \quad (2)$$

公式中，$\alpha$为常数项，$\beta_i$是自变量xi的回归系数，m是自变量个数，m=9。

## 7.3 养老保险与家庭养老的互动机制探讨

### 7.3.1 社会养老参保行为对养老担忧度的影响效应

（1）公众的养老担忧度分析

为了衡量公众的养老担忧，我们设计了"您是否担心自己的养老问题"这一题目，问卷设计了"非常担心""比较担心""一般担心""不太担心""完全不担心"五个选项。为了满足二分类变量研究的需要，我们将"非常担心""比较担心""一般担心"三项合并，归纳为"担心自己的养老问题"，将"不太担心""完全不担心"两项合并，归纳为"不担心自己的养老问题"。统计结果显示，被调查对象中存在较为普遍的养老担忧，74.2%的被调查对象担心自己的养老问题。子女数量越多，农村老人越有可能获得来自子女的经济支持，代际支持的增多可以较好地缓解居民的养老担忧度[①]。为了衡量"子女数量"与"养老担忧"的关系，我们做了两者的交互分析（表7-3）。结果显示，无子女的被调查对象中，担心养老问题的比例是80.4%，有一个子女的被调查对象中担心养老问题的比例是80.3%，有两个子女的被调查对象中担心养老问题的比例是73.9%，有三个子女的被调查对象中担心养老问题的比例是70.8%，有四个子女的被调查对象中担心养老问题的比例是64.6%，有五个子女的被调查对象中担心养老问题的比例是56.3%，有六个子女的被调查对象中担心养老问题的比例是45.5%，有

---

① 尹银. 养儿防老和母以子贵：是儿子还是儿女双全?[J]. 人口研究, 2012, 36(06): 100–109.

七个子女的被调查对象中担心养老问题的比例是33.3%，有九个子女的被调查对象中担心养老问题的比例是0%，即随着子女数量的增多，公众的养老担忧度逐步降低，这也印证了子女作为家庭养老的核心主体，子女数量越多，其为父母提供的养老资源越多，家庭养老的稳定性就越高，公众的养老担忧就越少，即家庭养老作为传统的养老保障方式，可以在一定程度上缓解公众的养老担忧度。

表7-3　"养老担忧"与"子女数量"的交互分析

| | | | 子女数量 | | | | | | | | | 合计 |
|---|---|---|---|---|---|---|---|---|---|---|---|---|
| | | | 0 | 1 | 2 | 3 | 4 | 5 | 6 | 7 | 9 | |
| 养老担忧度 | 不担心 | 频数 | 50 | 58 | 98 | 71 | 40 | 21 | 6 | 2 | 1 | 347 |
| | | 比例 | 14.4 | 16.7 | 28.2 | 20.5 | 11.5 | 6.1 | 1.7 | 0.6 | 0.3 | 100 |
| | | 比例 | 19.6 | 19.7 | 26.1 | 29.2 | 35.4 | 43.8 | 54.5 | 66.7 | 100 | 25.8 |
| | 担心 | 频数 | 205 | 236 | 277 | 172 | 73 | 27 | 5 | 1 | 0 | 996 |
| | | 比例 | 20.6 | 23.7 | 27.8 | 17.3 | 7.3 | 2.7 | 0.5 | 0.1 | 0.0 | 100 |
| | | 比例 | 80.4 | 80.3 | 73.9 | 70.8 | 64.6 | 56.3 | 45.5 | 33.3 | 0.0 | 74.2 |
| 合计 | | 频数 | 255 | 294 | 375 | 243 | 113 | 48 | 11 | 3 | 1 | 1343 |
| | | 比例 | 19.0 | 21.9 | 27.9 | 18.1 | 8.4 | 3.6 | 0.8 | 0.2 | 0.1 | 100 |
| | | 比例 | 100 | 100 | 100 | 100 | 100 | 100 | 100 | 100 | 100 | 100 |

（2）公众养老担忧度的影响因素分析

基于研究假设1，我们建立社会养老参保行为缓解公众养老担忧的Logistic回归模型，并利用SPSS21.0软件进行分析，模型回归结果如表7-4所示。由于模型存在9个自变量，为了避免不同变量之间可能存在的多重共线性，同时为了验证模型估计结果的稳健性，本研究采用逐步回归的方法来进行验证。模型1分析户口类型、健康状况2个因素对缓解公众养老担忧的影响；模型2在模型1的基础上，引入子女数量、家庭储蓄两个变量，验证家庭养老（以子女为核心辅之以自我储蓄）对缓解公众养老担忧的影响；模型3在模型2的基础上，引入参保行为变量，验证社会养老参保行为对缓解公众养老担忧的影响；模型4在模型3的基础上，进一步引入性别、年龄、婚姻状况、文化程度等个人特征变量，分析家庭养老、社会养老对缓解公众养老担忧的影响，四个回归模型均在1%的统计水平上显著，模型估计结果具有较好的稳健性。

表7-4　社会养老参保行为缓解公众养老担忧度的Logistic回归结果

| 变量 | 模型1 | | 模型2 | | 模型3 | | 模型4 | |
|---|---|---|---|---|---|---|---|---|
| | | | β | S.E | β | S.E | β | S.E |
| 参保行为 | | | | | −0.389** | 0.214 | −0.397** | 0.219 |
| 性别 | | | | | | | 0.067 | 0.195 |
| 年龄 | | | | | | | −0.021** | 0.010 |
| 婚姻状况 | | | | | | | 0.330 | 0.266 |
| 文化程度 | | | | | | | −0.012 | 0.077 |
| 户口类型 | 0.056 | 0.135 | −0.327 | 0.204 | −0.266 | 0.208 | −0.190 | 0.224 |
| 子女数量 | | | −0.206*** | 0.069 | −0.204*** | 0.070 | −0.134** | 0.094 |
| 健康状况 | 0.226** | 0.118 | 0.573*** | 0.189 | 0.594*** | 0.190 | 0.680*** | 0.197 |
| 家庭储蓄 | | | −0.474*** | 0.157 | −0.517*** | 0.161 | −0.561*** | 0.165 |
| 常数 | 0.605** | 0.285 | 2.937*** | 0.856 | 3.268*** | 0.883 | 3.571*** | .975 |
| Sig. | 0.000 | | 0.000 | | 0.000 | | 0.000 | |
| −2Log | 1514.852 | | 669.913 | | 662.510 | | 655.757 | |
| Chi−square | 3.842 | | 25.847 | | 29.345 | | 34.907 | |
| Nagelkerke R square | 0.004 | | 0.061 | | 0.069 | | 0.082 | |

注：***、**、*分别表示在1%、5%和10%统计水平下显著。

从社会养老保险参保行为对公众养老担忧的缓解效应来看，被调查对象的参保行为显著影响公众的养老担忧。其中，参保群体的养老担忧度是未参保群体的0.672倍（$e^{-0.397}=0.672$）。这说明当被调查对象的其他变量影响被控制的情况下，社会养老保险的参保行为显著影响公众养老担忧度，即参保群体的养老担忧度低于未参保群体。因此，假设1得到验证。自2009年新农保试点，2014年新农保和城居保合并为城乡居民基本养老保险制度以来，制度的覆盖面不断扩大，保障水平不断提升，制度建设不断优化，制度化的经济保障显著缓解了参保群体的养老担忧度。因此，社会养老可以较好地缓解公众的养老担忧度。

从家庭养老（子女数量、家庭储蓄）对公众养老担忧的缓解效应来看，子女数量、家庭储蓄显著影响公众的养老担忧度。子女数量每增加一个，公众的养老担忧度降低12.5%（$e^{-0.134}=0.875$），说明随着子女数量的增多，提供的家庭养老资源随之增长[1][23]，公众的养老担忧度随之下降；家庭储蓄每增加一个等级，公众的养老担忧度降低42.9%（$e^{-0.561}=0.571$），说明随着家庭储蓄额的增多，家庭可以支配的家庭养老资源必然随之增多，较多的养老资源会在一定程度上降低公众的养老担忧度。因此，家庭养老和社会养老组成的双重保障体系可以有效地缓解公众的养老担忧度，两者之间存在"协同效应"。

控制变量方面，年龄、健康状况对公众养老担忧度有显著影响。其中，年龄每增长一岁，公众的养老担忧度降低2%（$e^{-0.021}=0.98$）。可能的解释是年龄越长的被调查对象会更多的考虑自己的养老问题，在既定的资源约束条件下会更合理的统筹各种养老资源，选择适合自己的养老方式或养老方式组合，来实现较好的养老保障，较成熟的考虑带来相对稳定的养老预期，从而有效降低养老担忧度。健康状况每下降一个等级，公众的养老担忧度提高97.4%（$e^{0680}=1.974$）。身体的免疫能力越差，健康状况越差，面临的疾病风险越高，用于养老的各项支出必然随之增长，在可利用的养老资源既定的情况下，公众的养老担忧度必然随之增加。

---

[1] 陈卫, 杜夏. 中国高龄老人养老与生活状况的影响因素——对子女数量和性别作用的检验[J]. 中国人口科学, 2002(06): 51-57.

### 7.3.2 社会养老参保行为对家庭养老地位的影响效应

（1）家庭养老地位的社会认知

为了衡量家庭养老地位的社会认知，我们设计了"您认为家庭养老发挥的作用如何"这一问题，问卷设计了"非常大""比较大""一般大""比较小""非常小"五个选项，为了满足二分类变量研究的需要，我们将家庭养老发挥作用"非常大""比较大""一般大"的三项合并，归纳为"家庭养老地位的社会认知高"，将认为家庭养老发挥作用"比较小""非常小"的两项合并，归纳为"家庭养老地位的社会认知低"。调查统计结果显示，家庭养老地位社会认知高的比例达到87.3%，即有接近90%的被调查对象认为家庭养老依然在发挥着重要作用。为了分析社会养老参保行为对家庭养老地位的影响，我们做了两者的交互分析（表7-5），分析结果显示，94%的未参保群体认为家庭养老发挥着重要作用，而参保群体中认为家庭养老发挥重要作用的比例为83.5%，这在一定程度上说明社会养老参保行为降低了家庭养老地位的重要性评估，即社会养老对家庭养老有一定的"挤出效应"。为了更深入明晰社会养老对家庭养老"替代效应"，我们构建Logistic统计模型进行回归分析。

表7-5 "社会养老参保行为"与"家庭养老地位"的交互分析

| | | | 社会养老保险的参保行为 | | 合计 |
| | | | 未参保 | 参保 | |
|---|---|---|---|---|---|
| 家庭养老地位的社会认知 | 低 | 频数 | 30 | 143 | 173 |
| | | 比例 | 17.3 | 82.7 | 100 |
| | | 比例 | 6.0 | 16.5 | 12.7 |
| | 高 | 频数 | 467 | 725 | 1192 |
| | | 比例 | 39.2 | 60.8 | 100 |
| | | 比例 | 94.0 | 83.5 | 87.3 |
| 合计 | | 频数 | 497 | 868 | 1365 |
| | | 比例 | 36.4 | 63.6 | 100 |
| | | 比例 | 100 | 100 | 100 |

（2）家庭养老地位的影响因素分析

基于研究假设2，我们建立社会养老参保行为对家庭养老地位的Logistic回归模型，并利用SPSS21.0软件进行分析，模型回归结果如表7-6所示。由于模型存在9个自变量，为了避免不同变量之间可能存在的多重共线性，同时为了验证模型估计结果的稳健性，本研究采用逐步回归的方法来进行验证。模型1分析户口类型、子女数量、健康状况、家庭储蓄4个因素对家庭养老地位社会认知的影响；模型2在控制模型4个变量的基础上，引入参保行为变量，验证社会养老参保行为对家庭养老地位的影响；模型3在模型2的基础上，进一步引入性别、年龄、婚姻状况、文化程度等个人特征变量，分析社会养老对家庭养老的"替代效应"。可以看出，三个回归模型均在1%的统计水平上显著，且模型的解释力较为理想。

表7-6　社会养老参保行为对家庭养老地位影响的Logistic回归结果

| 变量 | 模型1 | | 模型2 | | 模型3 | |
|---|---|---|---|---|---|---|
| | β | S.E | β | S.E | β | S.E |
| 参保行为 | | | −1.096*** | .364 | −1.029*** | 0.369 |
| 性别 | | | | | −0.118 | 0.267 |
| 年龄 | | | | | −0.026* | 0.014 |
| 婚姻状况 | | | | | −0.171 | 0.365 |
| 文化程度 | | | | | −0.308** | 0.097 |
| 户口类型 | −0.438* | 0.268 | −0.246 | 0.276 | 0.068 | 0.296 |
| 子女数量 | 0.225** | 0.103 | 0.250** | 0.108 | 0.266* | 0.151 |
| 健康状况 | −0.379 | 0.252 | −0.344 | 0.255 | −0.387 | 0.264 |
| 家庭储蓄 | 0.661*** | 0.185 | 0.619*** | 0.192 | 0.663*** | 0.195 |
| 常数 | 0.181 | 1.012 | 0.820 | 1.066 | 2.481 | 1.192 |
| Sig. | 0.000 | | 0.000 | | 0.000 | |
| −2Log | 412.424 | | 400.774 | | 389.093 | |
| Chi−square | 22.312 | | 33.229 | | 44.419 | |
| Nagelkerke R square | 0.070 | | 0.104 | | 0.138 | |

注：***、**、*分别表示在1%、5%和10%统计水平下显著。

第三，厘清家庭养老和社会养老的互动机制有助于实现"老有所养"和"老有所乐"的养老目标。研究结果显示，家庭养老和社会养老的互动机制包括"协同效应"和"替代效应"。公众的养老担忧包括经济支持、生活照顾和精神慰藉三个层面，社会养老通过养老金转移支付可以缓解城乡居民的养老经济风险，弱化对家庭养老功能的预期，对家庭养老产生"替代效应"；但生活照顾和精神慰藉方面需求的满足需要家庭内部代际的亲情互助，需要子女数量、家庭储蓄等养老资源的统筹协调，需要传统家庭养老功能的有效发挥。因此，"老有所养"和"老有所乐"养老目标的实现需要家庭养老和社会养老组成传统和现代的双重保障体系，需要两者之间功能互补、相互促进、相扶共长的"协同效应"的充分发挥。

# 8 城乡居民基本养老保险制度发展存在的主要问题

尽管城乡居保制度发展取得了显著的成效，制度公平性较高，可持续性平稳，也得到参保群众较高的满意度评价。但是，由于制度实施时间短、牵涉面广等原因，在老龄化、高龄化、经济新常态、新时代民生新要求等多因素叠加背景下，城乡居民基本养老保险制度发展面临诸多问题与挑战，主要表现在四个方面。

## 8.1 养老金水平总体偏低

### 8.1.1 与城镇职工养老金水平相比

已有的研究成果表明，养老金水平或待遇高低与养老保险制度的有效性具有显著的正相关性。从理论角度看，养老金水平高低一般通过养老金绝对值和养老金替代率来反映（替代率分析部分参见章节8.1.2）。

将城镇职工和城乡居民的养老金绝对值进行对比，可以发现城乡居民和城镇职工的平均养老金相差悬殊，两者的差距基本维持在20—25倍左右（见表8-1）。从全国来看，城镇职工平均养老金从2012年的1742元/人/月增加到在2017年达到2876元/人/月，年平均增长率维持在10%左右。而城乡居民平均养老金从2012年的72元/人/月增加到在2017年达到127元/人/月，年平均增长率不太稳定，最高年份达到30.77%，部分年份甚至出现负增长。

表8-1　2012—2017年城镇职工和城乡居民平均养老金比较

| 年度 | 2012 | 2013 | 2014 | 2015 | 2016 | 2017 |
|---|---|---|---|---|---|---|
| 城镇职工平均养老金（元） | 1742 | 1914 | 2110 | 2353 | 2627 | 2876 |
| 城乡居民平均养老金（元） | 72 | 80 | 91 | 119 | 117 | 127 |
| 离退休人员养老金增幅 | 11.81% | 9.87% | 10.24% | 11.52% | 11.64% | 9.48% |
| 城乡居民养老金增幅 | — | 11.11% | 13.75% | 30.77% | -1.68% | 8.55% |

从广州市情况来看，广州城镇职工平均养老金从2011年的2413元/人/月增加到在2016年达到3388元/人/月，处于国内副省级城市前列，年平均增长率维持在5%—8%左右。而城乡居民平均养老金从2011年的390元/人/月增加到在2016年达到624元/人/月。

表8-2　广州市2011—2016年城镇职工和城乡居民平均养老金比较

| 年度 | 2011 | 2012 | 2013 | 2014 | 2015 | 2016 | 2017 |
|---|---|---|---|---|---|---|---|
| 城镇职工平均养老金（元） | 2413 | 2614 | 2833 | 3019 | 3200 | 3388 | 3735 |
| 城乡居民平均养老金（元） | 390 | 456 | 496 | 574 | 608 | 624 | 633 |
| 离退休人员养老金增幅 | — | 8.33% | 8.38% | 6.57% | 6.00% | 5.88% | 10.24% |
| 城乡居民养老金增幅 | — | 16.92% | 8.77% | 15.72% | 5.92% | 5.59% | 1.44% |

在丧葬补贴标准方面，广东省职工养老保险规定职工死亡时其丧葬费和抚恤金由社保统筹基金支付，两者的标准各为本市上年度在岗职工月平均工资的3倍。但是广州市城乡居保丧葬补贴只有3000元，丧葬补助标准远远落后于城镇职工的丧葬补贴标准。

从上述分析可以看出，无论从全国标准还是广州市情况来看，城乡居保的养老金水平与城镇职工相比差距较大，养老金总体水平偏低。

### 8.1.2　与国际替代率一般标准相比

国际劳工组织《社会保障（最低标准）公约》（第102号）规定，具有30年以上工龄、需供养妻子、达到享受养老金年龄的职工，其养老金替代率最低标准为40%，警戒线水平为50%。按照国际经验，如果希望维持参保者退休前现有的生活水平，那么养老金替代率应该大于70%；养老金发放标准要维持基本生活水平，替代率需要达到60%—70%；一旦养老金的替代率低于50%，则参保者退休后的生活水平将会出现大幅下降。

数据比较发现，城乡居保制度的养老金替代率总体偏低（见表8-3），养老金水平不理想，特别是城镇居民，难以充分满足和保障老年居民的基本生活消费需要。以2016和2017年农村居民和城镇居民人均可支配收入为基数参照，当年的城乡居保平均养老金替代率均不超过15%。农村居民的替代率稍高，为10.45%和12.33%。城镇居民的替代率较低，为4.18%和4.19%。

表8-3　全国城乡居民人均收入和消费支出与城乡居保养老金替代率

| 项　目 | 城市居民Urban Residents | | 农村居民Rural Residents | |
|---|---|---|---|---|
| | 2016年 | 2017年 | 2016年 | |
| 可支配收入 | 33616元/年 | 36396元/年 | 可支配收入 | 33616元/年 |
| 消费性支出 | 23079元/年 | 24445元/年 | 消费性支出 | 23079元/年 |
| 城乡居保人均养老金 | 1404元/年 | 1524元/年 | 城乡居保人均养老金 | 1404元/年 |
| 项目替代率 | 4.18% | 4.19% | 项目替代率 | 4.18% |

数据来源与说明：国家统计局统计年鉴及历年人力资源与社会保障统计公报；2016年城乡居保养老金=624元/月×12=7488；2017年城乡居保养老金=633元/月×12=7596；替代率=城乡居保人均养老金元/年除以人均可支配收入元/年×100%。

我们进一步利用广州市数据进行对比分析，广州城乡居保制度的养老金替代率总体水平高于全国标准（见表8-4）。但养老金水平仍然不够理想，特别是城镇居民，难以充分满足和保障老年居民的基本生活消费需要。以2016年和2017年广东省农村居民和城镇居民人均可支配收入为基数参照，当年的城乡居保平均养老金替代率均不超过35%。农村居民的替代率稍高，为34.9%和32.35%。城镇居民的替代率较低，为14.7%和13.71%。

表8-4　广州市城乡居民人均收入和消费支出与城乡居保养老金替代率

| 项　目 | 城市居民Urban Residents | | 农村居民Rural Residents | |
|---|---|---|---|---|
| | 2016年 | 2017年 | 2016年 | 2017年 |
| 可支配收入 | 50941元/年 | 55400元/年 | 21449元/年 | 23484元/年 |
| 消费性支出 | 38398元/年 | 40637元/年 | 17595元/年 | 18932元/年 |
| 城乡居保人均养老金 | 7488元/年 | 7596元/年 | 7488元/年 | 7596元/年 |
| 项目替代率 | 14.7% | 13.71% | 34.9% | 32.35% |

数据来源与说明：广州统计信息网和市人社局内部数据； 2016年城乡居保养老金=624元/月×12=7488；2017年城乡居保养老金=633元/月×12=7596；替代率=城乡居保人均养老金元/年除以人均可支配收入元/年×100%。

从上述分析可以看出，无论从全国标准还是广州市情况来看，城乡居保的养老金替代率水平与国际替代率一般标准相比差距比较明显，养老金总体水平偏低。

### 8.1.3　与城乡低保标准相比

城乡居保和城乡低保在对象覆盖方面具有重合性，城乡居民养老金是基础，低保制度是对城乡困难群众的二次保障。二者的待遇水平具有一定的参照性。由于我国国家太大，地区之间经济发展很不平衡，所以国家并没有制定统一的最低生活保障标准。因此，我们以广州数据为例来进行城乡居民养老金与低保标准的对比分析。

通过对广州市2011—2016年平均低保标准和城乡居民平均养老金标准的分析，我们发现近几年来，作为基础的城乡居民基本养老保险待遇水平及其调整幅度逐渐低于低保制度（见表8-5）。自广州市城乡居民基本养老保险制度推行以来，人均养老金待遇提高明显。2011年人均养老金水平为每月390元，2016年人均养老金水平提高到每月624元（见表8-4）。与此同时，广州市低保标准大步提高，从2011年的422元到2016年的840元（见表8-5）。伴随这两个制度发展的是两者之间差距的逐步扩大，从2011年的相差32元到2016年的相差198元。数据表明，城乡居保的养老金水平低于低保标准水平，作为底线保障或托底保障的低保标准（低保待遇的一种参考指标）却远远高于作为保障一般生活水平的城乡居保养老金的平均水平。这对于很大一部分"边缘人群"或"夹心层"居民而言，他们既无法达到低保准入标准、无法从低保中获得二次保障，自身家庭收入又较低，有限的养老金很难满足基本的生活。从保障标准的增幅上看，低保标准基本上以两位数的幅度增长（广州市已建立低保标准调整机制，除按低收入居民食品价格消费指数进行测算外，还与城镇居民人均收入的增幅挂钩），基本上高于城乡居民养老保险平均待遇的增长幅度，其差距尚有不断扩大的趋势。

表8-5　广州市2011—2016年平均低保标准和城乡居民平均养老金标准

| 年度 | 2011 | 2012 | 2013 | 2014 | 2015 | 2016 |
|---|---|---|---|---|---|---|
| 低保标准（元） | 422 | 498 | 523 | 588 | 650 | 840 |
| 城乡居民平均养老金（元） | 390 | 456 | 496 | 574 | 608 | 624 |
| 低保标准增幅 | — | 18.00% | 5.02% | 12.43% | 10.54% | 29.23% |
| 城乡居民养老金增幅 | — | 16.92% | 8.77% | 15.72% | 5.92% | 5.59% |

表8-6　社会保障体系各制度板块功能定位

| 多层次制度体系 | 制度功能定位 | 性质 |
|---|---|---|
| 社会救助 | 兜底作用 | 底线保障 |
| 社会保险 | 基础作用 | 基本保障 |
| 社会福利 | （充分）提升作用 | 助力美好生活 |
| 补充保障 | （充分）提升作用 | 助力美好生活 |

　　注释：本表由课题组结合社保理论和十九大报告中关于民生社保方面的论断和研判，自主勾勒而成。

　　本课题组基于理论和十九大最新论断构建了社会保障体系各制度板块的功能定位表格（见表8-6）。我们认为，在顶层设计和制度层次安排上，社会保险在整个社会保障体系中对社会风险防控具有基础作用，为参保者提供基本生活保障，其中的社会养老保险待遇应当高于低保标准，否则将难以发挥社会养老保险的作用。从个人的社会保障角度来看，就失去参保的意义和必要性，容易引起逆向道德选择。

### 8.1.4 与参保居民的养老金期望相比

问卷调查数据显示，参保居民对于城乡居保的制度待遇期望（平均期望值）总体水平较高。当前全国城乡居保的平均养老金不足200元/人/月，与城乡居民的期望值存在较大差距。

数据分析结果显示，从整体上看，有25位居民期望的养老金为500元以下，占全部调查样本的1.8%；期望养老金为1000—1500元和1500—2000元、2000—3000元的居民人数较多，三者人数分别为233人、279人和348人，占比分别为17.00%、20.4%和25.4%。此外。期望养老金在500—1000元、3000—4000元、4000—6000元以及6000元以上的被调查对象分别有154人、211人、63人和55人，占比分别为11.3%、15.4%、4.6%和4.0%。

表8-7 根据目前生活水平，满足养老需要的最低养老金水平

| 最低养老金水平（元） | 频数 | 有效百分比 | 累积百分比 |
| --- | --- | --- | --- |
| 低于500 | 25 | 1.8 | 1.8 |
| 500—1000 | 154 | 11.3 | 13.1 |
| 1000—1500 | 233 | 17.0 | 30.1 |
| 1500—2000 | 279 | 20.4 | 50.5 |
| 2000—3000 | 348 | 25.4 | 76.0 |
| 3000—4000 | 211 | 15.4 | 91.4 |
| 4000—6000 | 63 | 4.6 | 96.0 |
| 6000元以上 | 55 | 4.0 | 100.0 |
| 合计 | 1368 | 100.0 | |

## 8.2 参保扩面面临挑战，潜在的支付风险日益凸显

2014年2月，《关于建立统一的城乡居民基本养老保险制度的意见》由国务院颁布，决定在全国范围内将新农保和城居保合并实施，建立统一的城乡居民基本养老保险制度。截至2014年末，制度参保人数超过5亿人，比上年末增加357万人。其中待遇领取人数超1.4亿人，比上年增长545万人[①]。

2015年，城乡居民社会养老保险制度持续发展。截至2015年末，制度参保人数达到50472万人，比上年末增加365万人。其中待遇实际领取人数14800万人[②]。

2016年，城乡居民社会养老保险制度继续发展。制度覆盖面方面，截至2016年末，城乡居民基本养老保险制度参保人数比上年末增加375万人，达到50847万人。其中待遇实际领取人数增加470万人，达到15270万人[③]。

2017年，城乡居民社会养老保险制度继续发展。制度覆盖面方面，截至2017年末，城乡居民基本养老保险参保人数比上年末增加408万人，达到51255万人。其中，待遇实际领取人数增加328万人，达到15598万人[④]。

2018年，城乡居民社会养老保险制度持续发展。制度覆盖面方面，截至2018年末，城乡居民基本养老保险参保人数比上年末增加1137万人，达到52392万人[⑤]。

可以看出，自2014年新农保和城居保合并实施、建立统一的城乡居民基本养老保险制度以来，一直到2018年，城乡居民基本养老保险制度的参保人数变化不大，基本维持在5亿左右，制度参保扩面面临挑战和难度。

---

[①] 数据来源：人力资源和社会保障部《2014年度人力资源和社会保障事业发展统计公报》。

[②] 数据来源：人力资源和社会保障部《2015年度人力资源和社会保障事业发展统计公报》。

[③] 数据来源：人力资源和社会保障部《2016年度人力资源和社会保障事业发展统计公报》。

[④] 数据来源：人力资源和社会保障部《2017年度人力资源和社会保障事业发展统计公报》。

[⑤] 数据来源：人力资源和社会保障部《2017年度人力资源和社会保障事业发展统计公报》。

我们进一步使用广州市的相关数据进行分析（见表8-8），从2014年到2016年，广州市城乡居保参保总人数维持在120万人左右。而且2016年相比2015年而言，参保总人数略有下降。

**表8-8 不同年龄段参保情况**

| 年份 | 年龄段（岁） | 农村户口（人） | 城镇户口（人） | 年末退休人数（人） |
|---|---|---|---|---|
| 2014 | 16-35 | 128200 | 13915 | 396938 |
| | 36-45 | 209579 | 13019 | |
| | 46-55 | 273773 | 19869 | |
| | 56-60 | 120984 | 12330 | |
| | 61及以上 | 296137 | 73608 | |
| 合计 | 1161414 | 1028673 | 132741 | |
| 2015 | 16-35 | 130307 | 19443 | 456607 |
| | 36-45 | 194994 | 15624 | |
| | 46-55 | 290883 | 23773 | |
| | 56-60 | 107651 | 13454 | |
| | 61及以上 | 347672 | 81222 | |
| 合计 | 1225023 | 1071507 | 153516 | |
| 2016 | 16-35 | 121389 | 20111 | 415629 |
| | 36-45 | 179368 | 16371 | |
| | 46-55 | 294352 | 25732 | |
| | 56-60 | 99700 | 12672 | |
| | 61及以上 | 359061 | 82971 | |
| 合计 | 1211727 | 1053870 | 157857 | |

值得注意的是，中青年参保群体（16—45岁）总体呈下降态势。城乡居保制度的主要参保群体在农村，数据表明（见表8-8），16—35岁的参保总人数从2014年的128200人下降为2016年的121389人，36—45岁的参保总人数从2014年的

209579下降为2016年的179368人。可见，中青年群体参保参保积极性有待提高。另有调查发现，在农村，基层政府城乡居保扩面压力非常大，农村居民停保、弃保和断保现象逐渐增多。

伴随缴费参保"核心"群体总人数下降的是养老金"潜在"领取人数和实际领取人数的上升。数据显示，61岁及以上的养老金"潜在"领取人数从2014年的296137人上升为2016年的359061人。养老金实际领取人数从2014年的396938人上升为2016年的415629人。

从数据变化可以初步研判，参保人数递减和享受人数递增之间的矛盾可能引发支付风险。

## 8.3　基金保值增值压力大，制度可持续性面临挑战

### 8.3.1　基金增值收益率与CPI相比

就全国而言，国务院《意见》规定，城乡居民养老保险基金的投资运营遵照国家统一规定，以实现基金的保值增值。现实运行中，由于缺乏投资运营细则，基金实际运营多采取稳妥的存入银行或购买国债，以此来保证基金的安全性，但基金实际收益率较低，表8-9显示2018年中国工商银行存款利率。

表8-9　工商银行最新存款利率（2018年）

| 一、项目：城乡居民及单位存款 | 年利率（%） |
| --- | --- |
| （一）活期 | 0.30 |
| （二）定期 | |
| 1. 整存整取 | |
| 三个月 | 1.35 |
| 半年 | 1.55 |
| 一年 | 1.75 |
| 二年 | 2.25 |
| 三年 | 2.75 |

（续上表）

| 一、项目：城乡居民及单位存款 | 年利率（％） |
|---|---|
| 五年 | 2.75 |
| 2. 零存整取、整存零取、存本取息 | |
| 一年 | 1.35 |
| 三年 | 1.55 |
| 五年 | 1.55 |
| 3. 定活两便 | 按一年以内定期整存整取同档次利率打6折 |
| 二、协定存款 | 1.00 |
| 三、通知存款 | |
| 一天 | 0.55 |
| 七天 | 1.10 |

表8-10体现了2012—2018年城乡居民养老保险收支与结余情况表，可以看出，近年来，城乡居民基本养老保险基金结余量不断增多，从2012年的2302.2亿元增加到2018年的7207亿元。随着基金滚存积累额的不断增加，基金的保值增值问题就显得特别重要。表8-11显示2013—2018年居民消费价格指数，如果城乡居民养老保险基金存入银行选择一年期定期存款，其收益情况很难跑赢居民消费价格指数，基金就会处于贬值状态，更谈不上保值、增值。

表8-10　2012—2018年城乡居民养老保险收支与结余情况表（单位：亿元）

| 年度 | 基金收入 | 基金支出 | 累计结余 |
|---|---|---|---|
| 2012 | 1829.2 | 1149.7 | 2302.2 |
| 2013 | 2052.3 | 1348.3 | 3005.7 |
| 2014 | 2310.2 | 1571.2 | 3844.6 |
| 2015 | 2854.6 | 2116.7 | 4592.3 |
| 2016 | 2933 | 2117 | 5385 |
| 2017 | 3304 | 2372 | 6318 |
| 2018 | 3809 | 2920 | 7207 |

表8-11　2013—2018年全国居民消费价格指数

| 指标（CPI） | 2018年 | 2017年 | 2016年 | 2015年 | 2014年 | 2013年 |
|---|---|---|---|---|---|---|
| 居民消费价格指数（上年=100） | 102.1 | 101.6 | 102.0 | 101.4 | 102.0 | 102.6 |
| 城市居民消费价格指数（上年=100） | 102.1 | 101.7 | 102.1 | 101.5 | 102.1 | 102.6 |
| 农村居民消费价格指数（上年=100） | 102.1 | 101.3 | 101.9 | 101.3 | 101.8 | 102.8 |

## 8.3.2　基金增值收益率与全国社保基金收益率相比

全国社会保障基金性质是战略储备基金。它是由全国社会保障基金理事会管理的用于我国社会保障事业发展的储备基金。由于我国养老保险实行社会统筹和个人账户相结合的统账结合模式。随着人口老龄化的到来和人口年龄结构的变化，现收现付的社会统筹基金未来会面临较大的基金支付压力。因此国家通过划拨国有股等方式逐步建立起了全国社会保障基金。为了保证基金的投资收益，全国社会保障基金可以按照相关的规定进行投资运营。近年来，全国社会保障基金的投资收益率较为可观。通过表8-12我们发现，2014年全国社会保障基金的投资收益率为11.43%，2000—2016年全国社会保障基金的投资收益率为8.37%。（见表8-12）。就全国而言，国务院《意见》规定，城乡居民养老保险基金的投资运营遵照国家统一规定，以实现基金的保值增值。现实运行中，由于缺乏投资运营细则，基金实际运营多采取稳妥的存入银行或购买国债，以此来保证基金的安全性，但基金实际收益率较低，明显低于全国社会保障基金。

表8-12　基金收益率比较

| 年份 | 来源 | 投资收益率 | 通货膨胀率 |
|---|---|---|---|
| 2014 | 全国社保基金 | 11.43% | 2% |
| 2000—2016 | 全国社保基金 | 8.37% | |
| 2000—2014 | 全国社保基金 | 8.36% | 2.42% |
| 2016 | 广东委托 | 8.27% | |

注释：广东委托指广东省委托全国社会保障基金理事会运营投资的资金，首期为1000亿元。其平均收益率=（331亿/1000亿）/（2016-2012）×100%=8.27%。

### 8.3.3　基金财务安全和可持续性面临挑战

由于待遇调整机制不明确，政府面临较大的调待压力。当前，科学合理的城乡居保制度待遇调整机制尚未建立。与之相对应的是城镇职工养老保险制度，正常的待遇调整机制已经基本形成。尽管这种机制备受争议，也受到学界诸多批判，被认为是行政化色彩浓厚的"调待机制"。目前，为了适应经济不断增长和物价不断上涨的现实情况，国家已经连续13年上调城镇离退休人员养老保险待遇，以切实保障离退休人员老有所养。有学者研究认为，在这种调整机制下，城镇职工的平均养老金水平与之前的发放标准相比翻了两倍多，基本跑赢CPI，实现离退休城镇职工共享经济社会发展成果的目标，较"充分"地保障了参保者的福利权益。但是，由于城乡居保制度尚未建立正常增长机制，未能给参保者一个合理预期，也不能合理引导参保者的预期，使得养老金领取者基本以城镇职工的待遇和调待比例为参照系，要求政府同比例提高城乡居保养老金的待遇，从而使政府面临较大的调待压力。

在丧葬补贴标准方面，广东省职工养老保险规定职工死亡时，其家属享受丧葬费、一次性抚恤金和遗属补助等待遇标准高于城乡居民，比如，丧葬补助费一般为上年度职工平均工资的3—6倍，而城乡居保制度的丧葬抚恤费全国并未确定统一标准，例如广州市规定为约3000元，与前者相差较远。

## 8.4　与相关制度的衔接不尽合理，经办服务能力有待提高

### 8.4.1　城乡居保制度与城镇职工养老保险制度衔接安排不尽合理

城乡居保制度相对独立，通过整合城居保（城镇居民养老保险制度）和新农保（新型农村基本基本养老保险制度）形成的一个城乡统筹的新制度。目前，虽然城乡居保制度与城镇职工基本养老保险制度之间的转移接续出台了初步"办法"，但这个"办法"由于不尽合理，备受"非议"。

从理论角度看，制度间的转移接续实际是权益和责任的流动。当前，在当下的社会保障制度框架中，权益和责任主要通过两个变量或要素来体现，即缴费年限和账户"资金"。

不合理之一是缴费年限的问题。已有的"办法"规定，城乡居保制度与城镇职工养老保险制度之间转移接续，如果从城乡居保向城职保制度转移，缴费年限不累积计算。也就是说，农民进城打工参加城职保，其之前所参加的城乡居保的缴费年限等于零。这样的规定受到很大质疑，认为其不合理。

不合理之二是统筹基金转移问题。如果城职保向城乡居保制度转移，缴费年限合并累积计算。问题在于，"办法"只规定，个人账户资金随同转移到城乡居保的个人账户中，但"统筹账户"中"属于"参保者的"资金"不能随同转移。这样的规定可以说是备受争议。

### 8.4.2  管理经办服务能力面临瓶颈

管理经办服务能力瓶颈指的是社保管理经办服务能力不足的现实情况与日益增加的保障服务需求之间的矛盾。当前，社会保障业务需要下沉到基层经办服务平台，这对基层经办机构的经办服务能力提出了更高的要求。

社会保障管理经办能力瓶颈主要体现在经办资源的严重不足和信息系统建设滞后两大类问题。尽管基层经办服务平台经费有一定保障，有部门预算资金、社会保障各项目专项资金、镇街补助资金等，并且每个基层经办服务机构均安排有办公场地，信息化硬件配合和信息系统能够基本满足基层经办服务机构工作开展需要，但是仍然有许多基层机构存在经费紧张、基础设施落后等实际问题，难以满足未来经办业务精细化管理、经办资源统一标准的必然要求。

社会保障业务的下沉对基层机构经办服务带来更大的考验。一方面，经办人才不足导致人均服务量过大。郑秉文教授研究发现，从人员负荷比来看，在统一模式里，美国基本养老保险的负荷比大约为1：3000，这一养老保险制度包括养老、遗属和伤残保险制度（OASDI）。在自治模式里，奥地利养老机构的大口径负荷比是1：808，小口径负荷比为1：307。荷兰养老经办机构大口径负荷比为1：1622；在公司模式里，养老基金管理公司需要雇佣大量专业技术人员，在养老保险3个主要环节里实施"一站式"服务，养老保险缴费、基金投资管理、养老金发放这三个环节需要大量专业技术人员。从理论上讲，公司模式的负荷比应远高于统一模式和自治模式。然而现实却并非如此，乌拉圭的负荷比为1：2968，智利的负荷比为1：1457。由此看来，无论是与"发达国家"相比，还是与"发展中国家"相比，我国城乡居保的经办服务配比都"偏高"，影响制度的经办服务效率。另一方面，城乡居民养老保险制度的信息化建设滞后。由于制度覆盖面较大，参保人数众多，再加上政策处于不断调整完善阶段，制度的信息化建设较为落后，不能适应形式发展的需要。民政部门、社保部门、公安部门、卫生部门等之间的信息处于割裂状态，不能实现信息共享，在养老待遇认定、养老关系转移接续、等方面存在信息管理漏洞。

## 8.5 小结

尽管城乡居保制度发展取得了显著的成效，制度公平性较高，可持续性平稳，也得到参保群众较高的满意度评价。但是，由于制度实施时间短、牵涉面广等原因，在老龄化、高龄化、经济新常态、新时代民生新要求等多因素叠加背景下，城乡居民基本养老保险制度发展面临诸多问题与挑战。

首先，养老金水平总体偏低。无论与城镇职工相比、与国际替代率一般标准相比，还是与城乡低保标准相比，城乡居民基本养老保险制度的养老金总体水平偏低。较低的养老金支付水平很难满足参保居民对于城乡居保的待遇期望。其次，参保扩面面临挑战，潜在的支付风险日益凸显。再次，基金保值增值压力大，制度可持续性面临挑战。无论是与CPI相比，还是与全国社会保障基金收益率相比，城乡居民基本养老保险制度的基金保值增值压力较大，基金财务安全和可持续性面临挑战。最后，与相关制度的衔接不尽合理，经办服务能力有待提高。一是城乡居保制度与城镇职工养老保险制度衔接安排不尽合理，二是管理经办服务能力面临瓶颈。

# 9 城乡居民基本养老保险制度的优化路径探讨

从理论角度看，一个社会保险制度要实现有效运行、财务平衡和可持续发展，它受到筹资、待遇计发与调整机制、运营管理与经办服务以及制度间合理关系四个要素的制约，前章的问题梳理也是基本按此框架展开。基于此，本章将聚焦筹资、待遇、经办管理与服务和制度间关系四个方面提出相应的政策建议。

## 9.1 夯实多元筹资结构，增强制度抗风险和可持续发展能力

城乡居保基金主要由个人缴费、政府补贴、集体补助构成。同时，基金存款利息、社会捐助和其他收入也是基金的构成部分。在制度实践运行中，由于社会捐助、其他收入的不确定性，它们在基金总量中占比很小。同时，由于村集体经济发展的区域不平衡，并不是所有村集体能够提供"集体补助"。所以，总体上看，城乡居保基金的主要来源为个人缴费和政府补贴。基于此分析，城乡居保制度筹资夯实的政策选项主要是激发个人参保缴费的积极性、延展缴费档次设计和加大政府补贴投入。

### 9.1.1 激发参保积极性和提升缴费档次

首先，扩大参保面，鼓励年轻群体参保。有学者研究表明，缴费人口增长率变化对养老保险基金未来趋势具有敏感性，当缴费人口增长率增加0.5%时，基金当期结余在未来20个社保年度不会出现亏损，且累计结余不断上升，直到到达峰

值。从现实来看，参保人数难以按比例持续增长，这是当下的一种短期性策略选项。因此，短期内扩大城乡居保制度的覆盖面，将非正式就业的城乡居民，如自由职业者、家庭主妇、特困群体等全部纳入到城乡居保制度中，提高缴费人口增长率，对于扩大基金收入和保持基金财务平衡都有非常重要的意义。政策宣传、服务改进等措施可以提高城乡居民养老保险制度的覆盖率。但是，扩面效果只是短期的，当扩面达到一定水平时，很难再通过这一措施提高养老保险基金收入。

其次，鼓励高档次的缴费选择和延展缴费档次设计。相关分析表明，城乡居保的参保群体缴费档次选择呈现双高特征，低档次和高档次选择较多，"平均档次"水平不高。假定城镇职工养老保险制度的个人缴费比例（8%）是合理的，以此为参照，城乡居保的缴费率实际偏低。课题组以2016年广州市城乡居民可支配收入和最高档次缴费为基础进行模糊测算发现，居民缴费率为3%（城市居民）和7.27%（农村居民）。根据广州市人社局内部数据和调研发现，缴费档次选择可模糊平均为"中位数"（中间档次第四档：70元/月），那么缴费率仅为1.64%（城市居民）和3.91%（农村居民）。可见，我们需要优化制度设计，鼓励居民的高档次缴费选择。根据《广州市人民政府办公厅关于印发广州市城乡居民基本养老保险实施办法的通知》，其中政府对于缴费档次的补贴，随着缴费档次的提高，政府补贴的额度虽然增长了，但是增长率反而不断下降。因此，为鼓励较高档次缴费，政府补贴不但应该不断提高，而且增长率也应该提高。值得注意的是，为配合高档次缴费激励，需要顺应经济发展的形势，延展缴费档次，以增强选择性和激励性。

最后，适度适时提高参保缴费最低缴费年限。根据《社会保险法》规定，目前在我国养老保险制度中缴费满15年可领取养老保险金。城乡居保制度也是如是规定，有学者研究发现，如果城乡居民参保满15年后就断保或弃保，达到退休年龄后领取养老金，居民的投保收益率将最大化。在城乡居保制度中，无论你参保年限是15年、20年抑或30年，若同时退休，你的基础养老金部分将是一样的。这种缺乏激励的"规定"导致许多参保人员在缴费满15年后就断保，造成了大量养老基金收入的流失。可以说，这种待遇计发方式不能从制度上激发参保人的缴费积极性。缴费年限满15年已成为能否按月领取基本养老金的"分水岭"，加之基金征缴缺乏有效的制约手段，造成一部分人员在缴费满15年后就停止缴费，坐等按月领取待遇。这致使养老保险待遇提升的压力完全由政府来承担。

因此，为了提高养老保险基金收入，缓解政府不断扩大支出的压力，需要调整最低缴费年限的规定，并将缴费年限与基础养老金待遇挂钩。首先，应该在合适的时机适度提高领取养老金的最低缴费年限。课题组认为，城乡居保的最低缴费年限可提高到18—22年。其次，在提高领取养老金的最低缴费年限的同时，应将缴费年限与基础养老金待遇挂钩，建立激励机制，做到缴费年限越长，基础养老金就越高。当然，这会给政府补贴带来增加的压力。

### 9.1.2　明确政府责任，完善政府对城乡居保的财政投入制度

参保群体扩面日益困难和老龄化、高龄化趋势扩大将对城乡居保制度的基金平衡与可持续发展带来挑战。前述分析已经表明，财政补贴和投入对城乡居保基金的财务安全和基金平衡具有举足轻重的作用。所以，面对这些问题和挑战，需要明确各级政府的责任，加强政府财政投入。

近年来，国家对社会保障的投入逐年增加，但总体比例仍然较低。根据表9-1，2014—2017年社会保障和就业支出占国家财政支出总额的比重都不超过13%，显然，用于养老保险基金的支出比例更低。我国近年来保持了较高的经济发展速度，经济发展水平不断提升。但是，即使考虑到国内外对社会保障支出的统计口径存在一定差异，从总体上看我国社会保障支出的比例还是远远低于西方国家（表9-2）。社会保障支出的比例偏低，不仅难以体现"以人民为中心"的民生保障理念，也无法应对随着退休人口的快速增长和高龄化趋势而带来的基本养老金的支付压力。因此，必须明确政府的财政投入责任和强化民本意识。

### 表9-1　2014—2017年社会保障支出情况

| 年份 | 国家财政支出总额（亿元） | 社会保障和就业支出（亿元） | 社会保障和就业支出/国家财政支出总额 | GDP（亿元） | 社会保障和就业支出/GDP |
|------|------|------|------|------|------|
| 2017 | 203085.49 | 24611.68 | 12.12% | 820754.3 | 3.00% |
| 2016 | 187755.21 | 21591.50 | 11.50% | 740060.8 | 2.92% |

（续上表）

| 年份 | 国家财政支出总额（亿元） | 社会保障和就业支出（亿元） | 社会保障和就业支出/国家财政支出总额 | GDP（亿元） | 社会保障和就业支出/GDP |
|---|---|---|---|---|---|
| 2015 | 175877.77 | 19018.69 | 10.81% | 685992.9 | 2.77% |
| 2014 | 151785.56 | 15968.90 | 10.52% | 641280.6 | 2.49% |

资料来源：根据《国家统计年鉴》历年数据整理所得。

表9-2　部分OECD国家社会保障支出占GDP的比重（单位：%）

| 年份 | 2000 | 2001 | 2002 | 2003 | 2004 | 2005 | 2006 | 2007 |
|---|---|---|---|---|---|---|---|---|
| 加拿大 | 16.5 | 17.0 | 17.1 | 17.2 | 17.1 | 17.0 | 16.9 | 16.9 |
| 美国 | 14.5 | 15.3 | 15.9 | 16.0 | 15.9 | 15.8 | 16.0 | 16.2 |
| 日本 | 16.5 | 17.4 | 17.8 | 18.1 | 18.2 | 18.6 | 18.4 | 18.7 |
| 墨西哥 | 5.3 | 6.0 | 6.3 | 6.7 | 6.6 | 6.8 | 7.0 | 7.2 |
| 法国 | 27.7 | 27.7 | 28.4 | 28.9 | 29.0 | 29.0 | 28.6 | 28.4 |
| 德国 | 26.6 | 26.7 | 27.4 | 27.7 | 27.1 | 27.2 | 26.1 | 25.2 |
| 瑞典 | 28.4 | 28.7 | 29.4 | 30.1 | 29.5 | 29.1 | 28.4 | 27.3 |
| 英国 | 18.6 | 19.3 | 19.4 | 19.8 | 20.5 | 20.5 | 20.4 | 20.5 |
| 土耳其 | — | — | — | — | — | 9.9 | 10.0 | 10.5 |

资料来源：根据http://www.oecd.org/网站统计数据整理所得。

首先，隐性"欠债"问题需要政府扩大财政投入。对比城镇职工养老保险制度，城乡居保制度发端时，从某种角度看，也存在类似"老人""中人"现象。但是，由于多种原因，我们把这种现象后面隐藏的"欠债"选择性地忽略不提了。在实践中，我们政府承担了基础养老金部分的出资责任，但对于个人账户的责任，未能像城镇职工养老保险制度那样明确待遇，以"视同缴费"对待，从而体现一定的"责任担当"。隐性"欠债"现象是城乡养老保险制度改革过程中形成的，是历史债务，不应该由养老保险基金承担，而需要由政府承担起这一责任。因此，要有效回应解决这一隐性"欠债"问题，必须明确这是政府的责任。具体来讲，政府要给制度发端时已经年满60岁及以上的老人的"个人账户"一个负责任的、以最低累计缴费年限为标准的"视同缴费"待遇。

其次，养老金发放标准的提高需要政府增加财政投入。城乡居民基本养老保险制度明确财政的公共投入责任，公共投入主体都包括中央财政和地方财政，基金筹集来源包括政府补贴、集体补助、个人缴费。其中，中西部地区由于地方财政实力薄弱，基础养老金由中央财政100%全额补助，东部地区地方财政实力较强，基础养老金由中央财政补助50%。地方政府财政补助分为"补出口"和"补进口"两个部分。"补出口"分为三部分：一是基础养老金的50%补贴（东部地区）。二是基础养老金适当补贴部分。由地方政府根据本地区财政承受能力和经济发展状况均衡考虑。三是为鼓励长缴多得，对长期缴费群体适当增加的基础养老金。"补进口"分为三部分：一是对所有参保对象的最低额度财政补贴。二是为鼓励多缴多得，对选择较高缴费标准的群体给予的财政补贴。三是特殊群体补助，针对重度残疾人等困难群体的最低缴费部分给予财政补贴。明确政府公共投入责任及补贴标准，意味着城乡居民基本养老保险制度从原来的完全依靠个人缴费的"强制储蓄"型发展成为"个人、集体、政府责任共担"的真正意义上的社会保险。增加政府财政投入可以明显提高养老金发放标准。

最后，城乡居保基金未来的支付缺口需要政府财政投入实现兜底保障。数据分析显示，虽然目前城乡居保基金收入大于支出，累计结余较多。但随着人口老龄化高峰的到来，未来基金收支会出现"拐点"，即收支失衡或收不抵支。尽管目前基金累计结余不少，但绝大部分都是个人账户养老金的累计额。在责任政府框架下，填补缺口、维持基金的平衡是政府不得不面对的问题。因此，政府不仅需要加大财政投入，而且需要随着人口老龄化的加深而逐年提高政府的财政投入比例。目前，政府每年的社会保障支出占财政支出总额的比例不足13%，根据中央政府提出的社会保障事业规划和参照国外的投入比例，应逐步将社会保障支出占财政支出的比重提高到15%—20%。因此，政府应该调整财政支出结构，提高民生保障投入，凸显"人民中心"的共享发展理念，更好更有效地应对基金缺口或支付风险问题。同时，修订完善相关制度规定，建立制度化的财政对城乡居保基金的投入制度。还要明确财政投入的增幅与经济发展速度、人口老龄化程度等之间的动态关系。

## 9.2 坚持精算平衡，加强基金运营管理，优化经办服务

### 9.2.1 引入精算平衡，提升制度筛选与模拟的科学性

党的十八届三中全会已经提出要"坚持精算平衡"。精算作为科学，揭示的是大范围的长周期的规律，一般来说长期趋势预测是比较准确或者接近准确的，而短期的预测则往往偏离会比较大，我们应该把重点放在城乡居保系统性风险防控和基金可持续预测上。前述分析告诉我们，在老龄化加速、高龄化深化、投资运营渠道不通等多因素的叠加影响下，城乡居保基金的可持续主要还要靠政府财政投入来支撑。财政投入、缴费率、收益率、替代率之间的精算平衡决定着城乡居保制度的制度定型、制度预期和制度模拟，对未来政策调整具有重要的基础性作用。

为此，课题组建议如下政策选项：一是可以率先在全国部分地区试点建立政府精算中心。新时代需要新突破，学会运用新的工具，拓展新的视角，更新思维模式，推进精算在社保领域发挥基础性作用。二是由于精算与人口老龄化关系密切，人的生命周期在发生变化，必须多部门联动协同，重视人口数据的采集、处理与共享，为精算平衡需要奠定基础。三是探索建立政府社保精算制度的可行性。一条可行的路径是推动更多的专业机构开展社会保险的精算，通过政府购买社会服务综合多家精算的成果做出研判和决策。

### 9.2.2 健全风险准备金的筹资制度，建立基金运行的评估体系

政府应当扩大风险储备金规模，通过多种渠道进行筹资，加大基金的抗风险能力。第一，财政每年应该划拨固定比例的风险储备金，而不是固定额度；第二，从国有资产收益、国有土地有偿使用收入等渠道按规定比例提取风险储备金；第三，考虑从福利彩票收益中划拨一部分钱充实风险准备金；第四，每年的风险储备金结余存放于银行存款和购买国债的投资收益全部充实到风险储备金中。通过多种渠道的筹资，在几年内实现较大规模的风险储备金规模，以提高养老保险基金的抗风险能力。

　　同时，需要建立城乡居保基金运行的风险预警和评估指标体系。相关部门应该就这一问题达成共识，借助有关高校的研究力量，在充分调研和分析的基础上，构建风险预警和评估指标体系。其重点是监测过去5个社保年度里城乡居保基金收入、支出、结余的具体情况，并合理地测算和预测未来社保年度中基金何时可能出现多少"缺口"，提醒相关部门及早采取措施，做到防患于未然。养老保险基金预警和风险管理体系的建立是一个复杂的过程，需要进行深入的专题研究，确立一套科学、合理的评估指标体系，从而实现养老保险基金预警管理体系的可操作性。

### 9.2.3　推动基金投资运营，提高基金收益率和增强基金支付能力

　　以"勇于改革，敢于开放"的魄力推动城乡居保基金的投资运营，在保证基金安全的前提下实现基金的保值和增值，以此来增强基金的支付能力。要使城乡居保基金实现财务平衡和可持续发展，一方面要做好基金的"开源"与"节流"工作，另一方面要建立稳定的投资运营机制来保证基金的盈利性。当前，由于投资政策障碍及风险管理水平的约束，城乡居保基金的投资范围十分狭窄，只能存放银行和购买国债。这一投资方式虽然保证了养老基金的安全性，但却无法有效实现其盈利性，前述章节的分析已经表明了这一点。全国其他类型养老金的情况也是大致如此。相关统计资料表明，从2008年到2012年的5年间，我国养老保险基金的实际收益率是在贬值缩水。在这5年间，养老保险基金保持2.18%的名义投资收益率，而同期的加权通货膨胀率达到2.2%。

　　当前，为了应对不断加快的人口老龄化进程，城乡居民基本养老保险基金的保值增值变得特别重要。鉴于这种情况，建议政府以"勇于改革，敢于开放"的魄力推动城乡居保基金的投资运营，在保证基金安全的前提下实现基金的保值和增值，以此来增强基金的支付能力。在国家政策层面，社保基金投资运营已经打开了一扇窗，即地方可以通过委托全国社会保障基金理事会对结余基金进行投资运营，实现基金的"盈利性"。同时，我国城乡居保基金投资可以借鉴商业保险和国外的投资实践。商业保险和国外的经验实践表明，投资多元化是应对基本养老保险基金面临的挑战的核心策略。因此，在保证养老保险基金保值的前提下，逐步拓宽养老基金的投资渠道，调整现有的养老保险基金投资组合，采取多元化

投资策略，以提高养老基金投资的收益率。

### 9.2.4　优化经办服务体系，推进经办社会化、信息化和网络化

目前，社会保障管理经办服务能力面临瓶颈。管理经办服务能力瓶颈指的是社保管理经办服务能力不足的现实情况与日益增加的保障服务需求之间的矛盾。当前，社会保障业务需要下沉到基层经办服务平台，这对基层经办机构的经办服务能力提出了更高的要求。社会保障管理经办能力瓶颈主要体现在经办资源的严重不足和信息系统建设滞后两大类问题。尽管基层经办服务平台经费有一定保障，有部门预算资金、社会保障各项目专项资金、镇街补助资金等，并且每个基层经办服务机构均安排有办公场地，信息化硬件配合和信息系统能够基本满足基层经办服务机构工作开展需要，但是仍然有许多基层机构存在经费紧张、基础设施落后等实际问题，难以满足未来经办业务精细化管理、经办资源统一标准的必然要求。而且在社会保障管理体制改革中，要注意防止"重政策、轻执行，重管理、轻服务"的倾向。因此，应该适时推进以政府购买服务为核心的"社会化"，对原有体系进行优化升级，注重服务机制创新，加快构建社会保险经办服务多元化体系。

因此，政府要在三个方面着力推进经办服务提升。一是综合运用服务外包、凭单制、奖励等多种方式推进以"政府购买服务"为核心的"社会化"，增强社会保险业务经办的灵活性。在政府购买服务的过程中，引入竞争机制来对专业服务机构进行遴选，以此来保证业务经办的专业化和经办水平。二是打造多元参与的经办服务网络，发挥社区基层组织的力量，并与"网格化"管理等模式相结合。引入银行、储蓄所、信用社等金融机构，以服务外包的方式参与经办服务中的财务管理，以充分发挥金融机构在财务管理中的专业技术优势，既达到既降低政府部门业务经办成本，又拓展银行、储蓄所、信用社等金融机构业务范围的"双赢"结果。三是规范完善社会保障基本公共服务平台，加快推进社保经办服务的信息化建设。推动城乡居保与城职保系统的合并与共享，整合社保、公安、民政、残联等部门的信息和数据共享，适应大数据时代的需要，简化经办流程，提升制度的便利性和可及性。

## 9.3　构建科学的待遇调整机制，保持合理的养老金替代率水平

前述章节分析表明，不确定的、随机性的养老金待遇调整方式无法合理引导公众的待遇预期，也会给政府调待和财政投入带来较大压力。课题组认为，要实现养老金待遇的合理预期，需要构建科学的待遇调整机制和保持可预期、可接受的平均养老金替代率水平。

### 9.3.1　构建科学的养老金待遇调整机制

国家层面的城乡居民养老保险规定："基础养老金最低标准由中央政府确定，地方政府可根据本地财政承受能力进行适当提高。"这一规定为地方政府进行养老金调整提高了依据。

就城乡居保制度而言，该制度的待遇主要由个人账户养老金和基础养老金构成。由于很大程度上个人缴费提升将会面临较大质疑和压力，很难通过提高个人缴费来提高养老金待遇。因此，城乡居保养老金待遇调整机制基本等同于基础养老金调整机制。

诸多研究表明，科学的待遇调整机制设计要考虑四个核心变量：GDP增长率、平均工资增长率、物价变动情况（消费价格指数CPI）和财政负担能力。

第一，基于以上分析，课题组认为可以运用"平均法"和"权重法"设计科学的待遇调整机制。

方法一：平均法。即将不同变量的变动率进行平均处理，作为待遇调整的比例。其公式为：

基础养老金待遇调整比例＝（GDP+CPI+AI+FN）/4

（GDP指经济发展增长率，CPI为消费者价格指数，AI指平均工资增长率，FN指财政负担能力。）

方法二：权重法。即将不同变量通过专家打分等方法测算出不同权重，从而计算确定待遇调整比例。其公式为：

基础养老金待遇调整比例＝（GDP×W+CPI×X+AI×Y+FN×Z）/4

（GDP指经济发展增长率，CPI为消费者价格指数，AI指平均工资增长率，FN指财政负担能力；W、X、Y、Z分别表示不同变量的对应权重。）

第二，为确保"底线"保障和公平，课题组建议可以划定一条底线，作为基础养老金的适度下限。其公式为：

$$L = C \times E$$

（L为城乡居民基础养老金下限，C为城乡居民消费支出，E为城乡居民恩格尔系数。）

第三，为鼓励多缴多得，长缴多得，应当对长期缴费、超过最低缴费年限的，应适当加发年限基础养老金。

### 9.3.2  保持合理的养老金平均替代率水平

前述章节分析表明，城乡居保制度的养老金替代率总体偏低，养老金水平不理想，特别是城镇居民，难以充分满足和保障老年居民的基本生活消费需要。

理论研究表明，养老金平均替代率变化对养老保险基金趋势具有较强敏感性：当养老金平均替代率增加时，将加速基金收支失衡进程；养老金平均替代率减少时，将延缓基金收支失衡进度。可见，养老金平均替代率的变化对基金支出和基金平衡有着很大的影响。降低养老金平均替代率能够极大地减少基金支出，可能导致基金亏损转为结余。虽然养老金平均替代率的降低有助于平衡基金的收支，但是这也意味着养老保险待遇的下降，因此需要谨慎对待养老金平均替代率的作用。养老金替代率如果过高，会带来养老金的支出增加，影响基金收支平衡，对养老保险制度的可持续发展产生不利影响；过低的替代率会降低退休人员的生活水平，不能充分发挥养老保险应有的作用。根据中央财经大学社保系主任褚福灵的调研数据，1999年我国企业养老金替代率为69.18%，2002年下降到59.28%，2005年养老金替代率下降到50%以下，仅为47.94%，之后一直徘徊在45%左右。2011年的企业养老金替代率进一步下降，降到42.9%的新的低点。根据课题组的测算，以2016和2017年城镇居民和农村居民人均可支配收入为基数参照，当年的城乡居保平均养老金替代率较低。农村居民的替代率稍高，为10.45%和12.33%。城镇居民的替代率较低，为4.18%和4.19%。可见，城乡居保平均养老金的替代率尚处于"非正常""偏低"水平，这也进一步证明，我国城乡居保制度迫切需要构建科学的养老金待遇定期调整机制，使退休人员合理分享经济增长的成果，保证养老保险制度发展的可持续性。

## 9.4　优化制度间协同与衔接，充分保障参保者福利权益

### 9.4.1　强调和优化低保制度与城乡居保制度间的政策协同

根据前述多层次社会保障体系中社会救助（低保生活救助）和社会保险（城乡居保）的功能定位分析，有必要推进政策协同，使得各制度回归"本位"。为此，可供选择的具体策略有：一是按照社会保障体系中社会救助、社会保险政策的理论层次定位，把城乡居保养老金的平均水平调整到不低于低保标准，保障养老尊严和实现"老有所养"。二是推动低保与城乡居保的对接，超过60岁以上老年人一律享受城乡居民养老保险，不再纳入低保范围。同时，建立城乡居保养老金与低保标准调整联动机制，实现社会救助与社会保险制度之间的政策协调、相互沟通、协同运作、无缝对接。

### 9.4.2　优化城乡居保与城职保之间转移接续制度安排

前述分析已经表明，当前城乡居保和城镇职保两个基本养老保险制度之间的转移接续制度安排不尽合理，需要调整。关于如何优化这两个制度之间的转移接续制度安排，一些学者做了初步的研究，并提出了相应思路。刘颖、赵萌提出了"折算加补缴"的转移接续思路。该思路认为在工业化、城镇化快速发展的现实情况下，劳动力的城乡转移，更多的农民工会加入城镇职工养老保险体系。因此提出由城乡居保向城镇职保的转移思路。该办法符合城乡统筹的养老保险制度的发展总体趋势，具有一定的可行性。但是，由于城乡养老保险待遇水平的影响因素较多，而且面临较大的不确定性，因而待遇衔接折算非常复杂。不仅需要考虑农民人均纯收入增长状况、职工工资增长状况、还要考虑个人账户投资收益情况，制度不仅设计复杂而且不确定因素较多。刘昌平、殷宝明模拟评估了城乡居民养老保险的可转续方案，提出了"待遇加权分别享受"的思路。该思路实质是一种混合型转移接续方案，即"视同缴费年限+以替代率标准确定待遇+累积养老金权益"的混合型转续方案。

值得说明的是，不同养老保险制度间的转移接续的核心是充分、完整的福利权益的转移接续，任何"残缺"权益的转移接续制度安排都无法得到参保群体的认同，无法充分保障参保者利益，未来将可能引发潜在的"群体诉求"型权益追

溯。借鉴学者的研究，结合我国实际，课题组认为有两种优化思路选项：

选项一：在当前既定框架下进行制度微调。参保者在由城乡居保制度转到城镇职工养老保险制度时，由此累积的缴费年限应该与城镇职工养老保险制度的参保年限累计合并计算，而不是原规定那样——不合并、不累计计算。同时，参保者城镇职工养老保险制度转到城乡居保制度时，应尽可能实现福利权益的"充分"转移，也就是说，参保者的"统筹部分"应该随同转移或部分转移，而不是原规定那样——不考虑、不转移。

选项二：打破现有制度框架进行制度创新，即"分段计算，加权计发"待遇。现有的养老保险制度之间的转移接续办法不尽合理，不能很好地实现参保者"完整权益"的充分携带和充分保障。课题组认为，可以借鉴欧洲经验，做好参保者信息化档案盒记录留存，对参保者在每个单一制度下缴费所积累的养老金权益为计算基础，由此计算参保者的实际养老金待遇。这种办法体现了贡献与福利对等的原则，使养老金制度具有更好的可携带性，避免了原制度框架下的转移带来的权益"损失"，实现制度无缝衔接。

## 9.5  小结

十九大报告指出要全面建成覆盖全民、城乡统筹、权责清晰、保障适度、可持续的多层次社会保障体系，以满足人民日益增长的美好生活需要。从政治层面看，城乡居民养老保险制度是有力保障和实现居民对美好生活追求这一"民生政治"的重要制度。而要提高广州城乡居民养老保险待遇、实现制度财务平衡和经办服务便利可及，我们必须夯实多元筹资结构与渠道，强化政府投入，适时适度调整制度主体权责，增强城乡居保制度抗风险和可持续发展能力。坚持精算平衡，加强和创新基金运营管理，优化经办服务，构建一个便利、可及的城乡居保制度，增强制度吸引力。还需要构建科学的养老金待遇调整机制，保持可预期、可接受的养老金平均替代率水平，合理引导预期。同时，重视和优化城乡居保与低保等制度间的联动协同与合理衔接，充分保障参保者福利权益。

# 10 结论与建议

## 10.1 本文的主要研究结论

本文研究的核心内容是分析城乡居民基本养老保险制度的运行现状、建设绩效、福利效应及优化路径。

具体而言，本文集中探讨以下七方面的问题：第一，城乡居民养老保险制度的演变历程。梳理从老农保、新农保、城居保到城乡居民养老保险制度的发展历程。第二，城乡居民养老保险制度的运行现状。宏观视角采用政策分析方法，从政策文本形式和政策内容规范两方面探讨我国省际城乡居民基本养老保险政策的地区差异。微观视角采用一线田野调查，实证分析城乡居民的参保现状、政策认知及制度期望。第三，城乡居民养老保险制度的建设绩效。政策供给视角，基于公平性、有效性、可持续性三个层面评估制度的建设绩效；公众需求视角，从公众满意度视角评估制度的实施绩效，并找出关键影响因素。第四，城乡居民养老保险制度的福利效应。从经济福利、社会福利和健康福利三个层面具体操作为相对剥夺感、养老担忧度、身体健康度的三个指标进行实证分析。第五，城乡居民养老保险与家庭养老的互动机制。探讨社会养老参保行为对公众养老担忧度和家庭养老地位的影响，进而探讨两者之间的"协同效应"和"替代效应"。第六，城乡居民养老保险制度发展的问题剖析。从待遇水平、覆盖范围、基金运营、制度衔接运行及业务经办等方面探讨城乡居民养老保险制度的主要问题。第七，城乡居民养老保险制度的优化路径。从制度筹资、运营管理与经办服务、待遇计发与调整机制、制度间协同衔接等方面提出制度的优化路径。对上述七方面问题的分析和阐述形成了本文的研究结论。

第一，城乡居民基本养老保险制度的演变历程。20世纪80年代，农村社会养老保险开始起步。1986年"全国农村基层社会保障工作座谈会"在江苏省沙洲县召开，会议决定在部分农村经济发达地区试点社会养老保险，试点在较小范围内展开，以乡、镇、村为单位，资金主要来源于个人和集体。1989年将试点扩大到以县为单位，并确立农村社会养老保险以自我保障为主的基本原则，集体经济组织和政府给予一定的支持。北京市大兴县、山西省左云县成为首批试点单位。1991年6月，《县级农村社会养老保险基本方案（试行）》由民政部颁布，并在山东等地先行试点。1991年10月，民政部在山东省牟平县召开农村社会养老保险专题会议，总结山东经验并印发《县级农村社会养老保险基本方案》初稿。1992年1月，《县级农村社会养老保险基本方案》正式下发，农村社会养老保险制度正式诞生。自1992年试点开始到1998年底，尽管农村社会养老保险发展迅速，但在制度的发展过程中也存在较多的问题。1999年7月，随着《国务院批转整顿保险业工作小组保险业整顿与改革方案的通知》的下发，将农村社会养老保险纳入清理整顿的工作范畴，认为社会保险在我国农村地区尚不具备全面实施的条件。《保险业整顿与改革方案的通知》的下发意味着农村社会养老保险进入清理整顿和整改的阶段，新的业务全面停止，而已经开展的业务也要进行全面整顿。《通知》下发后，农村社会养老保险制度陷入停滞，快速发展势头戛然而止，参保人数逐年下降，退保人群不断增加。农村社会养老保险制度自1992年全面试点推行到1999年国务院发文进行清理整顿，历时8年时间，在这8年时间里，虽然制度发展较为迅速，参保人数不断增加，基金积累额不断增长，但是制度设计和实际运行中仍然存在较多的问题。主要表现在以下几个方面：一是农村社会养老保险制度的社会性和福利性不足；二是待遇水平偏低；三是基金管理规范性较差；四是农村社会养老保险制度的稳定性较差。虽然制度的实施过程中出现了较大的问题，但学术界和政府也对其实施运行给予了充分的肯定。21世纪以来，广东、北京、江苏、浙江等地开始启动新型农村社会养老保险制度改革，逐步形成了"个人、集体、政府"三方责任分担的制度模式，多数地区的制度模式主要针对城镇化过程中的失地农民，部分地区将保障对象扩展到全体农民。2009年，《关于开展新型农村社会养老保险试点的指导意见》由国务院颁布，即国发〔2009〕32号文件，"新农保"试点开始推行。2011年，《关于开展城镇居民社会养老保险试点的指导意见》由国务院颁布，即国发〔2011〕18号文件，确定自2011年7月1日开始城镇居民社会养老保险制度的试点。2014年2月，《关于建立统一的城乡居民基本养老保险制度的意见》由国务院颁布，即国发〔2014〕8号文件，提出将"新农保"和"城居保"两项制度合并实施，在全国范围内建立统一的城乡居民基本养老保险制度。可以看出，城乡居民基本养老保险制度是新农保和城居保的合并实施，是两种制度的整合和完善，具有重大且积极的意义。首先，提高养老保险的抗风险能力。其次，有利于城乡统筹的养老保险制度的建立。再次，符合社会保障制度公平、正义、共享的核心价值理念。最后，有利于行政管理成本的降低。

第二，城乡居民基本养老保险制度的运行现状。制度运行现状调查从宏观和微观两个层面展开。宏观层面采用政策分析方法，从政策文本形式和政策内容规范两方面探讨我国31个省级行政区城乡居民基本养老保险政策的地区差异，发现各地政策存在较多的相同点：一是各地政策的任务目标相同；二是参保范围一致；三是基金筹集多层次；四是缴费档次有弹性；五是待遇确定及调整方法一致；六是待遇领取条件相同；七是转移接续办法一致；八是管理运营规定一致。地方政策在与国务院《意见》保持一致的情况下，也根据本地实际情况进行了调整，因而地区政策之间也存在较大的差异性：一是政策颁布机构不同；二是政策颁布时间不同；三是个人缴费标准不完全一致；四是政府补贴标准不完全相同；五是基础养老金标准不一致；六是丧葬补助政策不一；七是基金管理运营不一致。试点典型案例分析方面，陕西省城乡居民养老保险的制度特色突出表现为三个层面：一是缴费标准与中央保持一致；二是基础养老金高于中央标准；三是各市县制度执行存在差异。北京市城乡居民养老保险的制度特色表现为四个层面：一是实行固定比例缴费制；二是基础养老金待遇标准高；三是政府财政补贴水平高；四是集体补贴较为普遍。广东省城乡居民养老保险的制度特色表现为四个层面：一是个人缴费标准提高；二是基础养老金水平高于中央标准；三是政府补贴标准较高；四是试点地区丧葬补贴标准较高。广州市城乡居民养老保险的制度特色表现为四个层面：一是在制度变迁进程中，以群体诉求为导向进行政策建构；

二是以上位政策为导向，在大的原则框架内进行适度制度创新；三是遵从"福利加法"，注重制度衔接；四是具体的制度设计凸显人性化特征。微观层面：为了更加清晰的了解城乡居民基本养老保险制度的运行现状，我们在全国8个省份进行一次大规模的问卷调查。通过全国8个省份的田野调查，明晰城乡居民基本养老保险制度的实施现状、参保现状、政策认知及制度期望，为制度绩效评估奠定基础。

第三，城乡居民基本养老保险制度的建设绩效。政策供给视角，基于公平性、有效性、可持续性三个层面评估制度的建设绩效。评估发现：一是公平性总体较高：即公平理念得到贯彻，参保比率逐年上升，待遇水平尚需提高。价值理念方面，城乡居民基本养老保险制度的核心价值理念是公平与普惠，个个能参保，人人有保障，百姓得实惠，这一理念在实践中得到切实的贯彻执行；参保比率方面，制度推行有力，城乡居民基本养老保险制度的参保人数逐年增长，参保比率逐年上升，制度覆盖面不断扩大，但年轻群体参保积极性面临挑战，有待提高；待遇水平方面，城乡居民对制度待遇水平的总体期望较高，目前的养老金领取水平距离城乡居民的主观预期存在一定的差距，今后要注重养老保险待遇水平的提升，逐步实现"老有所养"和"老有所乐"的制度目标。二是有效性总体一般：即制度运行规范性高，缴费档次设置基本适合城乡居民缴费能力，待遇水平总体偏低，基金运行相对平稳，但保值增值能力有限，行政运行效率较高，群众满意度高。三是可持续性总体平稳：基金运行比较平稳，财务可靠性较高，与其他相关制度衔接留有接口，制度发展性较强。基金的可持续性方面，在市本级财政、区级财政和集体补助不断下降的情况下，基金结余额仍然保持相对稳定，基金运行比较平稳，财务可靠性较高；与其他养老保险制度衔接留有接口，制度发展性较强。随着城乡居民基本养老保险制度的发展，制度参保人数和待遇领取人数逐年增加，基金收入和基金支出都呈现逐步增加的趋势，但是基金收入和基金支出比小幅度逐年下降，制度赡养率虽逐年提升，但并未对基金总体结余产生较大影响，基金可支付月数不断增加，说明目前基金的运行保持了较好的可持续性，财务可靠性较高。制度的发展性方面，城乡居保制度能够很好地与城镇职工基本养老保险制度相衔接，还能兼顾特殊人群，如农村"五保"、低保制度、优抚安置对象等。这说明，城乡居保制度具有较好的制度延展性或发展性。公众需求视角，从公众满意度视角评估制度的实施绩效，并找出关键影响因素。研究发现：一是城乡居民基本养老保险制度的建设绩效得到被调查对象的普遍认可，总体满意度较高。统计结果显示，公众对制度持满意态度的比例为78.3%，说明新农保和城居保合并实施后，制度的实施效果得到了大多数受众的认可。二是制度实施效果四个层面的公众评估存在差异。首先，制度信任度较高，89.7%的被调查对象表示愿意继续参保。其次，养老担忧度较高，仅有25.8%的被调查对象表示"不太担心"和"完全不担心"。制度减负作用和缩差效果距离公众预期尚存在一定差距，认为制度减负作用"比较小"和"非常小"的比例达到31.7%，而认为制度缩差效果"比较小"和"非常小"的比例更高达41.4%。三是制度政策认知四个层面的公众评估存在差异。首先，缴费层面的满意度评估相对较高。其次，政策支持、经办服务的满意度评估相对较低。最后，待遇层面的满意度评估最低。四是个人因素的文化程度、婚姻状况，社会因素的收入水平、制度政策认知的四个因素，制度实施效果的四个因素显著影响公众对于制度的满意度评估。

第四，城乡居民基本养老保险制度的福利效应。从经济福利、社会福利和健康福利三个层面考察城乡居民基本养老保险制度的福利效应，将其具体操作为相对剥夺感、养老担忧度、身体健康度三个指标，进而利用全国8省1371份田野调查数据进行实证分析。研究发现：一是社会养老保险显著提高城乡居民的福利状况。从影响效应来看，参保群体的相对剥夺感更弱，养老担忧度更低，身体健康度更高，因而生活质量更高，社会养老保险参保行为显著提升城乡居民福利状况。社会养老的参保行为意味着加入制度化的保障机制，意味着居民的养老风险将通过社会化的风险分散机制予以化解，财政支持的基础养老金发放机制和稳定的安全预期增强了他们的社会信任感和政治参与度，养老金的发放提高了老年居民的收入水平，改善了经济状况和健康状况，从而带来福利状况的提升。二是家庭养老中家庭储蓄显著提高城乡居民的福利状况，但子女数量并不一定带来福利状况的提升。从影响效应来看，家庭储蓄越多，被调查对象的相对剥夺感越弱，养老担忧度越低，身体健康度越高，因而生活质量越高，家庭储蓄显著提升城乡居民福利状况。家庭储蓄作为储备资金，可以有效化解家庭面临的不确定性风险，储蓄额越多，意味着经济上的独立性越强，风险保障能力越强，会带来生活水平的改善和健康水平的提升，提高城乡居民的福利状况。子女数量越多，养老担忧度越低，但相对剥夺感增强，身体健康度降低，因而子女数量并不一定带来福利状况的提升。子女数量越多，来自子女的代际支持增多，可以较好地缓解居民的养老担忧度。然而近年来的经济结构快速转型使得"啃老"现象日益普遍，子女数量增多带来父母经济压力增大，家庭经济状况变差，相对剥夺感就会越强。子女数量的增多并不必然带来生活照护服务、精神慰藉服务的增多。子女为了更好的教育机会和就业机会去大城市求学或就业，空间距离的增大减小了生活照护服务和精神慰藉服务的提供，同时子女成长过程中需要父母投入的时间精力和照顾成本就越多，过度的辛劳和持续的付出引起健康状况的下滑。三是家庭养老需由关注子女数量向注重子女质量方向发展。子女数量增多并不必然带来福利状况的改善，即"多字未必多福"。子女数量作为家庭养老的重要资源，子女数量越多，代际经济支持、生活照顾、精神慰藉的可能性越大，但要实现潜在养老资源向现实养老资源的转变，还需要注重子女质量的发展，进行子女教育投资和人力资本积累，减少"啃老"现象的发生。

第五，城乡居民基本养老保险与家庭养老的互动机制。自2009年新农保试点以来，社会养老嵌入家庭养老的社会情境并产生互动机制，厘清家庭养老和社会养老的互动机制有助于实现"老有所养"和"老有所乐"的养老目标。本部分通过社会养老参保行为对公众养老担忧度和家庭养老地位的影响来探讨城乡居民基本养老保险制度和家庭养老的互动机制。研究发现：一是公众的养老担忧较为普遍，社会养老参保行为显著降低养老担忧度，与家庭养老产生"协同效应"。调查结果显示，公众的养老担忧较为普遍，74.2%的被调查对象担心自己的养老问题。年龄、健康状况对公众养老担忧度有显著影响。社会养老保险参保行为显著降低公众的养老担忧度，参保群体的养老担忧度显著低于未参保群体。随着子女数量的增多，家庭储蓄额的提高，公众的养老担忧度随之下降，家庭养老在降低公众养老担忧度方面发挥重要作用。二是家庭养老地位的社会认知度高，社会养老参保行为弱化了对家庭养老功能的预期，对家庭养老产生一定的"替代效应"。调查结果显示，家庭养老作为传统的养老方式，其地位的社会认知度较高，87.3%被调查对象认为家庭养老依然发挥较大作用。年龄、文化程度、子女数量、家庭储蓄对家庭养老地位有显著影响。社会养老保险参保行为显著影响家庭养老地位的社会认知，未参保群体更加重视家庭养老。作为制度化的保障机制，社会养老保险通过稳定的养老金发放机制有效缓解城乡居民的养老经济风险，弱化对家庭养老功能的预期，对家庭养老产生一定的"替代效应"。三是厘清家庭养老和社会养老的互动机制有助于实现"老有所养"和"老有所乐"的养老目标。研究结果显示，家庭养老和社会养老的互动机制包括"协同效应"和"替代效应"。公众的养老担忧包括经济支持、生活照顾和精神慰藉三个层面，社会养老通过养老金转移支付可以缓解城乡居民的养老经济风险，弱化对家庭养老功能的预期，对家庭养老产生"替代效应"；但生活照顾和精神慰藉方面需求的满足需要家庭内部代际的亲情互助，需要子女数量、家庭储蓄等养老资源的统筹协调，需要传统家庭养老功能的有效发挥。

第六，城乡居民基本养老保险制度发展存在的主要问题。尽管城乡居民基本养老保险制度发展取得了显著的成效，得到参保居民较高的满意度评价。但是，在老龄化、高龄化和经济新常态等因素的叠加影响下，城乡居保制度发展面临诸多问题与挑战，主要如下：一是养老金水平总体偏低。二是参保扩面面临挑战，年轻群体参保积极性有待提高。同时，参保人数递减和享受人数递增之间的矛盾可能引发支付风险。三是基金保值增值压力大，制度可持续性面临挑战。四是城乡居保制度与最低生活保障制度、城镇职工养老保险制度的衔接安排尚需更加合理。同时，经办服务能力有待提高。

第七，城乡居民基本养老保险制度的优化路径。从理论角度看，一个社会保险制度要实现有效运行、财务平衡和可持续发展，它受到筹资渠道与规模、待遇计发与调整机制、运营管理与经办服务以及制度间合理关系四个要素的制约，基于此逻辑框架和前述问题，本文聚焦筹资、待遇、经办管理与服务、制度间关系四个方面提出了相应的政策建议：一是夯实多元筹资结构与渠道，增强城乡居保制度抗风险和可持续发展能力。二是构建科学的养老金待遇调整机制，保持可预期、可接受的养老金平均替代率水平，合理引导预期。三是坚持精算平衡，加强基金运营管理，优化经办服务，构建一个便利、可及的城乡居保制度，增强制度吸引力。四是优化制度间的协同与衔接，充分保障参保者福利权益。

## 10.2　对进一步研究的建议

本文集中探讨城乡居民基本养老保险制度的运行现状、建设绩效、福利效应及优化路径。但由于资料搜集、知识积累以及个人能力等方面的问题，许多内容还有待进一步的深入研究。

第一，城乡居民基本养老保险制度的绩效评估问题。本文基于供给和需求两个视角进行评估。政策供给视角，基于公平性、有效性、可持续性三个层面评估制度的建设绩效；公众需求视角，从公众满意度视角评估制度的实施绩效，并找出关键影响因素。政府绩效评估是西方发达国家行政体制改革过程中逐渐形成和发展起来的，制度的绩效评估从性质上来看属于政府公共项目绩效评估的范畴。从宏观层面来看，公共项目绩效评估分为两类：一是根据掌握的情况对制度内容与制度设计进行"非正式评估"。没有严格的评价形式、评价内容和客观的评价指标。二是通过设置一套完善客观的评价体系对制度进行"正式评估"。本文只是采用政策供给和公众需求两个视角进行评估，将来还可以尝试更多的方法进行评估。比如，从财政责任、制度激励、制度宣传、制度可持续性等方面对城乡居民基本养老保险制度进行评估；从制度公平性、受众满意度、制度缩差效果、制度减负作用等方面对城乡居民基本养老保险制度进行评估；从政策方案合理性，政策执行有力性，政策结果满意性三方面设置评估指标对城乡居民基本养老保险制度进行评估；从"全覆盖、保基本、有弹性、可持续"四方面设置评估指标对城乡居民基本养老保险制度进行评估等。

第二，城乡居民基本养老保险制度的福利效应问题。本文从经济福利、社会福利和健康福利三个层面考察城乡居民基本养老保险制度的主观福利效应，将其具体操作为相对剥夺感、养老担忧度、身体健康度三个指标，进而利用全国8省1371份田野调查数据进行实证分析。研究结果表明，社会养老保险显著提高城乡居民的福利状况。从影响效应来看，参保群体的相对剥夺感更弱，养老担忧度更低，身体健康度更高，因而生活质量更高，社会养老保险参保行为显著提升城乡居民福利状况。本文分析福利效应从经济福利、社会福利和健康福利三个层面选取相对剥夺感、养老担忧度、身体健康度三个指标进行研究，未来还可以考虑从城乡居民基本养老保险制度调节分配效应、促进消费效应、保障生活效应以及激励参保效应等视角切入全方位的探讨制度的福利效应。本文分析了城乡居民基本养老保险的影响效应，但并未进一步分析福利效应的影响机制。城乡居民基本养老保险制度福利效应的影响机制主要来源于三条途径，绝对收入效应、相对收入效应和时间分配效应，将来可以尝试在这一方面进行深入探讨。

第三，城乡居民基本养老保险制度的优化路径问题。本文聚焦筹资、待遇、经办管理与服务、制度间关系四个方面从夯实多元筹资结构与渠道，增强城乡居保制度抗风险和可持续发展能力；构建科学的养老金待遇调整机制，保持可预期、可接受的养老金平均替代率水平，合理引导预期；坚持精算平衡，加强基金运营管理，优化经办服务，构建一个便利、可及的城乡居保制度，增强制度吸引力；优化制度间的协同与衔接，充分保障参保者福利权益等方面提出了相应的政策建议。本文提出的优化路径是基于现状调查和绩效评估而做出的近期工作建议，并未涉及远期的改革思路。关于远期的改革思路，有一种观点认为，应该将城乡居民基本养老保险制度做大做强，不断提高基础养老金水平，加大财政补贴力度激励参保者选择更高缴费档次，这意味着政府财政投入的大幅增加。在当前我国经济增速放缓的背景下，如果不进行财政结构调整，财政能否不断大幅增加对城乡居民基本养老保险制度的投入是使得商榷的。此外，在城镇职工养老保险强制性不到位的情况下，城乡居民养老保险保障水平的不断提升，会引发部分职工从职工养老保险转入居民养老保险的情况发生，由此引起职工养老保险参保人数减少，可能会加重职工养老保险"系统老龄化"程度。基于上述考虑，单独考虑城乡居民基本养老保险制度做大做强，似乎并非良策。从长远来看，应该考虑养老保险制度整合的目标，通过改进城乡居民基本养老保险的制度设计，将其与职工养老保险进行制度整合。具体而言，上述目标的实现必然需要一段时间的过渡。首先，通过"低标准缴费、低标准享受"逐步降低职工养老保险的参保门槛，让部分缴费能力较强的城乡居民进入职工养老保险制度，同时留出制度衔接接口。其次，在基础养老金水平逐步一致的前提下，实行缴费水平与待遇水平逐步挂钩，使参保人员可以灵活选择缴费档次。最后，进行制度顶层架构改革。初步设想为"国民年金（基础养老金）+账户式养老保险制度"。基础养老金保障基本生活需求，又可以体现因缴费能力和保障需求差异而不同的养老金水平。关于远期的改革思路，应该按照十九大"覆盖全民、城乡统筹、权责清晰、保障适度、可持续、多层次"的精神，进行审慎的考虑，厘清制度定位、制度模式和运行机制，并选择合理可行的实现路径最终走向理想的状态。这是下一步需要进一步深入研究的方向。

# 参考文献

## 中文著作类：

1．安增龙. 中国农村社会养老保险制度研究[M]. 北京: 中国农业出版社, 2006.

2．蔡昉. 中国劳动与社会保障体制改革30年版研究[M]. 北京: 经济管理出版社, 2008.

3．曹信邦. 新型农村社会养老保险制度构建: 基于政府责任的视角[M]. 北京: 经济科学出版社, 2012.

4．陈佳贵, 王延中. 中国社会保障绿皮书[M]. 北京: 社会科学文献出版社, 2004.

5．陈佳贵, 王延中. 中国社会保障绿皮书[M]. 北京: 社会科学文献出版社, 2010.

6．陈建安. 战后日本社会保障制度[M]. 上海: 复旦大学出版社, 1996.

7．崔红志. 新型农村社会养老保险制度适应性的实证研究[M]. 北京: 社会科学文献出版社, 2011.

8．丁建定, 杨凤娟. 英国社会保障制度的发展[M]. 北京: 中国劳动保障出版社, 2004.

9．丁士军. 经济转型期的中国农村老年版人的保障[M]. 北京: 中国财政经济出版社, 2005.

10．董克用, 王燕. 养老保险[M]. 北京: 中国人民大学出版社, 2000.

11．范斌. 福利社会学[M]. 北京: 社会科学文献出版社, 2006.

12．封进. 可持续的养老保险水平[M]. 北京: 中信出版社, 2016.

13．和春雷. 当代德国社会保障制度[M]. 北京: 法律出版社, 2001.

14．和春雷. 社会保障制度的国际比较[M]. 北京: 法律出版社, 2001.

15．何平. 中国农村养老保险制度改革与发展报告: 可持续性分析[M]. 北京: 中国经济出版社, 2011.

16．华迎放. 新型农村社会养老保险制度建设研究[M]. 北京: 中国劳动社会保障出版社, 2013.

17．黄丽, 罗锋, 刘红梅. 城乡居民基本养老保险制度的可持续发展[M]. 北京: 中国农业出版社, 2017.

18．李翠霞. 农村养老的制度选择与基础[M]. 武汉: 华中师范大学出版社, 2006.

19．李绍光. 养老金制度与资本市场[M]. 北京: 中国发展出版社, 1998.

20．李珍. 社会保障理论[M]. 北京: 中国劳动社会保障出版社, 2001.

21．梁鸿, 赵德余. 人口老龄化与中国农村养老保障制度[M]. 上海: 上海人民出版社, 2008.

22．林义. 社会保险[M]. 北京: 中国金融出版社, 1998.

23．林义. 社会保险制度分析引论[M]. 成都: 西南财经大学出版社, 1997.

24．林义. 农村社会保障的国际比较及启示研究[M]. 北京: 中国劳动社会保障出版社, 2006.

25．刘昌平, 殷宝明, 谢婷. 中国新型农村社会养老保险制度研究[M]. 北京: 中国社会科学出版社, 2010.

26．柳清瑞. 中国养老金替代率适度水平研究[M]. 沈阳: 辽宁大学出版社, 2004.

27．刘晓梅. 中国农村社会养老保险理论与实务研究[M]. 北京: 科学出版社, 2010.

28．卢媛, 孙娜娜. 中国城乡居民养老保险制度与收支测度数量方法[M]. 北京: 经济管理出版社, 2019.

29．吕学静. 日本社会保障制度[M]. 北京: 经济管理出版社, 2000.

30．吕学静. 现代各国社会保障制度[M]. 北京: 中国劳动社会保障出版社, 2006.

31．孟宏斌．新农保政策实施背景下的农村老年版人福利改进：基于普惠型养老金代际传递的分析[M]．西安：陕西人民出版社，2018．

32．米红．农村社会养老保障理论、方法与制度设计[M]．杭州：浙江大学出版社，2007．

33．米红，杨翠迎．农村社会养老保障制度基础理论框架研究[M]．北京：光明日报出版社，2008．

34．穆光宗．家庭养老制度的传统与变革[M]．北京：华龄出版社，2002．

35．穆怀中．中国社会保障适度水平研究[M]．沈阳：辽宁大学出版社，1998．

36．穆怀中，柳清瑞．中国养老保险制度改革关键问题研究[M]．北京：中国劳动社会保障出版社，2006．

37．穆怀中．国民财富与社会保障收入再分配[M]．北京：中国劳动和社会保障出版社，2003．

38．穆怀中．社会保障国际比较[M]．北京：中国劳动和社会保障出版社，2007．

39．穆怀中．国际社会保障制度教程[M]．北京：中国人民大学出版社，2008．

40．潘剑锋．传统孝道与中国农村养老的价值研究[M]．长沙：湖南大学出版社，2007．

41．覃双凌．西南民族地区城乡居民基本养老保险制度可持续发展研究[M]．上海：上海财经大学出版社，2016．

42．任倩，付彩芳．国外农村养老保险[M]．北京：中国社会出版社，2006．

43．尚长风．农村养老保险模式和财政"三农"政策研究[M]．南京：南京大学出版社，2009．

44．申曙光．社会保险学[M]．广州：中山大学出版社，1998．

45．石秀和．中国农村社会保障问题研究[M]．北京：人民出版社，2006．

46．宋斌文．当代中国农民的社会保障问题研究[M]．北京：中国财政经济出版社，2006．

47．宋健．中国农村人口的收入与养老[M]．北京：中国人民大学出版社，2006．

48．宋金文．日本农村社会保障：养老的社会学研究[M]．北京：中国社会科学出版社，2007．

49．苏保忠．中国农村养老问题研究[M]．北京：清华大学出版社，2009．

50．谭克俭. 农村养老保障体系构建研究[M]. 北京: 中国社会出版社, 2009.

51．王晓洁. 城乡居民养老保险财政保障机制研究[M]. 北京: 人民出版社, 2016.

52．王延中. 社会保障绿皮书(2017)[M]. 北京: 社会科学文献出版社, 2017.

53．王延中, 单大圣, 龙玉其. 社会保障绿皮书(2019)[M]. 北京: 社会科学文献出版社, 2019.

54．王延中. 中国的劳动与社会保障问题[M]. 北京: 经济管理出版社, 2004.

55．魏加宁. 养老保险与金融市场——中国养老保险发展战略研究[M]. 北京: 中国金融出版社, 2002.

56．吴晓东. 中国农村养老的经济分析[M]. 成都: 西南财经大学出版社, 2005.

57．徐强. 农民社会养老保险制度的公共投入优化研究[M]. 北京: 经济管理出版社, 2015.

58．杨刚. 中国农村养老保障制度研究[M]. 北京: 北京师范大学出版社, 2011.

59．杨翠迎. 中国农村社会保障制度研究[M]. 北京: 中国农业出版社, 2003.

60．杨翠迎. 农村基本养老保险制度理论与政策研究[M]. 杭州: 浙江大学出版社, 2007.

61．杨复兴. 中国农村养老保障模式创新研究: 基于制度文化的分析[M]. 昆明: 云南人民出版社, 2007.

62．余桔云. 新农保对老年版人口生活质量影响的实证研究[M]. 北京: 经济科学出版社, 2018.

63．苑梅. 我国农村社会养老保险制度研究[M]. 大连: 东北财经大学出版社, 2011.

64．袁志刚, 封进, 葛劲峰, 陈沁. 养老保险经济学: 解读中国面临的挑战[M]. 北京: 中信出版社, 2016.

65．张敬一, 赵新亚. 农村养老保障政策研究[M]. 上海: 上海交通大学出版社, 2007.

66．张岭泉. 农村代际关系与家庭养老[M]. 保定: 河北大学出版社, 2011.

67．张思锋, 王立剑. 新型农村社会养老保险制度试点研究: 基于三省六县的调查[M]. 北京: 人民出版社, 2011.

68. 郑功成. 中国社会保障制度变迁与评估[M]. 北京: 中国人民大学出版社, 2002.

69. 郑功成. 中国社会保障30年[M]. 北京: 人民出版社, 2008.

70. 郑功成. 社会保障学[M]. 北京: 商务印书馆, 2000.

71. 郑功成. 中国社会保障改革与发展战略(总论卷)[M]. 北京: 人民出版社, 2011.

72. 郑功成. 中国社会保障改革与发展战略(养老保险卷)[M]. 北京: 人民出版社, 2011.

73. 郑伟. 中国社会养老保险: 制度变迁与经济效应[M]. 北京: 北京大学出版社, 2005.

74. 周弘. 福利的解析——来自欧美的启示[M]. 上海: 上海远东出版, 1998.

75. 周弘. 社会保障制度国际比较[M]. 北京: 中国劳动保障出版社, 2010.

76. 周莹. 中国农村养老保障制度的路径选择研究[M]. 上海: 上海社会科学院出版社, 2009.

## 中文译作类:

1. 〔澳〕欧文·E·休斯著. 公共管理导论[M]. 张成福, 王学栋等译. 北京: 中国人民大学出版社, 2007.

2. 〔比〕热若尔·罗兰著. 转型与经济学[M]. 张帆, 潘佐红译. 北京: 北京大学出版社, 2002.

3. 〔丹麦〕戈斯塔·艾斯平–安德森著. 福利资本主义三个世界[M]. 郑秉文译. 北京: 法律出版社, 2003.

4. 〔丹麦〕戈斯塔·艾斯平–安德森编. 转型中的福利国家——全球经济中的国家调整[M]. 杨刚译. 北京: 商务印书馆, 2010.

5. 〔德〕柯武刚, 史漫飞著. 制度经济学: 社会秩序与公共政策[M]. 韩朝华译. 北京: 商务印书馆, 2008.

6. 〔德〕弗兰茨–克萨韦尔·考夫曼著. 社会福利国家面临的挑战[M]. 王学东译. 北京: 商务印书馆, 2004.

7. 〔加〕米什拉著. 资本主义社会的福利国家[M]. 郑秉文译. 北京: 法律出版

社, 2003.

    8．〔美〕阿瑟·奥肯著. 平等与效率[M]. 王奔洲译. 北京: 华夏出版社, 1999.

    9．〔美〕彼得·F·德鲁克著. 养老金革命[M]. 刘伟译. 北京: 东方出版社, 2009.

    10．〔美〕巴林顿·摩尔著. 民主和专制的社会起源[M]. 拓夫, 张东东等译. 北京: 华夏出版社, 1987.

    11．〔美〕道格拉斯·诺思. 理解经济变迁过程[M]. 钟正生, 刑华译. 北京: 中国人民大学出版社, 2013.

    12．〔美〕道格拉斯·诺思. 制度、制度变迁与经济绩效[M]. 杭行译. 上海: 上海人民出版社, 2008.

    13．〔美〕科林·吉列恩, 约翰·特纳, 克利夫·贝雷, 丹尼斯·拉图利. 全球养老保障改革与发展[M]. 杨燕绥等译. 北京: 中国劳动社会保障出版社, 2002.

    14．〔美〕约翰 B·威廉姆森, 费雷德 C·帕姆佩尔. 养老保险比较分析[M]. 马胜杰等译. 北京: 法律出版社, 2002.

    15．〔美〕B. 盖伊·彼得斯. 政治科学中的制度理论: "新制度主义"[M]. 王向民, 段红伟译. 上海: 上海人民出版社, 2011.

    16．〔美〕威廉姆·H·怀特科, 罗纳德·C·费德里科. 当代世界的社会福利[M]. 谢俊杰译. 北京: 法律出版社, 2003.

    17．〔美〕西达·斯考切波. 国家与社会革命: 对法国、俄国和中国的比较分析[M]. 何俊志, 王学东译. 上海: 上海人民出版社, 2007.

    18．〔美〕邹至庄. 中国经济转型[M]. 曹祖平译. 北京: 中国人民大学出版社, 2005.

    19．〔日〕广井良典, 沈洁. 中国·日本社会保障制度的比较与借鉴[M]. 北京: 中国劳动社会保障出版社, 2009.

    20．〔西〕何塞·路易斯·埃斯克里瓦等. 拉美养老金改革: 面临的平衡与挑战[M]. 郑秉文译. 北京: 中国劳动社会保障出版社, 2012.

    21．〔匈〕雅诺什·科尔奈. 后社会主义转轨的思索[M]. 肖梦译. 吉林: 吉林人民出版社, 2003.

    22．〔英〕安东尼·吉登斯. 第三条道路及其批评[M]. 孙相东译. 北京: 北京大学出版社, 2000.

23．〔英〕A·C·庇古. 福利经济学(上、下)[M]. 金镝译. 北京: 商务印书馆, 2006.

24．〔英〕安东尼·哈尔, 詹姆斯·梅志里. 发展型社会政策[M]. 罗敏译. 北京: 社会科学文献出版社, 2006.

25．〔英〕保罗·皮尔逊. 拆散福利国家——里根、撒切尔和紧缩政治学[M]. 舒绍福译. 吉林: 吉林出版集团有限公司, 2007.

26．〔英〕保罗·皮尔逊. 福利制度的新政治学[M]. 汪淳波, 苗正民译. 北京: 商务印书馆, 2004.

27．〔英〕贝弗里奇. 贝弗里奇报告: 社会保险和相关服务[M]. 劳动和社会保障部社会保险研究所译. 北京: 中国劳动社会保障出版社, 2004.

28．〔英〕弗里德里希·哈耶克. 通往奴役之路[M]. 王明毅, 冯兴元译. 北京: 中国社会科学出版社, 1997.

29．〔英〕卡尔·波兰尼. 大转型: 我们时代的政治和经济起源[M]. 冯钢, 刘阳译. 浙江: 浙江人民出版社, 2007.

## 中文期刊类:

1．艾小青, 陈连磊, 林芳. 经济状况、社会保障对居民养老意愿的影响及城乡差异[J]. 西北人口. 2017, 38(3): 100–106.

2．白玉冬. 城镇化进程中失地农民养老保障问题探究[J]. 农业经济. 2012(10): 108–109.

3．毕红霞, 薛兴利. 地区经济差异条件下的农村社会养老保障制度选择[J]. 经济问题探索. 2009(9): 123–127.

4．毕红霞, 薛兴利. 财政支持农村社保的差异性及其有限责任[J]. 改革. 2011(2): 41–48.

5．曹文献, 文先明. "新型农村社会养老保险的财力保障研究". 经济研究导刊. 2009(25). 45–46.

6．曹信邦, 刘晴晴. 农村社会养老保险的政府财政支持能力分析[J]. 中国人口·资源与环境. 2011(10): 129–137.

7. 慈勤英, 宁雯雯. 家庭养老弱化下的贫困老年版人口社会支持研究[J]. 中国人口科学. 2018(4): 68–80+127.

8. 陈姣娥, 论政府在农村社会养老保险制度中的缴费责任[J]. 人口与经济. 2006(3): 77–80+43.

9. 陈丽宇, 柳思, 柳成荫. 宗教对回族参保意愿和行为的影响研究——以宁夏回族参加城乡居民养老保险缴费行为表现为例[J]. 回族研究, 2016, 26(4): 114–117.

10. 陈少晖. 农村社会保障: 制度缺陷与政府责任[J]. 福建师范大学学报(哲学社会科学版), 2004(4): 35–41.

11. 陈淑君. 新型农村社会养老保险的财政支持研究[J]. 学术交流, 2009(7): 83–86.

12. 陈曦, 边恕, 范璐璐, 韩之彬. 城乡社会保障差距、人力资本投资与经济增长[J]. 人口与经济, 2018(4): 77–85.

13. 陈志国, 王丽丽. 农村社会养老保险的功能定位、发展路径与制度创新[J]. 重庆社会科学, 2009(8): 18–24.

14. 程名望, 何洋. 上海市农民工市民化成本测算与分析——基于上海2220份问卷的实证分析[J]. 农业经济与管理, 2019(2): 5–15.

15. 储亚萍, 何云飞. 政府购买居家养老服务满意度的影响因素研究——基于国内四市的调查[J]. 东北大学学报(社会科学版), 2017, 19(4): 385–391+398.

16. 崔志坤, 朱秀变. 中国近期及中期财政收入预测分析[J]. 统计与决策, 2010(11): 112–115.

17. 邓大松, 薛惠元. 新农保财政补助数额的测算与分析——基于2008年版的数据[J]. 江西财经大学学报, 2010(2): 38–42.

18. 邓大松, 薛惠元. 新型农村社会养老保险替代率精算模型及其实证分析[J]. 经济管理, 2010, 32(5): 164–171.

19. 丁志宏, 曲嘉瑶. 中国社区居家养老服务均等化研究——基于有照料需求老年版人的分析[J]. 人口学刊, 2019, 41(2): 87–99.

20. 丁建定. 居家养老服务发展需要重视的几个问题[J]. 开放导报, 2018(6): 25–28.

21. 董克用, 施文凯. 从个人账户到个人养老金: 城乡居民基本养老保险结构性改革再思考[J]. 社会保障研究, 2019(1): 3–12.

22. 杜妍冬. 我国农村社会养老保障研究综述[J]. 人口与经济, 2008(4): 74–79.

23. 段东平. 公共财政支持农村养老保险的思考[J]. 财会研究, 2009(20): 6–9.

24. 樊小钢, 陈薇. 我国农村社会养老保险中政府财政责任探讨[J]. 甘肃行政学院学报, 2008(6): 57–63.

25. 封进. 公平与效率的交替和协调——中国养老保险制度的再分配效应[J]. 世界经济文汇, 2004(1): 24–36+23.

26. 封进, 郭瑜. 新型农村养老保险制度的财政支持能力[J]. 重庆社会科学, 2011(7): 50–58.

27. 付海涛, 段玉明. 新时期中国农村养老问题的破解及出路[J]. 农业经济, 2013(7): 67–69.

28. 高利平. 国外养老保险制度改革: 共性、趋势及对中国的启示[J]. 齐鲁学刊, 2017(4): 103–109.

29. 高培勇. 优化城乡居民养老保险财政保障机制的有益探索——评王晓洁著城乡居民养老保险财政保障机制研究[J]. 财贸经济, 2017, 38(10): 2.

30. 高庆鹏, 李沁洋. 城乡统筹进程中的农村养老保险发展[J]. 农业经济, 2012(12): 111–113.

31. 高萍, 刘崇涛. 城乡居民基础养老金财政补贴政策优化研究[J]. 海南大学学报(人文社会科学版), 2018, 36(5): 86–94.

32. 宫晓霞. 发达国家农村社会养老保险制度及其启示[J]. 中央财经大学学报, 2006(6): 6–9.

33. 宫晓霞. 新型农村社会养老保险制度建设中的财政支持研究[J]. 财政研究, 2011(8): 35–37.

34. 龚晶, 赵姜. 农民工社会保障制度发展演变与未来展望[J]. 河北学刊, 2019, 39(2): 139–143+148.

35. 顾永红, 刘鑫宏. 养老保险政策框定与收入偏好研究——基于职工提前退休的视角[J]. 人口与经济, 2012(3): 84–90.

36. 郭金丰. 略论农村社会保障筹资模式的转型[J]. 江西农业大学学报(社会科学版), 2008(1): 8–12.

37．郭喜．被征地农民养老保障现状分析及政策改进[J]．中国行政管理，2012(5)：75–78+83.

38．国务院发展研究中心"中国民生调查"课题组，张军扩，叶兴庆，葛延风，金三林，朱贤强．中国民生调查2018综合研究报告——新时代的民生保障[J]．管理世界，2018，34(11)：1–11.

39．国务院发展研究中心"中国民生调查"课题组，张军扩，叶兴庆，葛延风，金三林，朱贤强．中国民生调查2017综合研究报告——经济企稳背景下的民生发展[J]．管理世界，2018，34(2)：1–12.

40．郝二虎，陈小萍．农村养老保险制度的财政学探讨[J]．理论探讨，2008(3)：87–90.

41．韩俊强．农民工养老保险参保行为与城市融合[J]．中国人口·资源与环境，2017，27(2)：135–142.

42．韩喜平，陈茉．党的十八大以来中国完善养老保险制度的实践探索[J]．理论学刊，2019(1)：89–95.

43．何文炯．农民社会养老保障："老年版津贴+个人账户"[J]．学习与探索，2009(4)：40–42.

44．侯小伏，牛千．社会保险满意度评价的相关因素研究——基于2017年版山东省经济社会综合调查数据[J]．东岳论丛，2018，39(9)：118–126.

45．侯斌．精准扶贫背景下家庭支持、社会支持对城乡贫困老年版人口脱贫的影响[J]．四川理工学院学报(社会科学版)，2019，34(2)：38–55.

46．胡宏兵，高娜娜．城乡二元结构养老保险与农村居民消费不足[J]．宏观经济研究，2017(7)：104–113+127.

47．华黎，郑小明．完善新型农村社会养老保险财政资金供给的思路与对策[J]．求实，2010(10)：89–92.

48．华迎放．农村社会保障制度架构[J]．理论参考，2007(4)：34–35.

49．黄晗．新型农村社会养老保险筹资标准的测算与分析[J]．江西财经大学学报，2011(5)：60–65.

50．黄健元，饶丹．社会主要矛盾视角下基本养老保险的平衡充分发展[J]．理论视野，2018(10)：43–50.

51．黄俊辉, 李放. 农村养老保障政策的绩效考察——基于27个省域的宏观数据[J]. 人口学刊, 2013(1): 15–21.

52．黄贻芳. 论中国养老社会保险的公平与效率[J]. 经济评论, 2002(4): 63–69+74.

53．贾丽萍. 新型农村社会养老保险中农民退休年版龄的调整及其可适性研究[J]. 甘肃行政学院学报, 2010(4): 29–34+126–127.

54．黄岩, 吴桂玲. 有弹性的公平: 广东省城乡居保并轨的实施效果评估[J]. 学术研究, 2018(10): 65–70.

55．黄婷. 社会保障城乡统筹发展、地方政策革新与农民社会公民权演进——以基本养老保险制度变迁为例[J]. 社会保障研究, 2017(1): 3–13.

56．贾宁, 袁建华. 基于精算模型的"新农保"个人账户替代率研究[J]. 中国人口科学, 2010(3): 95–102+112.

57．蒋军成, 高电玻, 张子申. 我国社会养老服务体系供给侧改革: 个省案例研究[J]. 湖北社会科学, 2018(4): 48–57.

58．蒋军成, 高电玻, 吴丽丽. 农村社会养老保险制度保障效果及其城乡统筹[J]. 现代经济探讨, 2017(4): 26–31.

59．蒋军成. 农村养老保障的制度演进与发展趋势探析[J]. 云南民族大学学报(哲学社会科学版), 2017, 34(2): 67–77.

60．解垩. 养老金与老年版人口多维贫困和不平等研究——基于非强制养老保险城乡比较的视角[J]. 中国人口科学, 2017(5): 62–73+127.

61．金雁. 农村社会保障体系建设中的政府责任探讨——以城乡统筹社会保障建设为视角[J]. 中共南京市委党校学报, 2010(2): 100–104.

62．景鹏, 陈明俊, 胡秋明. 城乡居民基本养老保险的适度待遇与财政负担[J]. 财政研究, 2018(10): 66–78.

63．康传坤, 孙根紧. 基本养老保险制度对生育意愿的影响[J]. 财经科学, 2018(3): 67–79.

64．康镇. 社会保障政策变迁的间断转换与增量平衡——以城乡居民养老保险为例[J]. 四川理工学院学报(社会科学版), 2019, 34(2): 56–72.

65．孔祥智, 张效榕. 从城乡一体化到乡村振兴——十八大以来中国城乡关系演变的路径及发展趋势[J]. 教学与研究, 2018(8): 5–14.

66．乐章. 现行制度安排下农民的社会养老保险参与意向[J]. 中国人口科学, 2004(5): 42–49+82.

67．乐章. 他们在担心什么: 风险与保障视角中的农民问题[J]. 农业经济问题, 2006(2): 26–35+79.

68．李贝. 引导社会养老保障由"碎片化"走向"系统化"[J]. 人民论坛, 2018(27): 58–59.

69．李放, 韩艳翠. 试论农村社会保障体系建设中的财政支持[J]. 农业现代化研究, 2005(1): 70–74.

70．李放, 崔香芬. 被征地农民养老保障责任共担机制分析[J]. 农村经济, 2012(6): 80–84.

71．李放, 赵晶晶. 基础养老金调整重在"保基本"[J]. 人民论坛, 2018(20): 60–61.

72．李凤飞. 中国财政支出结构优化分析[J]. 经济研究导刊, 2009(1): 13–14.

73．李国梁. 城乡居民养老观念比较研究[J]. 四川理工学院学报(社会科学版), 2017, 32(3): 16–36.

74．李俊, 温馨. 城乡居民养老保险财政支持能力[J]. 中国老年版学杂志, 2018, 38(7): 1748–1752.

75．李文君. 论我国财政对农村社会保障支出的责任[J]. 山东财政学院学报, 2005(3): 17–21.

76．李文军. 地方政府城乡居民养老保险水平差异性及其优化研究[J]. 求实, 2017(11): 45–60.

77．李文军, 张新文. 地方政府城乡居民基本养老保险政策比较及其优化研究[J]. 湖北社会科学, 2015(8): 36–41+127.

78．李鹏. 城市贫困家庭养老经济约束困境与应对策略[J]. 四川理工学院学报(社会科学版), 2017, 32(2): 16–33.

79．李琼. 影响西部地区农民参加新型农村养老保险制度意愿的因素分析——对湘西自治州龙潭镇1280户农民的实证[J]. 生产力研究, 2013(3): 46–48.

80．李琼, 姚文龙. 公共财政支持西部新型农村养老保险制度可续性研究[J].

甘肃社会科学, 2013(2): 135–138.

81. 李琼, 李湘玲. 城乡居民基本养老保险制度的巩固和完善[J]. 甘肃社会科学, 2018(5): 154–159.

82. 李琼, 朱鹏. 经济欠发达地区城乡居民基本养老制度筹资主体负担能 力分析——以湖南武陵山片区为例[J]. 吉首大学学报(社会科学版), 2017, 38(4): 109–116.

83. 李绍光. 政府在社会保障中的责任[J]. 经济社会体制比较, 2002(5): 34–37.

84. 李先德, 王士海. 城乡统筹下农村社会保障的资金需求分析[J]. 农业经济问题, 2010, 31(10): 60–66+111.

85. 李秀梅, 姚春玲, 段美枝. 城乡居民基本养老保险的财政补贴政策有效性检验[J]. 财会月刊, 2018(22): 149–156.

86. 李艳荣. 浙江省新型农保制度中的政府财政补贴及其效应研究[J]. 农业经济问题, 2009, 30(8): 92–99.

87. 李迎生. 论政府在农村社会保障制度建设中的角色[J]. 社会科学研究, 2005(4): 120–125.

88. 李珍, 王海东, 王平. 中国农村老年版收入保障制度研究[J]. 武汉大学学报(哲学社会科学版), 2010, 63(5): 679–687.

89. 李万发, 赵勇皓. 沈阳市构建"居家、社区、机构"三位一体的社会养老服务新体系[J]. 中国老年版学杂志, 2019, 39(4): 1018–1020.

90. 廖煜娟, 潘怀明. 建立多支柱多层次的农村养老保障模式[J]. 贵阳市委党校学报, 2006(6): 36–38.

91. 凌文豪. 我国三类基本养老保险制度改革的理念和路径[J]. 社会主义研究, 2017(4): 38–45.

92. 刘冰. 城乡居民养老保险基金管理"疲软"态势的原因与破解路径[J]. 现代经济探讨, 2017(4): 21–25.

93. 刘昌平. 建立覆盖城乡居民的养老社会保障体系的战略思考[J]. 西北大学学报(哲学社会科学版), 2008(4): 23–28.

94. 刘昌平, 谢婷. 基金积累制应用于新型农村社会养老保险制度的可行性研究[J]. 财经理论与实践, 2009, 30(6): 26–31.

95．刘昌平，殷宝明. 新型农村社会养老保险财政补贴机制的可行性研究——基于现收现付平衡模式的角度[J]. 江西财经大学学报, 2010(3): 35–40.

96．刘娜，梁兵. 社会公平视阈下不同养老保险制度分析[J]. 中国老年版学杂志, 2017, 37(7): 1789–1792.

97．刘妮娜. 农村互助型社会养老: 中国特色与发展路径[J]. 华南农业大学学报(社会科学版), 2019, 18(1): 121–131.

98．刘建娥，戴海静，李梦婷. 转型社区居民的离愁别绪: 社会资本视角下生活满意度研究[J]. 人口与发展, 2018, 24(3): 12–23.

99．刘仁春，陈秋静. 政策变迁中的路径依赖: 我国养老公平问题审视[J]. 中州学刊, 2016(11): 56–61.

100．柳如眉，赫国胜. 养老金支出水平变动趋势和影响因素分析[J]. 人口与发展, 2017, 23(1): 30–42.

101．刘万. 农村社会养老保险的财政可行性研究[J]. 当代财经, 2007(12): 27–32.

102．刘晓玲，屠堃泰. 城乡居民基本养老保险基金运行效率评价[J]. 统计与决策, 2017(12): 60–63.

103．刘颖，何春玲，赵大全. 成功推行"新农保"需财政可持续性支持[J]. 中国财政, 2010(1): 24–25.

104．刘一伟，汪润泉. "加剧"还是"缓解": 社会保障转移支付与老年版贫困——基于城乡差异视角的分析[J]. 山西财经大学学报, 2017, 39(2): 12–21.

105．刘志国，姜浩. 社会保障财政责任的界定[J]. 北方经贸, 2006(2): 14–16.

106．刘燕. 我国农村社会保障制度改革中政府责任问题研究[J]. 人口与经济, 2006(2): 75–79.

107．龙玉其. 老年版相对贫困与养老保险制度的公平发展——以北京市为例[J]. 兰州学刊, 2018(11): 175–186.

108．陆解芬. 论政府在农村养老社会保险体系建构中的作用[J]. 理论探讨, 2004(3): 56–57.

109．鲁全. 新型农民社会养老保险制度模式的反思与重构[J]. 保险研究, 2011(5): 18–24.

110. 鲁全. 改革开放以来的中国养老金制度: 演变逻辑与理论思考[J]. 社会保障评论, 2018, 2(4): 43–55.

111. 吕凯波, 卜琳, 张俊潇. 政府在新型农村社会养老保险中的最优行为 分析——一个财政支持力度的动态均衡模型[J]. 南京审计学院学报, 2009, 6(3): 22–26.

112. 马桑. 云南省城乡居民基本养老保险制度 "保基本" 评估研究——基于政策仿真优化视角[J]. 云南行政学院学报, 2017, 19(3): 114–119.

113. 马树才, 孙长清. 经济增长与最优财政支出规模研究[J]. 统计研究, 2005(1): 15–20.

114. 马雁军, 孙亚忠. 农村社会基本养老保障的公共产品属性与政府责任[J]. 经济经纬, 2007(6): 111–114.

115. 毛景. 养老保险补贴的央地财政责任划分[J]. 当代经济管理, 2017, 39(3): 80–85.

116. 米红, 王鹏. 新农保制度模式与财政投入实证研究[J]. 中国社会保障, 2010(6): 28–30.

117. 米红, 项洁雯. 中国新型农村养老保险制度发展的敏感性分析暨有限财政投入仿真研究[J]. 社会保障研究, 2008(1): 127–144.

118. 米红, 刘悦. 参数调整与结构转型: 改革开放四十年版农村社会养老保险发展历程及优化愿景[J]. 治理研究, 2018, 34(6): 17–27.

119. 穆怀中. 养老保险体制改革试点中的关键经济因素分析[J]. 中国人口科学, 2004(4): 46–53+82.

120. 穆怀中, 沈毅. 中国农民有无土地两序列养老路径及养老水平研究[J]. 中国软科学, 2012(12): 78–89.

121. 穆怀中, 沈毅, 樊林昕, 施阳. 农村养老保险适度水平及对提高社会保障水平分层贡献研究[J]. 人口研究, 2013, 37(3): 56–70.

122. 聂建亮, 钟涨宝. 新型农村社会养老保险推进的基层路径——基于嵌入性视角[J]. 华中农业大学学报(社会科学版), 2014(1): 103–110.

123. 聂建亮, 苗倩. 需求满足、政策认知与待遇享受——社会养老保险 对农村老人幸福感影响的实证分析[J]. 西北大学学报(哲学社会科学版), 2017, 47(6): 79–

86.

124．潘建伟, 刘彩霞. 北京市城乡居民服务消费研究[J]. 商业经济研究, 2016(24): 206-208.

125．庞志, 王晓娆, 邢华彬. 试析我国养老保险制度对老年版群体收入差距的影响[J]. 上海经济研究, 2017(1): 86-94.

126．蒲晓红, 朱美玲. 统筹区域内城乡居民养老保险与城镇职工养老保险衔接办法的改进[J]. 农村经济, 2017(3): 86-92.

127．覃双凌. 我国农村社会保障制度改革中的政府责任问题探讨[J]. 生产力研究, 2009(9): 4-7.

128．齐海鹏, 姜阳, 魏春艳. 完善我国农村社会养老保险的思考[J]. 地方财政研究, 2018(11): 74-78+84.

129．亓昕. 农民养老方式与可行能力研究[J]. 人口研究, 2010, 34(1): 75-85.

130．冉维. 关于我国财政社会保障支出的分析[J]. 重庆工商大学学报(社会科学版), 2007(4): 45-49.

131．邵挺. 养老保险体系从现收现付制向基金制转变的时机到了吗?——基于地方财政能力差异的视角[J]. 财贸经济, 2010(11): 71-76.

132．沈毅. 养老保险制度城乡统筹影响因素及发展对策——以辽宁为例[J]. 地方财政研究, 2016(11): 40-47.

133．石晨曦. 城乡居民基本养老保险隐性财政负担——基于长寿风险背景下的精算分析[J]. 兰州学刊, 2018(12): 196-208.

134．舒成. 基层财政收支灰色预测模型及应用[J]. 统计与决策, 2010(3): 49-50.

135．唐钧. 社会保护的国际共识和中国经验[J]. 国家行政学院学报, 2018(3): 40-45+153.

136．唐金成, 周园翔, 王露浠. 精准扶贫视角的农村社会养老保险发展研究[J]. 农村金融研究, 2017(7): 62-67.

137．陶勇. 社会保障供给中政府间责权配置研究[J]. 中央财经大学学报, 2007(10): 17-21.

138．陶知翔, 徐茗臻. 论新农村社会保障的国家责任与国家管理[J]. 中国市场, 2007(44): 98–99.

139．王翠琴, 李林, 薛惠元. 中国基本养老保险最优财政支出规模测算——基于柯布–道格拉斯生产函数的一项研究[J]. 贵州财经大学学报, 2018(6): 36–45.

140．王翠琴, 王雅, 薛惠元. 城乡居民基本养老保险内部收益率的测算与分析[J]. 华中农业大学学报(社会科学版), 2018(5): 119–128+166.

141．王翠琴, 田勇. 城乡居民基本养老保险缩小了收入差距吗?——基于湖北省数据的实证检验[J]. 农村经济, 2015(12): 74–79.

142．王德忠. 提高老年版农民养老保障水平的新思路[J]. 四川师范大学学报(社会科学版), 2013, 40(3): 49–54.

143．王国军. 现行农村社会养老保险制度的缺陷与改革思路[J]. 上海社会科学院学术季刊, 2000(1): 120–127.

144．王立剑, 代秀亮. 社会保障模式: 类型、路径与建议[J]. 治理研究, 2018. 34(5): 43–52.

145．汪敏. 农村社会保障中政府责任的反思[J]. 湖北社会科学, 2009(1): 44–50.

146．王朋, 徐怀伏. 养老保险中政府行为与市场行为的均衡分析[J]. 中国医药技术经济与管理, 2007(8): 84–89.

147．王石生. 关于新型农村养老保险问题的研讨综述[J]. 经济研究参考, 2013(18): 35–44.

148．王文素. 政府对农村社会养老保障支持的长效机制探讨[J]. 地方财政研究, 2010(11): 15–21.

149．王雯. 城乡居民基本养老保险财政补贴机制研究[J]. 社会保障研究, 2017(5): 3–13.

150．王晓东. 整体性治理视角下欠发达地区社会养老保险的城乡一体化[J]. 苏州大学学报(哲学社会科学版), 2017, 38(1): 27–32.

151．王晓东, 雷晓康. 城乡统筹养老保险制度顶层设计: 目标、结构与实现路径[J]. 西北大学学报(哲学社会科学版), 2015, 45(5): 150–156.

152．王晓洁. 新型农村养老保险制度中财政补贴对农民缴费能力影响分析——基于2010年版河北省37个试点县数据的考察[J]. 财贸经济, 2012(11): 29–36.

153．王晓洁, 张晋武. 财政保障新型农村养老保险制度实施策略分析——以"全覆盖"目标为视角[J]. 河北经贸大学学报, 2012, 33(6): 58-60.

154．王吉元, 汪寿阳, 胡毅. 户籍制度对中国城乡居民养老方式选择影响——基于Mixed-Logit模型[J]. 管理评论, 2019, 31(1): 3-14.

155．汪柱旺. 农村养老保险: 供给主体与制度创新[J]. 当代财经, 2006(10): 37-40.

156．王立国. 基于社会公正视角的城乡居民社会养老保障制度改革研究[J]. 内蒙古社会科学(汉文版), 2019, 40(2): 160-166.

157．王振军. 新形势下城乡居民社会养老保险的优化设计[J]. 人口与经济, 2017(1): 95-103.

158．卫松. 新型农村社会养老保险问题研究述评[J]. 改革与战略, 2010, 26(6): 205-209.

159．危素玉, 刘杨. "城乡居保" 财政补贴政策及优化——以福建省为例[J]. 地方财政研究, 2019(3): 70-75.

160．文太林, 胡尹燕. 中国养老保险的财政困境及政策选择[J]. 理论与现代化, 2016(6): 112-117.

161．吴海盛. 农村老人生活质量现状及影响因素分析——基于江苏省农户微观数据的分析[J]. 农业经济问题, 2009, 30(10): 44-50+110-111.

162．吴海盛, 邓明. 江苏省农民对养老保险选择意愿的实证分析[J]. 中国人口·资源与环境, 2010, 20(S1): 465-468.

163．吴克昌, 杨芳. 日托养老服务满意度的影响因素及提升路径——以广州两个典型社区为考察对象[J]. 华南师范大学学报(社会科学版), 2016(2): 17-21.

164．吴凌霄, 龚新蜀, 岳会. 西部民族地区 "新农保" 参保影响因素及效果评价——基于农户调查数据的Logistic回归分析[J]. 西藏大学学报(社会科学版), 2018, 33(3): 176-180.

165．乌日图. 社会保障顶层设计亟待明确的三大问题[J]. 社会保障研究, 2018(3): 3-14.

166．吴玉锋, 周嘉星, 伍勇. 期望确认度与城乡居民养老保险制度忠诚度关系实证研究[J]. 西北大学学报(哲学社会科学版), 2018, 48(6): 82-90.

167. 吴永求, 冉光和. 农村养老保险制度吸引力及公平性研究[J]. 经济与管理研究, 2012(10): 51–55.

168. 项丽萍, 陈正光. 我国基本养老保险关系城乡转移接续政策研究[J]. 改革与战略, 2017, 33(5): 137–140.

169. 肖严华. 劳动力市场、社会保障制度的多重分割与中国的人口流动[J]. 学术月刊, 2016, 48(11): 95–107.

170. 熊波, 林丛. 农村居民养老意愿的影响因素分析——基于武汉市江夏区的实证研究[J]. 西北人口, 2009, 30(3): 101–105.

171. 徐广荣, 朱法锦. 论政府在建立农村社会养老保险制度中的行政职能作用[J]. 社会工作研究, 1994(5): 15–17.

172. 许莉, 万春. 养老保险制度城乡比较实证分析: 差异性、稳定性及趋同性[J]. 统计与信息论坛, 2018, 33(9): 51–57.

173. 许靖中, 杨俊孝. 基于DEA方法的我国城乡居民基本养老保险运行状况评价研究[J]. 北方园艺, 2017(9): 205–208.

174. 徐强, 王延中. 新农保公共财政补助水平的适度性分析[J]. 江西财经大学学报, 2012(5): 41–49.

175. 徐强, 周杨, 王雅珠. 社会养老、家庭养老与城乡居民的生活质量——基于全国8省入户调查数据的实证分析[J]. 浙江社会科学, 2019(5): 75–82+120+157–158.

176. 许燕, 鞠彦辉. 城乡居民社会养老保险个体替代率精算及实证分析[J]. 金融理论与实践, 2017(10): 95–101.

177. 薛菁. 公共财政视角下的农村社会保障建设[J]. 福州党校学报, 2007(1): 29–32.

178. 薛惠元, 王翠琴. "新农保"财政补助政策地区公平性研究——基于2008年版数据的实证分析[J]. 农村经济, 2010(7): 95–99.

179. 薛惠元, 张德明. 新农保基金筹集主体筹资能力分析[J]. 税务与经济, 2010(2): 32–37.

180. 薛新东, 程翔宇. "建立更加公平可持续社会保障制度"学术研讨会综述[J]. 中国人口科学, 2016(6): 118–123.

181．演克武, 陈瑾, 陈晓雪. 乡村振兴战略下田园综合体与旅居养老产业的对接融合[J]. 企业经济, 2018, 37(8): 152–159.

182．杨斌. 城乡居民养老保险政府财政责任和负担的地区差异[J]. 西部论坛, 2016, 26(1): 102–108.

183．杨斌, 丁建定. 新型农村社会养老保险个人账户给付月数的测算与分析[J]. 江西财经大学学报, 2012(6): 52–59.

184．杨翠迎, 汪润泉. 城市社会保障对城乡户籍流动人口消费的影响[J]. 上海经济研究, 2016(12): 97–104.

185．杨翠迎, 米红. 农村社会养老保险: 基于有限财政责任理念的制度安排及政策构想[J]. 西北农林科技大学学报(社会科学版), 2007(3): 1–7.

186．杨翠迎, 孙珏妍. 推行新农保. 瞻前顾后很重要[J]. 中国社会保障, 2010(7): 25–27.

187．杨德清, 董克用. 普惠制养老金——中国农村养老保障的一种尝试[J]. 中国行政管理, 2008(3): 54–58.

188．杨芳, 张净. 城市社区养老服务 "逢源" 模式探析[J]. 西北人口, 2014, 35(3): 96–101.

189．杨惠芳. 城乡社会养老保障一体化的实践与探索——以浙江省嘉兴市为例[J]. 农业经济问题, 2008(5): 83–87.

190．杨立雄. 建立非缴费性的老年版津贴——农村养老保障的一个选择性方案[J]. 中国软科学, 2006(2): 11–21.

191．杨林, 薛琪琪. 中国城乡社会保障的制度差异与公平性推进路径[J]. 学术月刊, 2016, 48(11): 108–117.

192．杨晶. 我国基本养老保险基金保值增值的问题与对策[J]. 当代经济管理, 2018, 40(11): 90–97.

193．杨晶, 邓大松, 吴海涛. 中国城乡居民养老保险制度的家庭收入效应——基于倾向得分匹配(PSM)的反事实估计[J]. 农业技术经济, 2018(10): 48–56.

194．杨再贵, 许燕, 何琴. 城乡居民基本养老保险的精算模型及应用[J]. 中央财经大学学报, 2019(2): 31–42.

195．阳义南. 农村社会养老保险基金筹资机制改革的若干对策[J]. 农业经济问题, 2005(1): 40–44+79.

196．姚从容, 李建民. 人口老龄化与经济发展水平: 国际比较及其启示[J]. 人口与发展, 2008(2): 80–87.

197．郁建兴, 高翔. 地方政府在农村社会保障体系建设中的作用——以宁波市江北区为例[J]. 中共宁波市委党校学报, 2008(4): 25–32.

198．于长革. 政府社会保障支出的社会经济效应及其政策含义[J]. 广州大学学报(社会科学版), 2007(9): 36–41.

199．于长永. 农民养老风险、策略与期望的地区差异分析[J]. 人口学刊, 2010(6): 23–32.

200．于凌云, 石磊. 农村社会保障及政府承担力的一个基本判断[J]. 广东金融学院学报, 2008(2): 98–104.

201．岳经纶, 尤泽锋. 挤压当前还是保障未来: 中低收入阶层养老保险幸福效应研究[J]. 华中师范大学学报(人文社会科学版), 2018, 57(6): 20–29.

202．臧敦刚, 刘艳. 城乡居民养老保险、流动意愿与农村二孩生育意愿[J]. 四川师范大学学报(社会科学版), 2017, 44(6): 62–70.

203．曾益, 凌云, 张心洁. 从"单独二孩"走向"全面二孩": 城乡居民基本养老保险基金可持续性能提高吗?[J]. 财政研究, 2016(11): 65–79+64.

204．张登利, 杨斌. 新型农村社会养老保险制度待遇调整的原则及战略选择[J]. 贵州社会科学, 2018(4): 71–76.

205．张朝华, 丁士军."新农保"推广中存在的主要问题——基于广东粤西农户的调查[J]. 经济纵横, 2010(5): 9–12.

206．张世青, 王文娟. 农村社会政策弱势性的制度成因及其转变[J]. 学习与实践, 2018(5): 78–86.

207．张思锋, 胡晗, 唐敏."新农保"的制度自信与制度发展[J]. 西安交通大学学报(社会科学版), 2016, 36(5): 37–44.

208．张万强. 中国财政体制改革的演进逻辑及公共财政框架的构建[J]. 财经问题研究, 2009(3): 94–99.

209．张为民. 我国新型农村社会养老保险经济支持能力研究[J]. 西北人口, 2010, 31(2): 57–60.

210．张瑞书, 王云峰. 新型农村社会养老保险适度给付水平研究[J]. 中国社会科学院研究生院学报, 2011(3): 141–144.

211．张正军, 刘玮. 社会转型期的农村养老: 家庭方式需要支持[J]. 西北大学学报(哲学社会科学版), 2012, 42(3): 60–67.

212．张子豪, 谭燕芝. 社会保险与收入流动性[J]. 经济与管理研究, 2018, 39(8): 27–41.

213．张向达, 张声慧. 城乡居民养老保险的财务可持续性研究[J]. 中国软科学, 2019(2): 143–154+192.

214．张怡, 薛惠元. 优化城乡居民基本养老保险缴费标准的政策建议[J]. 经济研究参考, 2017(24): 35–36.

215．张怡, 薛惠元. 城乡居民基本养老保险缴费标准的优化——以武汉市为例[J]. 税务与经济, 2017(2): 7–16.

216．赵宁, 张健. 土地流转背景下农村居民养老诉求与行为选择研究[J]. 社会保障研究, 2017(2): 56–61.

217．赵春飞. 老龄化背景下社区居家养老问题及框架构建思考[J]. 中国经贸导刊, 2018(36): 57–60.

218．赵定东, 袁丽丽. 村改居居民的社会保障可持续性困境分析[J]. 浙江社会科学, 2016(12): 63–70+157.

219．赵建国, 韩军平. 影响农村养老保险制度需求的因素分析[J]. 财经问题研究, 2007(8): 66–71.

220．赵慧珠. 中国农村社会养老保障的七大难题[J]. 中共中央党校学报, 2008(4): 90–94.

221．赵诤. 我国农村养老保障中的政府角色分析[J]. 湖南社会科学, 2012(4): 117–119.

222．郑功成. 中国社会保障改革与未来发展[J]. 中国人民大学学报, 2010, 24(5): 2–14.

223．郑军, 张海川. 经济增长方式对农村社会保障中财政责任的影响分析[J]. 财会研究, 2008(17): 6–10.

224．郑军. 中国农村养老保障制度中政府责任的理论框架: 基于制度文化的视角[J]. 经济理论与经济管理, 2012(10): 99–107.

225. 钟水映, 李魁. 计划生育利益导向长效机制及政策体系探讨——基于微观激励机制设计视角[J]. 人口研究, 2008(2): 91–96.

226. 钟水映, 李魁. 人口红利与经济增长关系研究综述[J]. 人口与经济, 2009(2): 55–59.

227. 周绍斌. 论农民养老中的政府职能[J]. 人口学刊, 2003(1): 34–38.

228. 周莹. 新型农村社会养老保险中基本养老金仿真学精算模型[J]. 上海经济研究, 2009(7): 17–24.

229. 周永华, 武永超. 城乡养老保险保障水平政策仿真——以新疆为例[J]. 地方财政研究, 2018(10): 94–104.

230. 朱火云. 城乡居民养老保险减贫效应评估——基于多维贫困的视角[J]. 北京社会科学, 2017(9): 112–119.

231. 宗庆庆, 刘冲, 周亚虹. 社会养老保险与我国居民家庭风险金融资产投资——来自中国家庭金融调查(CHFS)的证据[J]. 金融研究, 2015(10): 99–114.

## 英文期刊类:

1. Ammann, M. Return guarantees and portfolio allocation of pension funds[J]. Financial Markets and Portfolio Management, 2003, 17(3): 277–283.

2. Bental, B. The old age security hypothesis and optimal population growth. Journal of Population Economics, 1989, 1(4): 285–301.

3. Blankley, A. I. , Cottell, P. G. , & Hurtt, D. An empirical examination of pension rate estimates: A benchmark approach. Journal of Applied Business Research (JABR), 2010, 26(2) .

4. Bonnefond, C. , & Clément, M. An analysis of income polarisation in rural and urban China. Post–Communist Economies, 2012, 24(1): 15–37.

5. Bosmans, K. , & Schokkaert, E. Equality preference in the claims problem: a questionnaire study of cuts in earnings and pensions. Social Choice and Welfare, 2009, 33(4): 533–557.

6. Bosworth, B. Economic consequences of the great recession: Evidence from the

panel study of income dynamics. Boston College Center for Retirement Research Working Paper, 2012(4).

7．Bovenberg, A. L. Reforming social insurance in the Netherlands. International Tax and Public Finance, 2000, 7(3): 345–368.

8．Devinatz, V. G. Introduction to "The rise and demise of defined benefit pension plans". Employee Responsibilities and Rights Journal, 2007, 19(3): 221–221.

9．Farid, M. , & Cozzarin, B. P. China's pension reform: Challenges and opportunities. Pensions: An International Journal, 2009, 14(3): 181–190.

10．Favreault, M. , & Michelmore, K. How could we revitalize Social Security. Washington, DC: Urban Institute. Retrieved June, 2009(15).

11．Feldstein, M. Social security pension reform in China. China Economic Review, 1999, 10(2): 99–107.

12．Frazier, M. W. Socialist insecurity: pensions and the politics of uneven development in China. Ithaca, NY: Cornell University Press, 2010.

13．Gough, O. , & Sozou, P. D. Pensions and retirement savings: cluster analysis of consumer behaviour and attitudes. International Journal of Bank Marketing, 2005, 23 (7), 558–570.

14．Gouskova, E. , Chiteji, N. , & Stafford, F. Pension participation: Do parents transmit time preference?. Journal of Family and Economic Issues, 2010, 31(2): 138–150.

15．Impavido, G. , Hu, Y. W. , & Li, X. Governance and Fund Management in the Chinese Pension System(EPub)(Vol. 9). International Monetary Fund, 2009.

16．Hu, X. , & Ran, R. Overview of multiple calculating methods for land expropriation compensation standard—A case of arable land in Nanyang, Henan Province, China. Asian Social Science, 2012, 8(4): p90.

17．Inagaki, S. The effects of proposals for basic pension reform on the income distribution of the elderly in Japan. The Review of Socionetwork Strategies, 2010, 4(1): 1–16.

18．Jung, C. L. , & Walker, A. The impact of Neo-liberalism on South Korea's public pension: A political economy of pension reform. Social Policy & Administration, 2009, 43(5): 425–444.

19. Kang, J. Y. , & Lee, J. A comparison of the public pension systems of South Korea and Japan from a historical perspective focusing on the basic pension schemes. In a conference sponsored by the Association for Public Policy Analysis and Management. National University of Singapore, Singapore, 2009.

20. Kling, A. , Russ, J. , & Schmeiser, H. Analysis of embedded options in individual pension schemes in Germany. The Geneva Risk and Insurance Review, 2006, 31(1): 43–60.

21. Kruse, A. & Palmer, E. The New Swedish pension system i financial stability and the central government budget. In Urban Institutes International Conference on Social Secuirty Reform (Vol. 24), 2006.

22. Kwon, H. J. The reform of the developmental welfare state in East Asia. International Journal of Social Welfare, 2009, 18(s1): S12–S21.

23. Leisering, L. , Gong, S. , & Hussain, A. People's Republic of China: Old–age Pensions for the Rural Areas: From Land Reform to Globalization. Asian Development Bank, 2002.

24. Leonhardt, D. Life expectancy in China rising slowly, despite economic surge. New York Times, 2010(23).

25. LIU, C. P. , & XIE, T. On the endowment insurance supported by state financial subsidies in China's new rural communities[J]. Journal of Northeastern University(Social Science), 2009(5):12.

26. Loong, L. H. , & Minister, P. Preparing for an aging population— The Singapore experience. The Journal: AARP International, 2009: 12–17.

27. Meder, A. Managing pension liability credit risk: Maintaining a total Portfolio perspective. The Journal of Portfolio Management, 2009, 36(1): 90–99.

28. Mehl, P. A marathon rather than a Sprint: The reform of the farmers' pension system in Germany and its impacts. In Institutions and Sustainability. Springer Netherlands, 2009: 61–82.

29. Motel-Klingebiel, A. Quality of life in old age, Inequality and welfare state reform: A comparison between Norway, Germany, and England. Inquality of Life in Old Age. Springer Netherlands, 2007: 85-100.

30. Murakami, M. , & Tanida, N. The flow of information through people's network and its effect on Japanese public pension system. In Agent-Based Approaches in Economic and Social Complex Systems VI. Springer Japan, 2011: 99-118.

31. Nielsen, P. H. Utility maximization and risk minimization in life and pension insurance. Finance and Stochastics, 2006, 10(1), 75-97.

32. Orszag, P. R. , & Stiglitz, J. E. Rethinking pension reform: Ten myths about social security systems. New ideas about old age security, 2001: 17-56.

33. Robalino, D. A. , & Bodor, A. On the financial sustainability of earnings-related pension schemes with 'pay-as-you-go' financing and the role of government-indexed bonds. Journal of Pension Economics and Finance, 2009, 8(2), 153-187.

34. Rutkowska-Podolowska, M. Health insurance of farmers in Porland. In Economic Science for Rural Development Conference Proceedings, 2013(30).

35. Schmidt, S. China: a welfare state? The development of the welfare effort in a multi-dimensional context.

36. Shen, C. , & Williamson, J. B. Does a universal non-contributory pension scheme make sense for rural China?. Journal of Comparative Social Welfare, 2006, 22(2): 143-153.

37. Shen, C. , & Williamson, J. B. China's new rural pension scheme: can it be improved?. International journal of sociology and social policy, 2010, 30(5/6): 239-250.

38. Shi, S. J. The fragmentation of the old-age security system: The politics of pension reform in Taiwan. Social cohesion in Greater China: Challenges for social policy and governance, 2010, 339-371.

39. Shi, S. J. The contesting quest for old-age security: institutional politics in China's pension reforms. Journal of Asian Public Policy, 2011, 4(1): 42-60.

40. Shi, S. J. , & Mok, K. H. Pension privatisation in Greater China: Institutional patterns and policy outcomes. International Journal of Social Welfare, 2012, 21(s1):

S30–S45.

41．Sund é n, A. The Swedish pension system and the economic crisis. Issue in Brief, 2009: 9–25.

42．Wang, L. Robust stability analysis for the new type rural social endowment insurance system with minor fluctuations in China. Discrete Dynamics in Nature and Society, 2012.

43．Weller, C. E. , & Wenger, J. B. Prudent investors: the asset allocation of public pension plans. Journal of Pension Economics & Finance, 2009, 8(4): 501.

44．Williamson, J. B. , Shen, C. , & Yang, Y. Which pension model holds the most promise for China: a funded defined contribution scheme, a notional defined contribution scheme or a universal social pension?. Benefits, 2009, 17(2): 101–111.

45．Williamson, J. B. , Price, M. , & Shen, C. Pension policy in China, Singapore, and South Korea: An assessment of the potential value of the notional defined contribution model. Journal of Aging Studies, 2012, 26(1): 79–89.

46．Xiang, T. , & Sun, G. New rural old–age pension program, liquidity constraints and human capital investment. In Management and Service Science (MASS), 2011 International Conference on. IEEE, 2011: 1–4.

47．Yang, Y. , Williamson, J. B. , & Shen, C. Social security for China's rural aged: A proposal based on a universal non–contributory pension. International Journal of Social Welfare, 2010, 19(2): 236–245.

48．Yiping, H. , & Kunyu, T. Causes and remedies of China's external imbalances. Macroeconomics Working Papers, 2010.

49．Yoon, H. South Korea: Balancing social welfare in post–industrial society. Springer New York, 2009: (333–345).

50．Zhang, W. , & Tang, D. The new rural social pension insurance programme of Baoji city. HelpAge International–Asia/P acific, Chiang Mai, 2008.

# 中国养老保障发展状况调查问卷
# （2018 年）

1. 问卷编号：［_____｜_____｜_____｜_____］。

2. 调查地点：_____省_____市_____县（市／区）
_____乡镇（街道）_____村（居委会）。

3. 访问员（签名）_____；代码：［_____｜_____｜_____］。

4. 访问开始时间：［_____］月［_____］日［_____｜_____］时
［_____｜_____］分（24小时制）。

结束时间：［_____］月［_____］日［_____｜_____］时
［_____｜_____］分（24小时制）。

5. 访问总时长：［_____｜_____｜_____］（分钟）。

---

您好！欢迎您参加这次问卷调查。

为了深入了解城乡居民对养老保障发展状况的意见和看法，进一步加强和改进养老保障的制度建设，我们组织了本次调查。通过抽样，选定您作为代表。您的回答将为党和政府制定有关政策提供参考依据。

本问卷不记单位和姓名，对卷中所列问题，您可以完全依据自己的理解和想法去回答。您的回答受统计法保护，我们将严格保密，且仅供研究使用。

感谢您的合作！

国家社会科学基金青年项目课题组

2018年1月

## 一、个人基本情况

1. 您的出生年份是（请填写）：_____ 年。

2. 您的性别：

A．男　B．女

3. 您的民族：（限选一项）

A．汉族　B．蒙古族　C．满族　D．回族　E．藏族　F．壮族

G．维吾尔族　H．其他（请注明）_____

4. 您的政治面貌：（限选一项）

A．中共党员　B．共青团员　C．群众　D．民主党派成员、无党派人士

5. 您目前的最高受教育程度：（限选一项）

A．没上过学　B．小学　C．初中　D．高中　E．技校／职高／中专

F．大专　G．大学本科　H．研究生　I．其他（请注明）：_____

6. 您目前的婚姻状况：

A．已婚　B．再婚　C．离婚　D．未婚　E．丧偶

7. 您的职业：

A．农民　B．工人　C．商业、服务业人员　D．事业/公务员

E．其他固定工作者　F．退休

G．无业／待业／失业（您以前从事什么工作_____）

8. 您的宗教信仰：（限选一项）

A．基督教　B．天主教　C．道教　D．佛教

E．其他（请注明）：_____　F．无宗教信仰

9. 您目前的居住地属于哪类地区：（限选一项）

A．城区　B．（集）镇　C．农村

10. 您目前的户口属于哪类：（限选一项）

A．农业户口　B．非农业户口　C．其他（请注明）：_____

11. 家庭收支情况：

| 2016年家庭年收入 | 2016年家庭年支出 | 家庭储蓄情况 | 您觉得您的家庭经济状况 |
|---|---|---|---|
| 总收入金额：_____<br>其中：<br>农业收入_____<br>工资收入_____<br>政府补助_____<br>其他收入_____ | 总支出金额：_____<br>其中：<br>日常生活支出_____<br>大病或住院_____<br>门诊支出_____<br>其他支出_____ | 1．2016年当年一年的储蓄金额：_____<br>2．截至目前的总储蓄金额：_____ | A．很宽裕<br>B．比较宽裕<br>C．大致够用<br>D．有些困难<br>E．很困难 |

12. 您是否有兄弟姐妹？

A．有，共_____人　B．没有

13. 您共有子女_____人，其中儿子_____人、女儿_____人。

如果没有计划生育政策限制，您会倾向于生育_____个孩子。

14. 您觉得生活在您社区/村的大部分人能活到多少岁？_____岁；您觉得自己能活到多少岁？_____岁。

## 二、制度实施基本情况

1. 您觉得国家出台的城乡居保政策在当地落实得怎样？

A．非常好　　　　B．良好　　　　C．一般　　　　D．不太好

2. 您所在地的60岁以上居民领取养老金的周期：

A．按月领取　　　B．按季领取　　　C．按半年领取　　D．按一年领取

3. 当地政府对60岁以上居民的养老金是按照规定足额发放吗？

A．是　　　　　　B．不是　　　　　C．不清楚

4. 您觉得60岁以上的老年居民领取养老金困难吗？

A．不存在领取困难　B．存在领取困难　　C．不知道

5. 本乡镇（街道）城乡居保养老金发放渠道：

A．金融机构　　　B．社保机构　　　C．超市POS机　　D．其他

6. 您村／社区里有专门的人员负责城乡居保工作吗？

A．有　　　　　　B．没有　　　　　C．不清楚

7. 您村／社区里有指定的人帮助残疾、孤寡或困难老人通知或领取政府发的养老金吗？

    A. 有　　　　　　　　B. 没有　　　　　　C. 不清楚

8. 您觉得群众对城乡居保政策了解得充分吗？

    A. 充分　　　　　　　B. 一般　　　　　　C. 不充分

9. 当地是否实现社会保障信息化？

    A. 有　　　　　　　　B. 没有

10. 您觉得居民会喜欢以下哪种方式来查询自己的账户？

    A. 网上查询　　　　　　　　　　　B. 电话查询

    C. 银行将账户情况寄到居民手中　　D. 社保所　　　E. 其他

11. 村／社区老年基础设施建设

| 你们村／社区有下列机构或者活动场所吗？<br><br>A. 有<br>B. 没有 | 村／社区老年基础设施建设是你们村／社区发起的吗？<br><br>A. 级政府<br>B. 村/社区<br>C. 村民/社区居民<br>D. 其他 | 资金来源：<br><br>A. 村/社区<br>B. 国家财政<br>C. 两者都有<br>D. 其他 | 您认为该机构或活动场所起到应有的作用了么？<br><br>A. 有<br>B. 一般<br>C. 没有 |
|---|---|---|---|
| 协助老弱病残的组织＿＿＿＿ | | | |
| 医疗诊所＿＿＿＿ | | | |
| 老年活动中心＿＿＿＿ | | | |
| 老年协会＿＿＿＿ | | | |
| 养老院＿＿＿＿ | | | |
| 其他与老年相关的组织＿＿＿ | | | |

12. 村／社区水资源使用情况

| 2016年你们村／社区有多少户家庭饮用下列水资源？ | 单位：户 |
|---|---|
| 净化了的自来水 | |

（续上表）

| 井水 | |
|---|---|
| 池塘水 | |
| 江河湖水 | |
| 雨水、雪水 | |
| 窖水 | |
| 泉水 | |
| 其他方式 | |

13. （1）你们村／社区有下水道系统吗？

A．有　　　　　　　　B．没有

（2）如果有下水道系统，目前这套下水道系统是从哪年开始投入使用的？_____年。

14. 你们村／社区的路主要是以下哪种类型？

A．柏油路／水泥路 B．土路　　　　　C．砂石路　　　　D．高速路

E．其他

15. 有多少路公交车能到达你们村／社区？_____路公交车。

16. 从村／社区办公室到你们村／社区，居民最常去的公交车站有多远（如果这个车站在本村／社区，请填0）？_____千米。

## 三、城乡居民的参保现状

1. 您是否参加了城乡居民基本养老保险制度？

A．未参保　　　　　B．已参保

2. 根据目前生活水平，您认为能满足您养老需要的最低养老金水平：

A．低于500元/月　　　　　　　B．500—1000元/月

C．1000—1500元/月　　　　　　D．1500—2000元/月

E．2000—3000元/月　　　　　　F．3000—4000元/月

G．4000—6000元/月　　　　　　H．6000元/月以上

3．您当前（或将来）养老费用的主要来源（可多选，请按重要程度依次排序）：

    A．自己存钱        B．子女养老        C．依靠土地产出

    D．依靠社会养老保险        E．参加商业保险

    F．其他＿＿＿＿＿＿＿

4．您是否担心自己的养老问题？

    A．非常担心  B．有点担心  C．一般    D．不太担心  E．完全不担心

5．在养老问题上，您觉得子女养老发挥的作用如何？

    A．非常大    B．比较大    C．一般     D．比较小    E．非常小

6．在养老问题上，您觉得自己存钱养老发挥的作用如何？

    A．非常大    B．比较大    C．一般     D．比较小    E．非常小

7．在养老问题上，您觉得社会养老保险发挥的作用如何？

    A．非常大    B．比较大    C．一般     D．比较小    E．非常小

8．在养老问题上，您觉得商业养老保险发挥的作用如何？

    A．非常大    B．比较大    C．一般     D．比较小    E．非常小

9．您当前（或以后）会上网查询您的养老金账户吗？

    A．会        B．不会

10．您目前的身体健康状况怎么样？

    A．完全健康               B．基本健康

    C．不健康，但能自理        D．生活不能自理

11．如果您目前已经参保并正在缴费（已经开始领取养老金则此题不答），请回答：

    （1）您当前的缴费标准是＿＿＿＿＿＿＿元/年。

    （2）按照目前的缴费标准，您清楚退休后每个月大概能领取多少钱么？

    A．清楚        B．不清楚

    （3）按照目前的生活水平，您觉得退休后领取到的养老金够用么？

    A．够用        B．不够用        C．不确定

（4）未来几年，您有可能会更改缴费标准么？

A．会，提高　　　　B．会，降低　　　　C．不会　　　　　D．不确定

（5）您会继续参保吗？

A．会　　　　　　B．不会

（6）您父母是否已领取到社会养老金？

A．已经开始领取　B．尚未开始领取　C．父母已故

（6.1）如您父母领到社会养老金后（即上题选A），您是否还继续给父母赡养费？

A．继续给　　　　　B．不再给　　　　　C．原来就没给过　D．没想过

（6.2）如果继续给赡养费（即6-1选A），赡养费将：

A．与原来差不多　B．比原来少＿＿＿＿＿元/年

C．每年增加＿＿＿＿＿元

12．如果您已经开始领取养老金（尚未开始领取养老金则此题不答），请回答：

（1）政府每个月发放的基础养老金，您是否已经领取到？

A．已领取到　　　　B．尚未领取到（如果选B，则本框内其他题目可不答）

（2）您每月能领取到多少社会养老保险金？＿＿＿＿＿元

（3）您认为您现在领取到的社会养老保险金能保证您的日常生活需要吗？

A．能　　　　　　B．不能

（4）您每月能领取社会养老保险金后，您会？

A．全部存起来　　B．存一部分，约＿＿＿＿＿元

C．全部花掉　　　D．其他＿＿＿＿＿

（5）您主要通过以下哪种方式提取政府发给您的养老金？

A．自己亲自取　　B．委托子女　　　　C．委托邻居或亲戚

D．委托村/社区干部　　　　E．其他方式

（6）您在领到社会养老金后，您的子女是否还继续给您赡养费？

A．继续给　　　　　B．不再给　　　　　C．原来就没给过

（6.1）如果子女继续给赡养费（即上题选A），赡养费将：

A．与原来差不多　　　　　　　　B．比原来少＿＿＿＿＿＿元/年

C．每年增加＿＿＿＿＿＿元

（7）您现在是否还在从事有收入的工作？（可多选）

A．是，务农　　　　　B．是，打工　　　　　C．个体或自营

D．其他固定工作　　　E．否

## 四、城乡居民的政策认知

1．您对养老保险缴费方面的满意度如何？

| 缴费方面满意度 | 满意度 | | | | |
|---|---|---|---|---|---|
| | 非常满意 | 比较满意 | 满意 | 比较不满意 | 非常不满意 |
| 缴费档次划分 | | | | | |
| 缴费方式选择 | | | | | |
| 参保条件设置 | | | | | |
| 最低缴费年限设置 | | | | | |

2．您对养老保险待遇方面的满意度：

| 待遇方面满意度 | 满意度 | | | | |
|---|---|---|---|---|---|
| | 非常满意 | 比较满意 | 满意 | 比较不满意 | 非常不满意 |
| 待遇享受年限 | | | | | |
| 养老金领取年龄 | | | | | |
| 基金管理水平 | | | | | |
| 基金保值增值 | | | | | |
| 待遇调整机制 | | | | | |
| 现在养老金数额 | | | | | |
| 将来领取的养老金数额 | | | | | |

3. 您对养老保险中政府支持政策方面的满意度如何？

| 政府支持政策 | 满意度 | | | | |
|---|---|---|---|---|---|
| | 非常满意 | 比较满意 | 满意 | 比较不满意 | 非常不满意 |
| 政府重视程度 | | | | | |
| 政策宣传效果 | | | | | |
| 财政补贴额度 | | | | | |
| 集体补助额度 | | | | | |
| 多缴多得政策 | | | | | |

4. 您对养老保险经办服务方面的满意度如何？

| 经办服务 | 满意度 | | | | |
|---|---|---|---|---|---|
| | 非常满意 | 比较满意 | 满意 | 比较不满意 | 非常不满意 |
| 经办机构信息化建设 | | | | | |
| 经办人员工作态度 | | | | | |
| 经办人员工作效率 | | | | | |
| 办事方便程度 | | | | | |

5. 您对养老保险制度的信任度：

（1）您是否愿意继续参保？

A．愿意　　　　　B．不愿意　　　　　C．说不清楚

（2）您是否愿意由政府管理个人账户？

A．愿意　　　　　B．不愿意　　　　　C．说不清楚

（3）您是否相信政策出台是为解决养老需求？

A．相信　　　　　B．不相信　　　　　C．说不清楚

（4）您是否相信政策能够继续完善养老保险制度？

A．相信　　　　　B．不相信　　　　　C．说不清楚

（5）您是否担心个人账户资金损失？

A．担心　　　　　B．不担心　　　　　C．说不清楚

（6）您对弱势群体优惠政策满意度：

A．非常满意　　　　B．比较满意　　　C．一般　　　　D．比较不满意

E．非常不满意

# 五、城乡居民的制度期望

1．您对养老保险制度的期望值如何？

| 参保期望 | 期望值 | | | | |
|---|---|---|---|---|---|
| | 非常高 | 比较高 | 一般 | 比较低 | 非常低 |
| 总体期望 | | | | | |
| 可持续期望 | | | | | |
| 满足养老需求期望 | | | | | |

2．您是否对养老保险政策有抱怨？

| 参保人抱怨 | 抱怨频率 | | |
|---|---|---|---|
| | 经常 | 偶尔 | 没有 |
| 对政策有抱怨的想法 | | | |
| 对熟人抱怨政策的经历 | | | |
| 对陌生人抱怨政策的经历 | | | |
| 向相关部门建议或投诉 | | | |

3．您对养老保险制度的满意度如何？

| 参保人满意度 | 满意度 | | | | |
|---|---|---|---|---|---|
| | 非常满意 | 比较满意 | 满意 | 比较不满意 | 非常不满意 |
| 制度总体满意度 | | | | | |
| 制度现状与预期的比较 | | | | | |
| 制度现状与理想的比较 | | | | | |

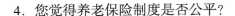

4. 您觉得养老保险制度是否公平？

A. 非常公平　　　　B. 比较公平　　　　C. 一般　　　　　D. 不公平

E. 非常不公平

5. 您觉得养老保险制度缩小收入差距的效果如何？

A. 大　　　　　　　B. 比较大　　　　　C. 一般　　　　　D. 比较小

E. 很小

6. 您觉得养老保险制度在减轻家庭负担方面的效果如何？

A. 大　　　　　　　B. 比较大　　　　　C. 一般　　　　　D. 比较小

E. 很小